文化財が語る

日本の歴史

政治・経済編

會田康範
下山　忍
島村圭一
編

はじめに

『広辞苑』（岩波書店）など一般的な国語辞典を参考に自然と文化を対の概念であるとすれば、文化財は、自然に対し人間からの働きかけの結果として誕生するものだといえる。そのもっとも古いものは、今から何万年以上も、あるいは地球規模では数百万年以上も前になり、旧石器時代の人類が作り出した最初の道具、打製石器などにさかのぼることは周知の事実であろう。

黒曜石や珪質頁岩など自然物である石塊に対し、旧石器人たちは打撃を加え、また、押圧剥離していくなどの加工を施して製作した打製石器で動物を捕らえ、土を掘り、肉を切るなど、道具として使用した。当然のことながら、これらの道具は当時の人びとが暮らしていく上では大切な現用の実用品で、その当時に文化財として認識されていたものではない。しかし、後世の私たちからみれば、当時の人びとの生きた痕跡を理解するための貴重な資料としての新たな価値が見い出され、それこそが人類にとって重要な価値ある文化財ということになる。

このように考えれば、自然的な環境や景観、物質も含め、あらゆるものは文化財となる可能性があり、こうした立場から私たちは2022年に一冊のささやかな書籍『文化財が語る 日本の歴史』を刊行した。そこで大切にした視点は、文化財を保護し、かつ、活用することが要請されている現在、私たちが日常の営みとして携わっている歴史教育の現場からその意義を発信することにあった。つまり、教育の視点から具体的な文化財に光をあて、文化財に日本の歴史を語ってもらおうという取り組みで、刊行後、さまざまな方面からたくさんのご感想やご批判を賜った。

前著で私たちが取り上げることができた文化財は、わずか15点ほどである。しかし、冒頭で述べたように、文化財に日本の歴史を語ってもらおうとすれば、他にも無限にあるといえる文化財から縦横無尽にアプローチすることが可能であろう。そこで、このたび、新たに加えた文化財を通して前著の姉妹版、つまり続編、続々編という位置付けで刊行することにした。

本書はその政治・経済編として、前著と異なり分野別の視点を取り入れている。とはいっても、文化財がもつ表情は実に多種多様である。そこで、一つひとつの文化財がもっている豊かな表情をできるだけ汲み取りたいと考え、便宜上、各分野に振り分けた文化財もそのジャンルを超えて、別の切り口からみえる表情を見逃さないように心掛けた。それは、各項目の中に「視点をひろげる」という形でできるだけ反映させるようにした。

なお、前著では序章や終章を設け、そこに執筆者陣の共通了解として本企画の意図を論じている。その部分は本書では省いているので、文化財に対する私たちの理解については前著をお読みいただきたい。本書も前作同様、多くの読者の皆様の目に触れるともに、身近にある文化財に寄り添っていただけることにつながれば、編者の一人として望外の喜びである。

2023年7月17日

會田康範

◉文化財が語る 日本の歴史　政治・経済編◉目次

第3章　近現代

＊複数の時代にわたって論述したテーマについては、便宜的に主な時代の章に振り分けた。

＊未文化財として、指定登録されていないものも前著と同様に扱うことにしている。その意図することは、「はじめに」に記した通りである。

第1章　古代・中世

有形文化財 古文書

古代の石碑は何を語るのか

下山　忍

多賀城碑から「古代を通観する問い」を立てる！

1　古代の石碑とは

石碑とは、様々な石の表面に銘文を刻んだものの総称である（坂詰2011）。日本における古代の石碑のうち現在確認されているものは18基にすぎず、非常に希少性のある文化財と言える。地方史や書道史の専門家に注目され、その地域の人びとに知られているものも多いが、歴史的資料としての解明や教材化については今後に待つところも多いのではないかと感じている。古代の石碑の全体を概観するとともに、それぞれの石碑について掘り下げていく取組が求められよう。

古代の石碑の全貌を見ていく上で、国立歴史民俗博物館が1997年（平成9）に開催した企画展示「古代の碑―石に刻まれたメッセージ―」（国立歴史民俗博物館1997）は非常に大きな意義をもつ。また同館ではこれを機に精巧なレプリカを作成し、中庭に面する回廊に展示しているが、これは相互に法量の比較なども容易であり、間近で観察できることから研究や教育に大いに資するものと思われる。

こうした成果や前沢和之の研究（前沢2008）に基づいて、18基の一覧表を作成した（表1）。これをもとに全体を概観してみると、年代的には7世紀3基、8世紀11基、9世紀3基、10世紀0基、11世紀1基となる。現存最古の石碑は№1宇治橋碑（うじばしひ）とされる。飛鳥時代に始まり、奈良時代に最も多い。平安時代は1基を除いて初期のものであり、造立の中心は奈良時代にあったという傾向が見られる。

所在地については、多い順に並べると、奈良県5基、群馬県4基、熊本

表１　古代の石碑一覧表

No.	名称	所在地	年代	種類区分	形・材質	文化財指定等
1	宇治橋碑	京都府宇治市	大化２年(646)以降	記念碑(架橋)	蓋首・石英斑岩	重要文化財
2	山上碑	群馬県高崎市	辛巳年(681)	墓碑	自然石・輝石安山岩	特別史跡・ユネスコ「世界の記憶」
3	那須国造碑	栃木県大田原市	庚子年(700)	墓碑・顕彰碑	蓋首・花崗閃緑岩	国宝
4	多胡碑	群馬県高崎市	和銅４年(711)	記念碑(建郡)	蓋首・牛伏砂岩	特別史跡・ユネスコ「世界の記憶」
5	超明寺碑	滋賀県大津市	養老元年(717)	記念碑(立石？)	圭首・水成岩	(未指定)
6	元明天皇陵碑	奈良県奈良市	養老５年(721)	墓碑	方首・花崗岩？	(未指定)
7	阿波国造碑	徳島県石井町	養老７年(723)	墓碑	蓋首・塼	徳島県指定有形文化財
8	金井沢碑	群馬県高崎市	神亀３年(726)	供養碑	自然石・輝石安山岩	特別史跡・ユネスコ「世界の記憶」
9	竹野王多重塔	奈良県明日香村	天平勝宝３年(751)	記念碑(造塔)	五重塔・凝灰岩	明日香村指定文化財
10	仏足石	奈良県奈良市	天平勝宝５年(753)	仏足石	自然石	国宝
11	仏足石歌碑	奈良県奈良市	天平勝宝５年(753)	歌碑	縦板状・粘板岩	国宝
12	多賀城碑	宮城県多賀城市	天平宝字６年(762)	記念碑(城修造)	円首・硬質砂岩	国宝
13	宇智川磨崖碑	奈良県五條市	宝亀９年(778)	偈文碑	露頭・雲母片岩	史跡
14	浄水寺南門碑	熊本県宇城市	延暦９年(790)	記念碑(造寺)	方首・阿蘇溶岩	重要文化財
15	浄水寺灯籠竿石	熊本県宇城市	延暦20年(801)	寄進碑	灯籠・鼓状・阿蘇溶岩	重要文化財
16	山上多重塔	群馬県桐生市	延暦20年(801)	造塔・如法経碑	三重塔・安山岩	重要文化財
17	浄水寺寺領碑	熊本県宇城市	天長３年(826)	寺領碑	蓋首・阿蘇溶岩	重要文化財
18	浄水寺如法経碑	熊本県宇城市	康平７年(1064)	如法経碑	方柱状・阿蘇溶岩	重要文化財

国立歴史民俗博物館 1997、前沢 2008 ほかをもとに作成。

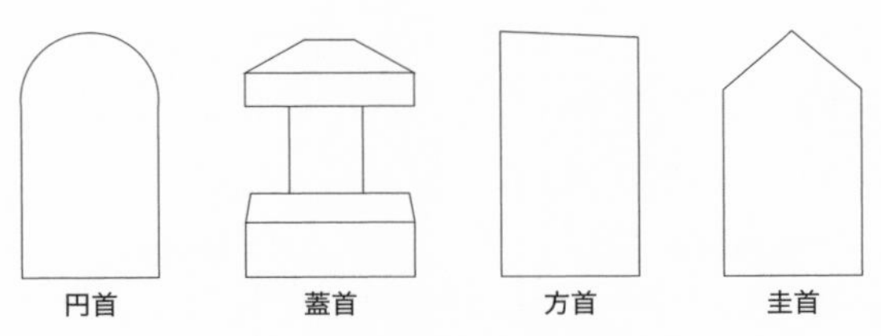

図1　円首・蓋首・方首・圭首

県４基、宮城県・栃木県・滋賀県・京都府・徳島県が各１基となる。これを古代の行政区画で考えてみると、東山道７基、畿内６基、西海道４基、南海道１基となり、東海道・北陸道・山陽道・山陰道にはない。西海道の４基はすべて同じ寺院（浄水寺）の所在であることを考慮すると、畿内と東国に多いという傾向が認められよう。

種類区分を見ると、６基の記念碑が最も多いが、その記念事業は架橋・建郡・立石・城修造・造寺・造塔と分かれている。次に多いのが墓碑４基、経典・偈文３基、寄進・寺領関係２基、仏足石・歌碑２基、供養碑１基、造塔１基となる。全体的には仏教や寺院関係の石碑が多い。地方行政に関わるものとしては、No.３那須国造碑・No.４多胡碑・No.12多賀城碑の３基がこれに該当し、すべて東国（東山道）であることが注目される。ちなみにこの３碑は「日本三古碑」としても広く知られている。

形では蓋首５基、自然石３基、方首２基、多層塔２基、円首１基、圭首１基、その他４基となる。蓋首は笠石を載せた石碑、方首は四角形・円首は半円形・圭首は三角形に整形した石碑であり（図１）、これらは方柱状または板状に加工されている。蓋首の５基は、No.１宇治橋碑、No.３那須国造碑・No.４多胡碑、No.７阿波国造碑、No.17浄水寺寺領碑であり、これらのすべてではないが、このうちの３基が地方行政に関わる石碑と一致する。ただし、No.12多賀城碑は円首である。自然石は加工していない石を用いたもので、中国ではほとんど見られず、朝鮮の石碑に起源を求めることができるという（前沢2008）。多層塔はNo.９竹野王多重塔（五重塔）、山上多重塔（三重塔）で、これらは厳密に言えば石碑ではなく石塔ということになる。

文化財指定などについて言えば、国宝３基、重要文化財７基、特別史跡３基、史跡１基、都道府県指定文化財１基、市町村指定文化財１基、未指定2基となる。国宝は№3那須国造碑・№10仏足石・№11仏足石歌碑である。那須国造碑は、古く近世に水戸藩の徳川光圀の着目するところとなったことでも知られ、その歴史的意義の高さから国宝となった。また、仏足石とは仏陀の足形を石に刻んだもので、信仰の対象として崇拝されてきた。奈良市・薬師寺大講堂の後陣に安置されている仏足石は、全国300基以上あるとされる仏足石の中でも最古のものであり、仏足石歌碑とともに国宝に指定されている。那須国造碑は古文書、仏足石・仏足石歌碑は考古資料としての指定である。

国宝に続く重要文化財は7基と多い。史跡・特別史跡としての指定もある。特別史跡は史跡の中で特に重要なものとされ（文化財保護法第109条第2項）、古代の石碑としては№2山上碑・№4多胡碑・№8金井沢碑の「上野三碑」がこれに指定されている。また№12多賀城碑は重要文化財であるが、関連する「多賀城跡附寺跡」が特別史跡に指定されている。

なお、前述の「上野三碑」が登録されているユネスコ「世界の記憶」とは、人類史における重要な記念物への認識を高めるための制度で、我が国では8件が登録されている。「上野三碑」のほかには「山本作兵衛コレクション」（福岡県）、「慶長遣欧使節関係資料」（宮城県）、「御堂関白記」（京都府）、「東寺百合文書」（京都府）、「舞鶴への生還」（京都府）、「朝鮮通信使に関する記録」（日本・韓国）、「智証大師円珍関係文書典籍」（滋賀県）であり、古代から近代にわたっている。

2　古代の石碑の歴史的背景

石碑についても、ほかの文物同様に朝鮮半島から伝来したものと考えられている。中国では秦（BC221～BC206年）の時代から建立が始まり、漢（BC206～8年）や後漢（25～220年）にも引き継がれた。建立の目的は墓碑が最も多く、徳政や孝子を讃える顕彰碑や、橋や道路竣工の紀功碑などもあった。余りに盛行したため、禁止令が出されることもあったという。

朝鮮半島における最古の石碑は、178年建立とされる楽浪秥蟬碑であるが、広く知られているのは、414年建立の高句麗広開土王（好太王）碑であろう。ここには1,802字の銘文が書かれ、4世紀末に倭が百済などとともに高句麗と戦った記事が見える。その後も朝鮮半島では石碑の建立が続き、その多くが領域拡大に伴い、その証明などのために領域の最前線に建立されることが指摘されている。こうした性格は後述する多賀城碑にも共通するものである。

石碑の形状は、方柱状または板状に加工した石を用い、その頭部を圭首（三角形）、円首（半円形）、方首（四角形）、蓋首（笠石をのせる）という形に成形している。6世紀の朝鮮半島の石碑は自然石や方柱形に笠石を載せる形態が多く、中国でよく見られる頭部が圭首や円首の石碑は少ないとされている。日本の古代の石碑は朝鮮半島が源流と考えられているが、前述のように日本には方首・円首・圭首の石碑もあり、様々なケースが想定される（前沢 2008、坂詰 2011）。

そもそも我が国における文字（漢字）の使用は、中国王朝との交流から始まり、次第に国内政治においても一定の役割をもって使用されていったと考えられる。5世紀半ばの稲荷台古墳（千葉県）から出土した鉄剣、5世紀後半の稲荷山古墳（埼玉県）出土から出土した鉄剣、同じく江田船山古墳（熊本県）から出土した鉄刀などが早い例として知られ、ヤマト政権と各地の豪族との関係性を知ることができる（国立歴史民俗博物館 1997）。

石碑の建立は前述のようにこれに遅れる7世紀半ばから始まるが、その風習が大きなうねりとなったとは言い難い。石という素材は、不特定多数の人の目に触れるもので、かつ長い年月に耐えられるものである（前沢 2008）。その政治的活用の利点は大きいと考えられるが、天皇や豪族たちが自らの権威を誇示するために碑文を刻むことを有効な方法とは位置付けていなかったのではないかとする見解もある（平川 1999）。

なお、こうした古代における18基という基数から、中世の石造物を考えると大変驚かされる。中世には板碑だけでも5万基とも言われるように、まさに爆発的にその数が増えている。五輪塔など新しい形式が生まれたことや宝塔など以前からあった形式が石造になっていくことなどもその理由であろうが、その背景には中世人の石塔信仰の強さを考えざるを得ない。

古代・中世を通観した研究の進展が望まれるが、その中で板碑の起源という問題関心から取り組んだ研究もある（伊藤 2016）。板碑は1227年（嘉禄3）銘が最古とされていることから、それ以前の有年紀銘の石造物を抽出して一覧表（1064～1227年）を作成している。これはすべての石造物ということではなく、板碑の起源を探るという研究の目的に絞った抽出であるが、それでも46基を数えている。このうち「古代」に属する1180年（治承4）より古いものだけでも20基あり、その種類区分は如法経碑・自然石板碑・笠塔婆・石仏であった。例えばこれらを古代の石碑にどう位置付けていくのか。今後はこうした古代・中世の境界に属する研究も進めていく必要があるのではないだろうか。

3　多賀城碑をよみとく

（1）多賀城碑の現況

それでは次に、古代の石碑の一例として多賀城碑について考えてみたい。多賀城は律令国家が蝦夷政策を推進するために東北地方に設置した古代城柵の中心であるとともに、奈良・平安時代の陸奥国府であり、奈良時代には鎮守府も併置されるなど、古代東北において政治・軍事の中心となった官衙である。仙台平野と大崎平野の中間に位置し、物資の管理・集積に便の良い国府津（塩竈市香津町を比定）を控え、北上川や鳴瀬川を遡れば城柵の設置された大崎地域をはじめ、その先の胆沢・志波地域まで到達できる交通・軍事上の要衝の地であった（進藤 2010）。

この多賀城は、724年（神亀元）に大野東人によって創建された第Ⅰ期から、869年（貞観11）の陸奥国大地震後に復興された第Ⅳ期までの4時期の変遷があることが、1960年（昭和35）から始められた発掘調査によって確認されている。1922年（大正11）に史跡に指定され、発掘調査の成果を受けて、1966年（昭和41）に特別史跡に指定された（多賀城市教育委員会 2012）。

多賀城の外郭は築地塀で区画され、最大が東辺の1,050m、最小が西辺の660mの不整方形を呈し、東門・西門・南門と八脚門を3つもっていた。その中央部に南北116m、東西103mの築地塀で囲まれた内郭（政庁）のエリアがあり、そこに正殿・脇殿などの建物跡がある。多賀城跡は低丘陵の先端部分に立地しているが、南辺や西辺の一部は沖積平野にあたり、起伏に富んだ地形を取り込んでいる（図2）。

図2　多賀城跡全景（東北歴史博物館提供）

図3　復元が進む多賀城南門
（2023年5月筆者撮影）

図4　多賀城碑覆屋
（筆者撮影）

現在多賀城市では、多賀城創建1300年を記念して南門の復元に取り組んでいる。南門は多賀城外郭に設けられ、そこから政庁南大路を経て内郭（政庁）に至る玄関口にあたる場所である。復元する南門は第Ⅱ期のものを想定し、発掘調査などから明らかになった平面規模・構造などに基づき、

多賀城
去京一千五百里
去蝦夷国界一百廿里
去常陸国界四百十二里
去下野国界二百七十四里
去靺鞨国界三千里
西
此城神亀元年歳次甲子按察使兼鎮守将
軍従四位上勲四等大野朝臣東人之所置
也天平宝字六年歳次壬寅参議東海東山
節度使従四位上仁部省卿兼按察使鎮守
将軍藤原恵美朝臣朝獦修造也
天平宝字六年十二月一日

図5　多賀城碑（国宝）**拓本と釈文**（安倍・平川編 1999 より）

高さ 14m の二重門を建築している。2024 年（令和 6）の公開を目指し、工事はかなり進捗しているように見受けられる（図 3）。

その多賀城跡の南門から外郭内に入るとすぐに宝形造（ほうぎょうづくり）、瓦葺きで格子がはめ込まれた覆屋があり、多賀城碑はこの中に納められている（図 4）。碑は高さ 248cm、最大幅 103cm であり、下部を約 50cm ほど埋めた状態で、ほぼ真西を向いて垂直に建っている。石材は花崗岩質砂岩を用い、頭部は円首に整えて碑面のみ平らに整形しており、上部に大きく「西」の 1 字があり、その下に幅 122cm、横 79cm の罫で囲んだ中に 11 行にわたって 140 文字が彫られている（図 6、多賀城市教育委員会 2013）。

（2）多賀城碑の「発見」と壺碑（つぼのいしぶみ）

多賀城碑は前述のように 762 年（天平宝字 6）の紀年銘をもつが、いつか世に忘れられて時が過ぎ、江戸時代初期に発見された。新井白石の『同文通考（どうぶんつうこう）』には「万治（1658〜1660）・寛文（1661〜1672）の頃に土中」から見つかったとある。また、仙台藩の儒学者である佐久間洞巌（さくまどうがん）の『奥羽観蹟聞老志（おううかんせきもうろうし）』には「草莽の中に埋もれること千年」とあり、草むらの中にあって人びとに気付かれなかったとする（安倍・平川編 1999）。いずれにしても、平和の中で文化が成熟してきた江戸時代に入ってから「発見」されたものであり、那須国造碑などそうした来歴をもつ古代の石碑は少なくない。

こうして、江戸時代に発見された多賀城碑は、城修造記念碑というその本来の意味よりも「壺碑」として知られることになった。壺碑とは陸奥にあり、坂上田村麻呂が弓の弭（はず）で日本中央と書き付けた古碑とされる。古来より陸奥の歌枕として著名で、11 世紀以降多くの歌人によって歌われた。西行の「陸奥の国　奥ゆかしくぞ　思ほゆる　壺のいしぶみ　外の浜風」などは良く知られているところである。本来は城修造碑である多賀城碑が壺碑として知られるようになった背景には、ほかにも「末の松山」・「浮島」・「野田の玉川」・「千引石」・「沖の石」などの歌枕を領内に整備していた仙台藩がこれに強く関わっていたという指摘もある。

さて、その歌枕として歌われた「壺碑」が発見されたということで、井原西鶴も寛文年間に訪れるなど、江戸時代の文人たちの来訪が相次いだ。「発見」直後の来訪ということを考えると、近世知識人たちの関心の高さ、そのネットワークの広さに驚かされる。1689 年（元禄 2）に来訪した松尾芭蕉もその 1 人であり、『おくのほそ道』にその感動を記している。芭蕉もまた古来の歌枕の 1 つとして憧憬し、行脚の途中に立ち寄ったのである。後述するように、この時には覆屋はまだなく、路傍の石碑は「苔をうがちて文字幽（かすか）なり」という状態であったという（安倍・平川編 1999）。

（3）近世における文化財保護

前述の多賀城碑「発見」後、仙台藩でも儒学者である佐久間洞巌らに調査研究を命じているが、多賀城碑の保全という点で大きく貢献したのは水戸藩の徳川光圀であった。徳川光圀は『大日本史』の編纂など修史事業でもよく知られているが、その一環として家臣で儒学者の丸山可澄（まるやまよしずみ）を 1691 年（元禄 4）に派遣して多賀城碑を実検させている。光圀は多賀城碑の碑文の写しを以前に仙台藩主伊達綱村（だてつなむら）から贈られていたので、丸山可澄がそれに基づいて確認するための調査であったと思われる。可澄は碑文はその写しの通りであること、苔むして読み取れない文字は石刷りにして記録したことなどを報告している（安倍・平川編 1999）。

徳川光圀はこれに先立つ1681年（天和元）に那須国造碑を知って関心をもち、家臣の佐々宗淳（さっさむねきよ）に碑文を写させるとともに、調査と修復を命じている。この那須国造碑も多賀城碑同様に、草むらに隠れて人びとに忘れ去られていたが、地元の名主から報告を受けるとすぐに対応したのである。1691年の修復後には覆屋（おおいや）を建て、管理人も置くなどの措置を施したという。光圀はこうした経験をもとに、丸山可澄の報告後の1694年（元禄7）前後に仙台藩主伊達綱村に親書を送っている。「義公書簡」と呼ばれているその親書の内容は、壺碑（多賀城碑）は古来有名な碑であるが、破損しているとも聞いている。差し出たことであるが、修復を加え、覆屋を建て、長く保全できるようにして頂きたいという趣旨であった（安倍・平川編1999）。

伊達綱村もこの助言に従い、その後すぐに覆屋を建立したと考えられる。享保年間（1716～1736）には綱村の藩主在任中（1660～1703）に覆屋を建立したという文献史料もあるが（安倍・平川編1999）、発掘調査の結果からも1700年前後の建立が推定され、この内容と一致する。なお、この発掘調査から覆屋は1875年（明治8）・1889年（明治22）・1954年（昭和29）にも改修されたことがわかるという（桑原2002）。

文化財保護の歴史は、1871年（明治4）の「古器旧物保存方」の布告から語られることも多いが、以上のような近世の営みによって文化財の保全が図られてきたことも忘れてはならないのだろう。

（4）偽作説と真作説

明治時代になって研究が進み、多賀城碑が壺碑とは無関係であることが知られるようになったが、同時に田中義成・黒板勝美・喜田貞吉らの国史学者や中村不折らの書家から近世における偽作説が提起され、その後昭和に至るまで大きな影響をもった。多賀城碑が偽作であるという主な根拠は、①碑の形態、②書体、③碑文の内容（里程・国号・官位官職など）、④関係文献の批判からであった。これに対する真作説からの反論もあったが、学界の趨勢は偽作説を黙認する傾向にあり、史料として活用されることはなかった（安倍・平川編1999）。1969年（昭和44）当時では地元の人でさえ「これは偽物の碑です」と言い切るような状況であったという（平川1999）。

これに対して真作説が大きく浮上してくる契機となったのが、1960年代から始まった多賀城跡の発掘調査であった。その結果、多賀城には第Ⅰ期から第Ⅳ期までの4時期の変遷があったことが明らかになった。すなわち、第Ⅰ期は8世紀前半の多賀城創建、第Ⅱ期は8世紀後半の大々的な改修、第Ⅲ期は780年（宝亀11）の伊治公呰麻呂（これはりのきみあざまろ）の乱における焼失後の再建、第Ⅳ期は869年の貞観大地震による崩壊後の復興によるものと考えられた。このうち第Ⅲ期と第Ⅳ期は文献上から知られていたことを発掘調査で裏付ける結果となったが、文献上から知り得ない第Ⅰ期と第Ⅱ期についても多賀城碑の碑文と一致することが明らかとなった。

偽作説は近世知識人が文献の内容をもとに碑を作成していることを想定しているが、1960年代以降の発掘調査によって初めて知りえた事実を江戸時代に碑文に記載することは不可能であるということになる。そのため、それまで偽作との疑いが強かった多賀城碑の再検討が開始されたのである。

その経緯と内容は『多賀城碑－その謎を解く』（安倍・平川編1999）に詳しい。同書は真偽論争の経緯と問題点を整理し、碑文割付の基準尺度、文字の彫り方、書体と書風、碑文の内容など各項目ごとに検討を加えた。碑文の内容については後述するが、例えば文字の彫り方も古代の薬研彫りであることや、碑文も様々な拓本からの「集字」ではなく1人の人によって書かれたものであることなどを確認した。これによって偽作説の根拠は薄弱であることが証明され（前沢2008）、重要文化財指定にもつながっていった（高倉2008）。管見の限り、同書の刊行以降は真作説を前提とする研究が多いが（白鳥1998、半沢1999、熊谷2000、桑原2002、長瀬2016、柳澤2021ほか）、主に碑文の書体や書風などから偽作説に立つ研究もある（安本2015）。

（5）碑文からわかること

①翻刻と釈読　p.16に多賀城碑文の翻刻を示しているが、これを釈読すると「西　多賀城　京を去ること一千五百里　蝦夷国の界を去ること一百二十里　常陸国の界を去ること四百十二里　下野国の界を去ること二百七十四里　靺鞨（まつかつ）国の界を去ること三千里　此の城は、神亀元年歳は甲子に次（やど）る、按察（あぜち）使兼鎮守将軍従四位上勲四等大野朝臣東人の置く所也。天

平宝字六年歳は壬寅に次る、参議・東海東山節度使従四位上仁部省卿兼按察使・鎮守将軍藤原恵美朝臣朝獦が修造する也。天平宝字六年十二月一日」となる（前沢 2008）。

②「西」の大書　多賀城碑は硬質砂岩の自然石の一面のみを研磨し、そこに銘文を記している。銘文は界線に囲まれた長方形の範囲に書かれている。その外側の上の部分に大きく「西」という文字が書かれているが、これは碑が西面していることを表しているという（安倍・平川編 1999）。すなわち平城京の方向を向いて建立していることを示しており、これは碑を建立した藤原朝獦の功績を天皇に対して顕彰しているという見解（伊藤 1996）や「朝廷」を敬拝しつつ「遠の朝廷」としての矜持を表現したとする見解（長瀬 2016）がある。

③多賀城からの里程　界線で囲まれた部分には 11 行・140 字の銘文が記されている。まず多賀城を起点とし、京・蝦夷国界・常陸国界・下野国界・靺鞨国界までの里程が示されている。まず京からの位置を記したのは多賀城が天皇の命を受ける朝廷の出先機関であることを示し、次に蝦夷国との距離を記したのは蝦夷政策の拠点である多賀城の性格を端的に物語っている。常陸国と下野国は、陸奥国と接するそれぞれ東海道と東山道の一番果ての国である。靺鞨国は渤海国と考えられるが、出羽国を通して通交していた可能性も高く、この碑を制作させた藤原朝獦が陸奥国だけではなく出羽国も管轄する按察使の地位にあったことからその権限によるものとされる（伊藤 1996）。

1 里を 534.6 m と換算すれば、平城京から 1500 里 =801.9 km、蝦夷国界から 120 里 =64.2 km、常陸国界から 412 里 =220.3 km、下野国界から 274 里 =146.5 km、靺鞨国界から 3000 里 =1603.8 km となる。この里程の信憑性については様々な議論があるが、多賀城を基点とした平城京までの距離は東山道経由の実測値とほぼ一致する。また、蝦夷国界までの距離も現在の宮城県・岩手県境付近となり、多賀城碑建立段階で最北の城柵が桃生城（宮城県石巻市）であったことなどから当時の律令政府の実効支配の北限を示すという（柳澤 2019）。

しかし、常陸国界と下野国界についてはそうはならない。常陸国界を勿来関（当時の名称は菊多関）とし、下野国界を白河関とした場合、いずれも多賀城からほぼ同じ距離であるにも拘わらず、412 里と 274 里と大きく異なるのは疑わしいとして偽作説の 1 つの根拠となっていた（安倍・平川編 1999）。常陸国界を勿来関とし、多賀城から東海道を経由して計測すると 177.7km となり、多賀城碑に記された里程 412 里 =220.3km より約 43km ほど短くなる。これは、基準となった常陸国の里数そのものに誤りがあった可能性も指摘されているが（安倍・平川編 1999）、東海道ではなく東山道を経由した場合は多賀城碑の里程とほぼ一致することもわかった。多賀城碑の里程が最短距離を採らなかったのは合理的ではないが、多賀城のある陸奥国が東山道に属したためであるという（柳澤 2019）。

下野国界までの里程についても、多賀城から白河関までの計測距離 173.0km と多賀城碑の記す 274 里 =146.5km とも一致しない。このことをどう解釈するについては非常に難しいが、718 年（養老 2）に陸奥国から一時分離した石城国・石背国との関係から考え、陸奥国と石城国の境に置かれていた玉前（たまさき）関から白河関までの計測距離が 143.4km であることから、この里程は玉前関から白河関までを示した里程であるという（柳澤 2019）。しかし、これを妥当とするためには、下野国界のみ多賀城碑ではなく玉前関を基点とすることの説明が必要であろうと思われる。

また、常陸国界を陸奥国と常陸国の堺ではなく常陸国と下総国の堺とし、同様に下野国界を下野国と上野国の堺と考えると、多賀城碑の里程と非常に近い距離になる。それらを基点とした理由は、多賀城碑を建立した藤原朝獦が陸奥国の軍団兵士のほかに常陸国や下野国から鎮兵を徴発する権限をもっていたことに由来するという（長瀬 2016）。朝獦が任命されていた節度使についてのさらなる解明が必要であろう。

④「蝦夷国」・「靺鞨国」　次に蝦夷国界・靺鞨国界について述べる。まず蝦夷国であるが、前述のように蝦夷国界までの里程については余り異論がないものの、律令国家の統治下に入っていない蝦夷に、その行政単位である「国」を用いるのはおかしいということから、これについても偽作説の 1 つの根拠となっていた（安倍・平川編 1999）。これについては、蝦夷政策を推進し版図を広げようとしていた藤原朝獦が敢えて領域を示して事績を誇示したという解釈（平川 1999）や、律令国家の華夷思想を背景に四至を明示したという解釈（長瀬 2016）がなされている。

同様に靺鞨国も存在しない。これは渤海国のことと考えられており、この国は696年に高句麗の遺民である大祚栄(だいそえい)が靺鞨族を率いて建国し、唐や新羅との対立から727年以来しばしば日本と通交していた。「靺鞨」は靴下・革靴を意味する唐が用いた蔑称であり、自称することはなく、また友好国であった日本が国号として用いるのも不自然であるとされてきたが、律令国家の華夷思想を背景に「蝦夷国」と並べて敢えてこの呼称を用いたとされている（平川1999、長瀬2016）。里程の3000里については海路を採ることから、概数と考える方が妥当であろう。また、この靺鞨国については渤海国ではなくツングース系民族の粛慎(あしはせ)を指すという説（伊藤1996ほか）や、渤海国より北方の黒水靺鞨を指すという説（柳澤2019）もある。

⑤藤原朝獦の官位・官職　前述したように多賀城碑は多賀城修造を記念する石碑であるが、その修造を行った藤原朝獦の事績を顕彰する意図が強く読み取れる。その官位・官職は、「参議・東海東山節度使・従四位上・仁部卿兼按察使・鎮守将軍」とある。このうち官位の「従四位上」が文献上の「従四位下」と一致しないことからこれも偽作説の根拠の1つとされてきたが、大野東人の官位との均衡を保つためであったとされる（安倍・平川編1999）。

藤原朝獦は当時の権力者藤原仲麻呂の四男である。757年（天平勝宝9）の橘奈良麻呂(たちばなのならまろ)の乱後に多賀城に赴任し、陸奥国・出羽国を管轄する「按察使」に加えて「鎮守将軍」にも任命され、蝦夷政策の全権を委ねられた。陸奥国に桃生城、出羽国に雄勝城(おかちじょう)を造営するとともに、国府・鎮守府の置かれていた多賀城の修造にあたったのである。碑文の「天平宝字六年（762）十二月一日」が朝獦の「参議」就任の日にあたることもその顕彰を意図したとされている。なお、「仁部卿」とは民部卿のことであり、父仲麻呂政権の唐式官名採用により、この当時こう呼称されていた。

「節度使」は兵士徴集や訓練、兵器の製造などを担当した軍政官で、この時は761年（天平宝字5）に新羅征討を目的として任命された。実戦の際には、朝獦もそのまま指揮官となることが予定されていたと考えられている。しかし764年（天平宝字8）に孝謙上皇らによって藤原仲麻呂政権が打倒され、仲麻呂・朝獦父子も敗死してこの新羅征討計画は頓挫した。

すなわちこの後起こる政変によって、2年後に大きく変更を余儀なくされるとはいえ、多賀城碑建立時点では、朝獦の蝦夷政策、新羅征討計画、参議就任という状況が進んでおり、碑文はそうした当時の政治的状況を踏まえて読み取る必要がある。

4　視点をひろげる―碑文から古代律令国家の政策を問う―

（1）日本史探究での構想

では最後に、こうした興味深い碑文をもつ多賀城碑の教材化について考えてみたい。多賀城そのものについては、律令国家の地方支配の中で、高等学校の教科書はもとより中学校の教科書でも取り上げられている。しかし、多賀城碑を扱った教育実践はそう多くはないと思われる。

一方、2018年（平成30）告示の高等学校学習指導要領では、新科目「日本史探究」において「歴史総合」における学習を踏まえ、多様な資料を効果的に活用して、問いや仮説を立てて歴史を考察・表現する学習を求めている。「日本史探究」はA原始・古代、B中世、C近世、D近現代という4つの大項目からなり、各大項目は⑴時代の転換から考察する「時代を通観する問い」の表現、⑵資料から考察する「仮説」、⑶主題を踏まえた考察と理解という3つの中項目から構成されている（文部科学省2018）。資料の考察を前提とした⑵はもとより、⑴においても資料活用が求められていることは言うまでもない。

（2）多賀城碑文から「問い」を立てる

そこで今回、多賀城碑から「古代を通観する問いを表現し、その仮説を提示する」授業を構想し、筆者が勤務する大学で担当する「地理歴史科指導法」の講義において授業を実施した。まず教師の方で城柵とその設置年を示した東北地方の地図をもとに律令国家の蝦夷政策について、さらに多賀城跡の略地図をもとに多賀城の規模や遺跡の概要などについて説明した。なお、ここで「780年の伊治公呰麻呂の乱はなぜ起こったのだろうか」、「多賀城の周囲をなぜ4～5mの築地塀で囲んだのだろうか」などの教師の問いかけも加え、深い読み取りへの足場がけとした。

次に、学生たちに多賀城碑文からできるだけたくさんの問いをつくってもらった。そして各自がつくった問いをグループで共有し、そのうち重要と考える3つの問いを挙げさせた。「多賀城にはどのような役割があったのだろうか」というような多賀城そのものに関する問いもあったが、多賀城碑に関しては「多賀城から距離を示した場所はどのような意味をもつのだろうか」、「多賀城碑は何を伝えたかったのだろうか」というような問いが多かった。多賀城碑文は前段と後段の2つの部分からなっているが、前者の問いは前段から、後者の問いは後段から生まれたものである。

このまま次の学習活動に移行してもよいのだが、「多賀城から距離を示した場所はどのような意味をもつのだろうか」という問いを取り上げ、京・蝦夷国・常陸国・下野国・靺鞨国のそれぞれについて考えさせてみた。京は朝廷との関係を示し、常陸国・下野国はそれぞれ律令国家の東海道・東山道の隣国である。蝦夷国はまさに対峙する勢力との関係、靺鞨国は対外関係を示すことに気がついていった。また「多賀城碑は何を伝えたかったのだろうか」という問いは、建立者である藤原朝獦の顕彰につながる。多賀城の修造をはじめとする蝦夷政策に係る業績ばかりでなく、朝獦が藤原仲麻呂（恵美押勝）の四男であることから、藤原仲麻呂政権の政策と密接に関係してくる。碑文の「仁部省卿」からは藤原仲麻呂政権の唐風官制、「節度使」からは新羅征討計画に触れることができる。「按察使」の権限が陸奥国だけでなく出羽国も管轄するということから前段の「靺鞨国」との関係にも気がついていった。

(3)「古代を通観する問い」と「仮説」の表現

「時代を通観する問い」とは、時代の特色を探究するための筋道や学習の方向性を導くため、時代の変化やその変化が定着していく理由や条件などを考察するために生徒自身が設定する問いである（文部科学省 2018）。多賀城碑文という個別の資料から古代の特色を捉えさせるということはなかなかハードルが高い面もあるのだが、学生たちがつくった問いの中に「なぜ朝廷は蝦夷を支配しようとしたのだろうか」というものがあった。これは律令国家が東北地方を支配することの意味を考えさせる問いであり、その問いに対して「金をはじめとする東北地方の産物を手に入れるとともに、蝦夷から奪った土地に困窮した農民を入植させるためだったのではないか」という仮説を提示していた。東大寺大仏造立に際して陸奥の産金が必須であったことはよく知られているが、馬・鷹・毛皮なども垂涎の物産であったに違いない（東北学院大学文学部歴史学科 2020・東北大学日本史研究室 2023）。

このほか「律令国家の形成と発展は東北地方にとってどのような意味をもったのだろうか」というような問いもあったが、まだ碑文そのものにとらわれてしまっている問いも多く、「古代を通観する問い」の設定のためには古代を俯瞰させ、その特色を自分なりに捉えさせる指導も必要であることを改めて実感した次第である。

（4）むすびにかえて

以上、本稿では古代の石碑の全体を概観するとともに、その1つである多賀城碑について掘り下げ、教材化を考えてみた。多賀城碑は陸奥守（按察使）・鎮守将軍であった藤原朝獦による多賀城修造を記念・顕彰するもので、その蝦夷政策、新羅征討計画、参議就任などという当時の政治的状況も読み取ることができる。

現在各社の日本史探究教科書では、学習指導要領の中項目(2)（資料から考察する「仮説」）に対応するページで、様々な資料から原始・古代を展望させている。石器・土器・青銅器などの考古資料、中国の歴史書や戸籍などの文献史料、木簡などが多く扱われているが、古代の石碑としては、先に見たNo.2山上碑を扱っている教科書もあった。「（山上碑に）家族の系譜はどのように書かれたのだろうか」という問いかけから、屯倉と地方豪族、さらには寺院や僧侶との結びつきに気付かせる構成であった。古代の碑は非常に希少性のある文化財であるが、その意味するところについては余り知られていない場合もある。こうした古代の碑の教材化を通して、その価値が広く知られ、地域において保全が図られていくことを願ってやまない。

◉参考文献

安倍辰夫・平川　南編　1999『多賀城碑―その謎を解く―』雄山閣
伊藤　循　1996「多賀城碑の「国堺」認識と天皇制」『歴史評論』555
伊藤宏之　2016「12世紀 定型化以前の「板碑」」千々和到・浅野晴樹編『板碑の考古学』高志書院
熊谷公男　2000「養老四年の蝦夷の反乱と多賀城の創建」『国立歴史民俗博物館研究報告』84

桑原滋郎　2002「多賀城碑に関する 2、3 の疑問」『東北歴史博物館研究紀要』3
国立歴史民俗博物館　1997『古代の碑―石に刻まれたメッセージ―』歴史民俗博物館振興会
坂詰秀一監修　2011『石造文化財への招待（考古調査ハンドブック 5)』ニューサイエンス社
白鳥良一　1998「多賀城碑をめぐる真偽論争と重文指定」『歴史と地理』519
進藤秋輝　2010『古代東北統治の拠点・多賀城』新泉社
多賀城市教育委員会　2012『特別史跡多賀城跡附寺跡』
多賀城市教育委員会　2013『重要文化財多賀城碑』
多賀城市史編纂委員会　1997『多賀城市史　第 1 巻　原始・古代・中世』
高倉敏明　2008『多賀城跡　古代国家の東北支配の要衝』同成社
東野治之　1999「古碑の真贋」東野治之・平川　南『よみがえる古代の碑』歴史民俗博物館振興会
東北学院大学文学部歴史学科　2020『大学で学ぶ東北の歴史』吉川弘文館
東北大学日本史研究室　2023『東北史講義　古代・中世篇』ちくま新書
長瀬一男　2016「多賀城碑―碑文を読み解く―」『環太平洋文化』31、日本環太平洋学会
半沢英一　1999「多賀城碑と藤原仲麻呂の新羅征討計画」『古代史の海』15
平川　南　1999「古代碑文の語るもの」東野治之・平川南『よみがえる古代の碑』歴史民俗博物館振興会
前沢和之　2008『古代東国の石碑』山川出版社
文部科学省　2018『高等学校学習指導要領（平成 30 年告示）解説 地理歴史編』東洋館出版社
安本美典　2015『真贋論争「金印」「多賀城碑」』勉誠出版
柳澤和明　2019「多賀城碑の里程と国号」仙台古代史懇話会 2019 年 9 月例会レジュメ
柳澤和明　2021「多賀城建碑と新羅侵攻計画の関連性」『歴史』137

有形文化財 歴史資料

行基式日本図は国土をどう描いているか

會田康範

中世の自国と異国認識をよみとき、国民国家日本を相対化する！

1　行基式日本図とは

（1）地図の起源

誰もが知るような至極当たり前のことではあるが、球体の地球には果てしなく広がる海とさまざまな地形の陸地がある。およそ7：3の面積比とされる海と陸、そして場所により入り組んでいたり単調であったりする海岸線、陸上の山々、河川、湖沼、あるいは台地や平野といった高低差、さらに都市や村落、道路や港湾など、立体的な地理情報を平面な図に書き表したものを地図といってさほど差し障りはないだろう。また、その主題ごとに分類するなら、世界地図もあれば国単位の地図、あるいは地域ごとの地図もあり、そしてそれらをベースマップとして特定のテーマや課題に即してさらに加工された地図もある。

ここで歴史学などの慣例に従い日本図といっているが、これは一般的にいうところの日本地図のことである。国図などの呼称とも同義で、地図の歴史は、世界史的にみると遥か昔の紀元前にさかのぼることができる。現存する最古の地図は、紀元前3,000年頃に作られたもので、1895年に発掘されたロシア連邦南西部の大コーカサス山脈北麓に位置するマイコープ（ロシア連邦アディゲ共和国）の古墳から出土した銀製の壺の表面に線刻されていたものだとされる（海野2004）。また、バビロニアでは地中に埋蔵されていた粘土板に記された地籍図や所領図、市街図なども発見されている。粘土板は素材としての脆さがあるものの腐食しにくく、そのため遺物として残存する可能性があり、これらは紀元前2,500年頃のものだとされる。さらにバビロニアでは、紀元前700年頃の粘土板に記された最古の世界地図も発見されている。これは、円と直線で首都バビロンを中心に陸と海、山や川といった情報を盛り込んだものになっている（織田2018）。

そもそも、なぜ人は地理的情報を図に示したのであろうか。その理由を考えると、さまざまな必要性や目的が考えられる。地図の歴史は文字の歴史よりも古く、それは誰かに地理的情報を伝える際、文字ではなく図示したほうがわかりやすいということもあり得るし、為政者が自らの支配領域を把握するために地図を作成したことも大いに考えられるだろう。

古代日本においてもこうした観点からの地図作成が行われていた形跡があり、その起源は7世紀あたりにまでさかのぼることができる。すなわち、720年（養老4）に律令国家によって編纂された正史『日本書紀』には、大化改新の際、孝徳天皇の改新政府が地方豪族らにその支配する地域の地図の作成を命じ、それを政府に提出させたというのである。これは646年（大化2）の記事であるが、今、実際にその地図の痕跡をみることはできず、これはあくまでも記録上のことである。また、律令国家によって738年（天平10）に諸国に聖武天皇から国郡図の製作が命じられたことも『続日本紀』に記載され、さらには、五畿七道制の行政区分に基づいた六十六国と二島（対馬・壱岐）への経路を記した道線図も写本として伝わっていることが知られている。

（2）行基式日本図とは

では、実物として現存するもっとも古い時期の日本地図は、いつ頃のものなのであろうか。それは、鎌倉時代に作成されたものが最古級のものである。これを日本史学や歴史地理学などでは、行基式日本図（以下、日本図あるいは行基図などと記す）と称している。その一つに京都御室にある仁和寺が所蔵する日本図（以下、仁和寺所蔵日本図とする）がある（図1）。また、それと同じ鎌倉時代に作成されたとされ、鎌倉幕府執権北条氏一族金沢氏の菩提寺である称名寺（しょうみょうじ）が所蔵し、現在、神奈川県横浜市の神奈川県立金沢文庫が保管している日本図（以下、金沢文庫本日本図とする）もある（図2）。この両者はともに一部を欠いた断簡の状態で伝来したものだが、だからこそ、その全体像を想像しながら構図を解読することは極めて興味深いものといえる。

これらの日本図が行基式日本図の名でよばれるのは、奈良時代に法相宗の

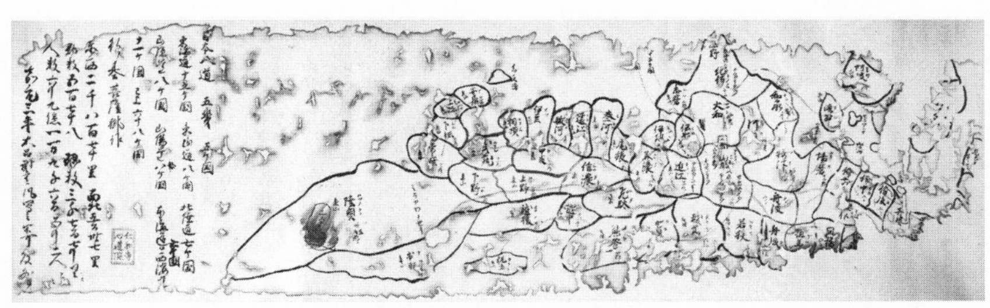

図１　仁和寺所蔵日本図（原本：京都仁和寺蔵、江戸時代写）
（重要文化財、神戸市立博物館蔵、Photo : Kobe City Museum / DNPartcom）

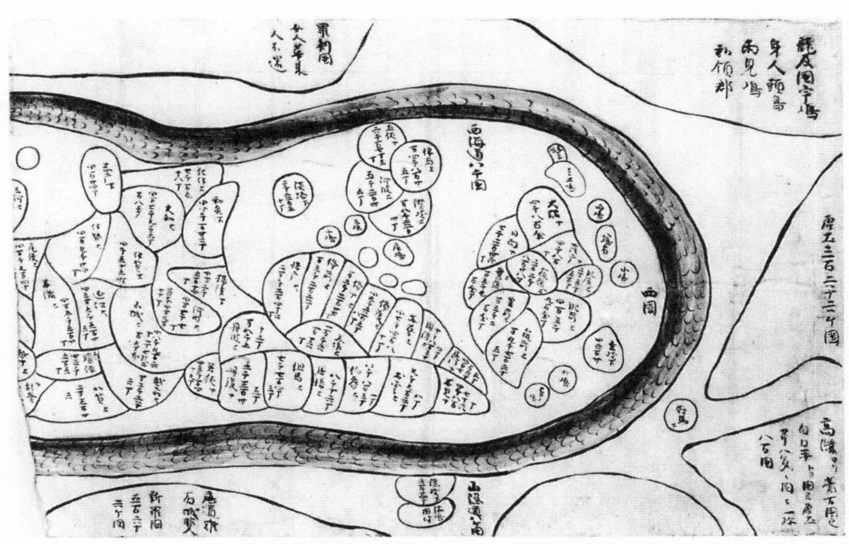

図２　金沢文庫本日本図（遠江越後以東欠、鎌倉時代）
（重要文化財、称名寺所蔵／特別展図録『蒙古襲来と鎌倉仏教』神奈川県立金沢文庫発行より転載）

僧侶であった行基にその由来があるためである。なぜ行基なのかは後述するが、本来、奈良時代の仏教は、国家や社会の安定のためにあるという国家仏教として存在し、その僧侶は原則的に寺院外に出て布教活動することなどは認められていなかったことに留意しておきたい。そのような時代状況の中で、僧侶の行基と地図とが結び付けられることには意外に感じられる面もあるだろう。

さて、これらの日本図を一瞥すると、それは、現代の私たちが認識している国土の姿とはかなり異なっているのが明白である。というより、実際の地形との大きな隔たりがあることを考えると、これらは本当に日本を描いているのか、と思わせてしまうほどの違いといえよう。しかし、それだからこそ、当時の人びとの国土認識を視覚的によみとくことにつながる重要性が高い歴史史料（資料）といえるのである。

このほか、中世後期から近世初期にかけては『拾芥抄（しゅうがいしょう）』に収録されている日本図をはじめ、多くの日本図が作成された。そして、江戸時代後期の19世紀になると、伊能忠敬（いのうただたか）が日本全国を実測することによる詳細で正確性の高い日本地図の作成に着手した。これは伊能没後にその弟子らの手で『大日本沿海輿地全図（だいにほんえんかいよちぜんず）』として完成され、伊能図と略称されることも多い。さらに明治期に入ると、帝国陸軍参謀本部陸地測量部が軍事上の必要から日本全国の科学的な手法による測量を進め、いわゆる迅速測図（じんそくそくず）も作成されるなど、近代以降は日本地図の正確さもいっそう増していった。

このように日本地図の歴史をたどってみると、その時代ごとに作成の目的や背景をよみとくことが可能である。ここでは前掲した古代・中世に作成された日本図の中でも行基式日本図、とりわけ金沢文庫本日本図を取り上げ、これを通して当時の人びとの日本の国土に対する認識と現在の私たちの認識とを比較し、その特筆すべき点を論じていきたい。それは、筆者も含め現代日本に暮らしている者にとって、国民国家としての日本のあり方を相対化する視点を養うことにもつながることだと考えられるからである。

2　行基式日本図の歴史的背景

（1）行基の事績と日本図の製作

上述したように、奈良時代の仏教は鎮護国家思想に基づく国家仏教ともいわれ、そのため僧侶が仏教を民間に布教することは禁じられており、基本的には寺院外での活動は許されていなかった。しかし、行基は、その禁に反して畿内を中心として各地を回り、困窮者の救済や社会事業、土木事業などとともに布教も行ったと伝えられている。この行動によって行基は政府から弾圧を受けたが、民衆から多くの支持を集めた行基は弾圧を跳ねのけ、その後、聖武天皇が東大寺に大仏を造立する際、勧進聖として貢献したことにより745年（天平17）には大僧正に遇されている。

ところで、律令制における土地制度の基本は公地制だったため、政府は一定の基準によって公民に口分田を班給した。しかし、この制度は開始して間もなく人口増加などにより人びとに分け与える口分田不足という問題が顕在化し、そこで田地を増やすために政府は民間による開墾を奨励した。この政策は、あくまでも開墾による田地、すなわち墾田を増やして税収を確保することを目的としていた。そのため、開発された墾田には口分田と同様に租を課すという律令制下における財政政策の一環としての改革であったといえる。

その一連の政策である723年（養老7）の格は、いわゆる三世一身法と称されているが、この前後から地域の開発に携わっていた行基は、精力的に各地を巡回し、布教と土木開発事業を積極的に進めたものと思われる。これに関し、『続日本紀』ではその死去に関して次のように記している。すなわち、「大僧正行基和尚遷化(せんげ)す。（中略）都鄙(とひ)を周遊して衆生を教化す。道俗、化を慕ひ追従する者、動(やや)すれば千を以て数ふ。所行く処和尚来るを聞けば、巷に居人无(な)く、争ひ来りて礼拝す。器に随ひて誘導し、咸善(かんぜん)に趣かしむ。又、親から弟子等を率ゐて、諸の要害の処に橋を造り陂(つつみ)を築く。聞見ることの及ぶ所、咸来りて功を加へ、不日にして成る。百姓今に至るまで其の利を蒙れり」とあり多くの庶民から支持され、各地に出向いき橋や堤防の建設など、土木事業に従事したというのである。そのため政府が717年に行基を「妄りに罪福を説き、朋党を合はせ構へ、（中略）百姓を妖惑す」るものとして僧尼令違反で断罪したとも記されている。また1175年（安元元）に成立し行基研究の基本史料とされている泉高父宿禰(いずみのたかふのすくね)の『行基年譜』にも行基が畿内の各地で多数の池や用水を造成したことが記されており、これらの記述によって行基が地域民衆に与えた功績は少なくないと理解されているのである。根本誠二によれば、こうした行基の活動が各地に行基伝承として広がりをみせ、開祖となったと伝える寺院や伝承の数は数百から千数百にもなるとされている（根本2005）。

したがってこうした行基の事績と日本地図が結び付けられるのは、各地を来訪したこと、また、橋や道路の建設にともなって現地を測量したことなどを根拠に両者が結び付けられて広まっていったものだといえる。そして、従来、言及されてきた以上のような仮説に加え、行基式日本図研究をさらに前進させたのは日本中世史研究の大家であり、絵画資料に関する分厚い研究実績を有する黒田日出男であった。黒田は、通説に検証を加え、比叡山延暦寺の僧光宗（1276～1350）が14世紀前半の延暦寺の行事・作法などを集録した『渓嵐拾葉集』を読み込み、そこに日本図が「行基菩薩御作」とされる理由を求めたのであった。

黒田によれば、『渓嵐拾葉集』は中世古典文学の中では著名な作品であるのだが、日本史学や歴史地理学では見落としがちの文献であったという。だが、そこには日本図を行基が作成し、日本の地形は独鈷の形であるという伝承の根拠として13世紀以前には既に『行基菩薩記』の存在があったことを指摘されている（黒田2003）。

（2）仁和寺所蔵日本図とは

京都市右京区御室にある仁和寺は、門跡寺院として著名で多くの文化財を所蔵していることでも知られている。その一つに前掲した日本図（図1）がある。本図は、元来は日本列島を描いたものであるが、東日本に該当する部分しか残されていない。その左端の鋭角に尖っている場所には、東北地方を示す「陸奥」の文字が記されている。本図の文字情報は、このように縦書きされているので、本図を見る際、基本的にはこのように置いて見るという前提を仮定する。となると、東北地方が左端に書かれている日本地図は、こんにちの私たちの常識的な方位の感覚とは合致しないといえよう。こうした点にも、現在の私たちとは異なる当時の人びとの国土認識を読み取ることができるのである。ちなみに、左に当時の国土の東端であった陸奥を配置する意識には、『延喜式』にも記される宮中で行われていた追儺（大晦日に邪鬼や疫神を追い払う行事）の祭文にある「東方陸奥、西方遠値嘉（五島列島内、筆者註）、南方土佐、北方佐渡」とする意識と通底するともいえるだろう。

断簡となって残されている本図であるが、本図の左上部には日本図としての全体像を推測させ得る文字情報が記されている。それは、先述した「日本国図は行基菩薩が図するところ也。その土形は独鈷の如し」という文字情報である。元来、独鈷とは武具として用いられたもので、両先端が刃となっている刀剣の一種であった。先端が単独のものを独鈷、先端が3つや5つに分かれフォーク状になっているものを三鈷や五鈷といい、これらを金剛杵と総称し、密教の法具として用いられようになった。たとえば、著名な東大南大門の金剛力士像が手に抱えているものは独鈷であり、建武の新政を実施した後醍醐天皇の肖像画では、三鈷を所持する天皇が描かれており、これらは見覚えがある方もいるのではないだろうか。

改めて図1と図2を左右に合わせて考察すると、日本列島は両端が鋭角に尖っている地形になっており、独鈷の形を模しているという説明に合致するものと思われる。この地図の作成にあたった当時の人びとの国土認識の根底には、日本を独鈷という密教の法具に見立てる仏教思想に由来する意識があると言及でき、独鈷によって守護された日本列島、そして、それはまた、本州など日本列島が弓状に弧を描く形でなく、東西横長の棒状に理解されていたという点が興味深い点であるといえるだろう。

また、本図では、朱線によって中央から地方へ延びる官道が記されている。五畿七道というように、律令政府は中央集権体制を整備し、都から地方に7つの官道を造成したが、本図では、その起点が「山城」になっている点に注意を払う必要がある。つまり、行基が生きた奈良時代、都は平城京であり、だとすれば官道の起点が「山城」になっていることは不自然というかあり得ないことなのである。それをどのように理解するかといえば、この官道の情報は平安時代以降の行政区分情報を反映したものであり、本図が製作されたのも平安期以降で、本図の文字情報にある、行基が作ったという図はこれとは別、あるいは、本図の元となる図を行基が作ったと理解することになるのであろう。

(3) 鎌倉後期の政治と社会

仁和寺所蔵日本図と後述する金沢文庫本日本図は、ともに鎌倉後期に製作された日本図と考えられている。仁和寺所蔵日本図には1305年（嘉元3）の年号がみえ、この年こそ本図が製作された年代、あるいは少なくともこの年号以降に本図は製作されたと考えられ、それは鎌倉幕府が滅亡する約30年前のことである。その8年前の1297年（永仁5）、幕府は経済的に困窮していた御家人救済のために発したいわゆる永仁の徳政令が失敗に終わり、幕府政治が大きく衰亡する過程をたどり始めた時期である。その直接的なきっかけとなった事件が、直面した蒙古襲来という対外危機であった。

鎌倉幕府の政治は、1221年（承久3）の承久の乱以降には有力御家人との合議制による執権政治が展開し、蒙古襲来は8代執権北条時宗の時であった。2度の襲撃は年号をつけて文永の役と弘安の役と称され、ともに夜に起こった暴風雨によりモンゴル軍が撤退した。幕府軍は襲撃を退けたことにより執権北条氏の得宗が専制化を強化した。いっぽう、御家人社会では蒙古襲来に際しての負担が嵩んだ結果､経済的に困窮する御家人もみられるようになり、蒙古襲来の際に自らの活躍を示した肥後の御家人竹崎季長の『蒙古襲来絵巻（または絵詞)』は、幕府に恩賞を求めるために仕立てさせたものと考えられている。こうした時代背景のもと、金沢文庫本日本図は作成されたものとみることができるであろう。

3　金沢文庫本日本図をよみとく

(1) 金沢文庫本日本図にみる異国・異域への認識

金沢文庫は、鎌倉中期に北条氏一族金沢北条氏の北条実時が晩年に武蔵国久良岐郡六浦荘金沢（現在の横浜市金沢区）の邸宅内に創設した文庫である。政治、文学、歴史の他、さまざまな分野にわたる古典籍が収蔵され、実時以降もその充実が図られた。金沢北条氏は1333年（元弘3）に鎌倉幕府とともに滅亡したが、文庫そのものは金沢氏の菩提寺である称名寺が管理を引き継ぎ、1930年（昭和5）以降は神奈川県立金沢文庫となって公共の図書館施設として一般の利用に供し、また主に中世鎌倉をテーマとする展示活動などを行う博物館的な機能も有している。

さて、金沢文庫本日本図が他の日本図と異なるのは一目瞭然である。それは、日本列島の周囲を取り囲むように描かれている帯状の描写があり、さらに紙面の左右上下の端に異国や異域の情報が記されている点に顕著である。本図の解読と解釈についても黒田の労作などがあり、ここではそれら先学の学恩に依拠しつつ､まず異国や異域に関する文字情報を解読しておきたい（黒田2003)。

図3は本図をトレースした略図である。本図は、紙面の上を南として描かれ、日本列島を囲繞する帯状の外側に線で区画された複数のエリアがある。各エリアにはA以下の記号を便宜的に付した。まずは、A以下の文字情報を示しておこう。

【A】龍及国宇嶋
　　身人頭鳥

雨見嶋
私領郡
【B】唐土三百六十六ヶ国
【C】高麗ヨリ蒙古国之
自日平トヨ国云唐土
ヨリハ多々国云一称
八百国
【D】羅刹国
女人萃来
人不還
【E】雁道雖
有城非人

新羅国
五百六十
六ヶ国

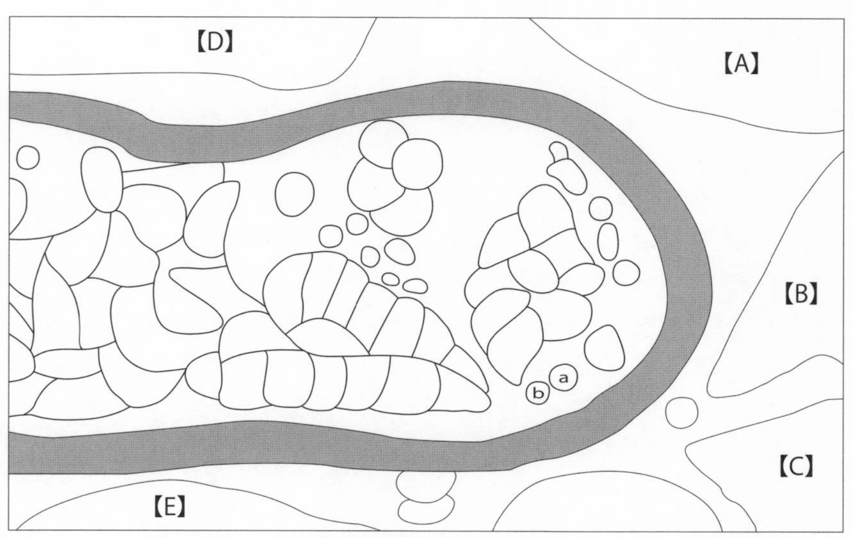

図3　金沢文庫本日本図の略図

ここに記載された文字情報の中には、解読、解釈とも難解で十分にわからない部分もある。【A】のエリアは4行にわたる文字情報で構成され、地図という前提に立脚してみた場合、九州より南西方角にあるこの場所は、琉球（「龍及」）と奄美（「雨見」）を指しているとみていいだろう。2行目では琉球に暮らす人びとに対し「身体は人だが頭は鳥」とし、不確かで非現実的な認識に基づく説明がなされている。いっぽう、奄美についての認識が示されている4行目では、ここがある者によって私的に支配、領有されていると解釈できよう。具体的には【A】のエリアは、現在の沖縄と奄美であるが、その文字情報からは、少なくとも当時、本図の製作に携わった人物にとって、両者に対する理解に大きな隔たりがあったことを指摘できる。

【B】は「唐土」で中国と理解でき、【C】は当時の朝鮮半島の王朝「高麗」のほか、「蒙古国」（モンゴル）、「多々国」、「日平」（日本か）、「トヨ国（刀伊国）の地名が記されている。その場所の比定については、幾通りかの解釈が成り立つが、地図という前提に立てば、方角的には中国よりも北になり、モンゴルのある中央アジアとみることもできるし、黒田の解釈に従い文脈から推察すれば、この地域を高麗では「蒙古国」といい、日本では「トヨ国」といい、中国からは「多々国」（タタールのことか）と称されていたとよみとくことも可能といえるだろう。

これら【A】～【C】に対し、【D】・【E】については実在の地名ではない。【D】の羅刹国とは、羅刹という人食いのいる国の話で、南洋で遭難した僧侶一行が漂着した国が羅刹国であった。そこで、一行は美しい女性と出会ったのだが、それは仮の姿で実は人食いの羅刹で、そのためここに来た人は帰ることができないという説話に由来する。その典拠情報には、『大唐西域記』（唐僧玄奘の見聞を弟子の弁機が筆録したもの）やその影響を受けた『今昔物語集』他が想定されている。また、【E】にある雁道は、中国北方の「雁門」にも類する語と考えられている。それは、渡り鳥の雁が万里の長城を通り抜けるためにつくった通り道（雁門）に準えて、日本列島の北端を指すものという仮説が提示されている。つまり、このような記載が本図にあるのは、これが地図としての役割、すなわち方位を示す意図で記載されたものと考えられている。

次に、行基式日本図は、日本列島内の古代律令体制での国郡制による各国の描き方について、原則的には楕円形などに線をつなぎ各国を示していることに注目したい。その意味について、楕円で閉じられている空間内がそれぞれの国の領域を示すものと考えれば、異国や異域については、紙面の端などで線はつながらずに示されているとみることもできる。このことは、開かれた空間、言い換えれば領域を明確に示しておらず、それは不確かで未知なる空間ともいえるであろう。

（2）列島内の描写における特徴と蒙古襲来

次に、日本列島内の描写では、各国を楕円形で描くという原則に加え、例外的に描かれている二つの島が注目される。それは、九州北部に浮かぶ「竹嶋」(a) と「シカノ嶋」(b) の二つである。このうち「竹嶋」については実際には鷹島、「シカノ嶋」は志賀島のことであると推測されている。

では、なぜこの二島が本図に描かれているのかといえば、その共通点は蒙古襲来における激戦地として知られることである。鷹島の激戦では、元軍の船が海底に沈み、こんにちの水中考古学の成果として図4のような「てつほう」や船の部材など多くの遺物が引き上げられている。

これまで日本が経験したことのなかった大きな対外危機である蒙古襲来については、これまで分厚い研究史の蓄積があり、多くの著書も公刊されている。そこで以下には、まずこれらの先行研究から蒙古襲来がどのような危機であったか、おさらいしておきたい。

平安時代中期の894年（寛平6）に菅原道真の建議により遣唐使の派遣が中

図4　鷹島海底遺跡からみつかった「てつはう」と鉄製冑（長崎県松浦市）
（松浦市教育委員会提供）

止されて以降、日本と中国との正式な国交関係は途絶えていた。しかし、12世紀末に成立した平氏政権は積極的に日宋貿易を進め、また、民間商人や僧侶の通交もさかんに行われていた。

一方、13世紀初めになると、中央アジアでは、モンゴル高原でチンギス＝ハンが諸部族を統合して中央アジアから南ロシアまでを支配したモンゴル帝国が建国された。また、華北では沿海州から興った女真人の金が隆盛し、宋は1271年に南下し南宋を築いた。これに対し、チンギス＝ハンの孫フビライは、南宋を併合し中国全土への支配を拡張するため都を現在の北京（当時の大都）に移し、国号を中国風の漢字1文字からなる元とした。元は、これ以降、朝鮮半島の高麗を服属させることに成功すると、南宋対策の一環として日本へも朝貢を求めた。こうして執権北条時宗は、『蒙古国牒状』と称されるフビライの朝貢要求を無視し続けた結果、元は高麗の軍勢も併せ約3万の兵力で1274年（文永11）に対馬攻略を緒戦に、さらに壱岐を攻め九州北部の博多湾に上陸、幕府との攻防に至ったのであった。この最初の元の襲来を文永の役といい、その後、元は南宋を滅ぼすと、日本への2度目の遠征を計画し、1281年（弘安4）に文永の役とは数倍にもなる約14万の大軍で九州北部を襲撃した。この来襲を弘安の役というが、この2度に及んだ攻防は、ともに元が暴風雨によって苦戦し、博多湾で大きな打撃を受け敗退したのであった。

以上のことから、日本列島を囲繞する帯状の描写は、龍ではないかという見解を支持する意見が強い。龍はもちろん神話や伝説上の架空の動物であるが、水神や海神として中世以降には広く信仰された。つまり、蒙古襲来という対外危機に直面した中世日本において、日本列島は龍神によって守護されているという神国思想をここに読み取ることができるのである。

4　視点をひろげる―国民国家をどうみるか―

（1）蒙古襲来の背景にある日中間の経済的問題

本図の製作背景には、蒙古襲来があったことはこれまで述べてきた通りである。では、そもそもなぜフビライが日本を襲撃対象にしたのだろうか。それを当時の日中間の経済関係からアプローチすることもできる。

12世紀末の平氏政権は、当時の中国王朝宋との間でさかんに貿易を進めた。日宋貿易では、日本から宋への主な輸出品として金や硫黄などが知られているが、宋としては特に日本から輸入する硫黄で国内の戦況を有利にしようとする狙いがあったものと考えられる。それは、硫黄が火薬兵器の火薬の原料となるもので、ちょうどこの時期には、大陸で火薬兵器が戦いに利用される段階であり、硫黄を産出しない宋ではその入手先として日本に対する期待は大きなものがあった（山内 2009）。そのため、日宋貿易を維持することは、宋の軍需を支援する形でもあり、領土拡張を図ろうとする元にとっては日本が敵対国と協調関係にあることも意味するのである。フビライから鎌倉幕府に送られた国書には、日本に対して武力を発動する意向を表向き表明してはいないものの、「兵を用いることを誰が望んでいるか」というその語気には、言外に武力行使を漂わせるものと読み取ることができるだろう。

（2）近現代の国民国家を相対化する

一見すると、帯状に描かれた龍体は、日本の境界に準えて描かれたものとみることができるだろう。しかし、これまで説明してきた通り、帯状の外側である【A】の部分は現在の沖縄と奄美を示しており、それがなぜ帯状の外側に描かれているのか、という点に注目すれば、中世日本の国土や境界の意味が現在の私たちの認識とは異なる点に気づくであろう。それは、「バウンダリー」とは異なる緩やかな「フロンティア」ともいうべきものと把握することが実態に合致するものである（ブルース・バートン 2000）。

とりわけ、沖縄については、「私領郡」という表記から古代国家の地域編成上のあり方を示すと考えられる奄美とも大きく異なり、その説明は極めて非現実的である。周知の通り、中・近世沖縄は三国時代を経て琉球王国によって統一され、大陸の明や清とは朝貢・冊封の関係にあった。その後、明治政府のいわゆる「琉球処分」と称される一連の政策によって琉球王国は解体が進み、琉球藩、そして1879年（明治12）に沖縄県となり、近代日本の一部として編入された。

本図は鎌倉期に作製された日本図であるが、異国や異域を描いていることから、こうした視点を学習する素材にもなる可能性をもつものである。それは、私たちが認識している国土や境界は近現代の国民国家日本の国土であり境界であり、それを過去にさかのぼれば、不変のものとして存在してきたのではない。少なくとも鎌倉時代においては、仏教や神国思想といった宗教思想の影響を受けた国土観や境界認識があったことの証左ともなり、この視点をもつことで近現代の国民国家としての日本を相対化することにつながるものである。

歴史的思考を実践するにあたり、このような時系列を行き来し、また、立ち位置を変えて対象を考察する視点は極めて重要である。それは、B.アンダーソンが指摘した「想像の共同体」という国民国家を理解する視点とも通底するものであることを指摘しておきたい（ベネディクト・アンダーソン 1997）。

◉参考文献

新井孝重　2007『戦争の日本史７　蒙古襲来』吉川弘文館
海野一隆　2004『地図の文化史―世界と日本―』八坂書房
応地利明　1996『絵地図の世界像』岩波新書
織田武雄　2018『地図の歴史―世界篇・日本篇―』講談社学術文庫
海津一朗　1998『蒙古襲来―対外戦争の社会史―』吉川弘文館
黒田日出男　2003『龍の棲む日本』岩波新書
根本誠二　2005『行基伝承を歩く』岩田書院
服部英雄　2014『蒙古襲来』山川出版社
ブルース・バートン　2000『日本の「境界」―前近代の国家・民族・文化―』青木書店
ベネディクト・アンダーソン／白石さや・白石　隆訳　1997『増補　想像の共同体―ナショナリズムの起源と流行―』NTT出版
山内晋次　2009『日宋貿易と「硫黄の道」』山川出版社

有形文化財　絵画

絵巻は中世社会をどのように語るのか

柳澤恵理子

「男衾三郎絵巻」から鎌倉時代の武士社会をよみとく！

1　絵巻とは

> …Around the year 1200 AD, a humorous, anonymous artist produced a set of painted handscrolls that show rabbits and monkeys bathing in a river, frogs and rabbits wrestling, and other scenes where animals behave like humans. Known as *the Handscrolls of Frolicking Animals* (*Chōjū giga*), this work is considered by some to be the foundation of modern manga.

これは、2019年（令和1）5月から10月にかけてイギリスの大英博物館で開催された展覧会“The Citi exhibition Manga マンガ”（図1）の公式ホームページに掲載された文章である[1]。日本のマンガは世界でも人気のあるものだが、そのマンガのルーツの一つとして“*Handscrolls of Frolicking Animals*（*Chōjū giga*）”、すなわち「鳥獣戯画（ちょうじゅうぎが）」という絵巻が取り上げられているのだ。「鳥獣戯画」「鳥獣人物戯画」については誰もが一度は名前を聞いたことがあるだろう。平安時代末期から鎌倉時代初期にかけて制作された墨の描線だけで表す白描（はくびょう）の絵巻で、4巻が現存している。そのうちの甲巻はとくに有名で、兎や猿などの動物たちがまるで人間のような動きをして川へ飛び込んだり、相撲をし

図1　展覧会“The Citi exhibition Manga マンガ”図録の表紙

たりする様子が描かれている。

絵巻は、元は中国から伝来した図巻・画巻の形式を踏襲したもので、日本では奈良時代から制作されていた。基本的に詞書（ことばがき）とそれに対応する絵から構成され、詞書と絵が上下に分かれる場合（上下式絵巻）と、交互に配置される場合（交互式絵巻）がある。交互式絵巻の中でも、絵の一つ一つの場面が独立し完結しているものを「段落式絵巻」と呼び、物語の内容よりも情緒を重視する王朝物語の絵画に用いられた。一方、何枚も紙を繋げて連続した画面を描くものを「連続式絵巻」と呼ぶ。これは、動きのある劇的なストーリーを展開するのに適した形式である。また、絵巻は、右から左へ広げては巻いていくという行為を繰り返して読み進めていくもので、少しずつ広げれば鑑賞者はその先の展開を期待しながら読むことができる。

奈良時代から制作されてきた絵巻は、とくに平安・鎌倉時代に花開き、これまで優れた作品が数多く生み出されてきた。鎌倉時代になると絵の近くに文字を書き入れる「画中詞（がちゅうし）」という技法が登場する。鎌倉時代初期に制作された「華厳宗祖師絵伝（けごんしゅうそしえでん）」の義湘絵（ぎしょうえ）第4巻には、美貌の僧侶・義湘に恋をしてしまった長者の娘・善妙（ぜんみょう）が彼を追って海へ飛び込み、龍に変化する様子が連続した画面で描かれているが、海に身を投げる彼女に驚いた人々の近くに「あれあれ」「あなあさましやあれはいかなることそや」といった画中詞が見られる。マンガのセリフにあたる部分であるとも言え、確かに絵巻は現代のマンガに相通じるところがある。

本稿では数多ある絵巻の中でも、「男衾三郎絵巻（おぶすまさぶろうえまき）」（以下、本絵巻）を取り上げる。名前を聞いたことがなくとも、日本史の教科書で絵を見たことがある人も多いのではなかろうか。例えば、高校の日本史の教科書のなかには、「中世」の単元における「武士の生活」のところで、武士が笠懸（かさがけ）をする場面が挿図として掲載されているものがある（図2）。これは、本絵巻第2段の一場面である。本絵巻は、都ぶりの生活を送る兄・吉見二郎（よしみじろう）と、日頃から武芸の鍛錬に余念が無い弟・男衾三郎という、武蔵国の武士兄弟を登場人物とした物語で、鎌倉時代末期に制作されたとされる。正確な制作年は明らかになっていないが、早くから梅津次郎が、1295年（永仁3）頃、歌合（うたあわせ）のために伊勢神宮近郊の景色10か所を描いた「伊勢新名所絵歌合（いせしんめいしょえうたあわせ）」（伊勢神宮の神宮徴古館（じんぐうちょうこかん）蔵）と画風が類似していることを指摘し、両絵巻は同じ頃に同工

図２ 「男衾三郎絵巻」第２段（部分）
（東京国立博物館蔵，ColBase（https://colbase.nich.go.jp/）より）

房で制作されたものであるというのがほぼ通説となっている（梅津 1935）。元は広島藩・浅野家に伝来したものであるが、現在は東京国立博物館の所蔵となっており、重要文化財に指定されている。27 枚の紙を継いだ１巻７段構成で、第６段の絵が欠失しているものの、それに該当する絵は以前から見つかっており、現在「男衾三郎絵巻断簡」として同じく東京国立博物館が所蔵している。本絵巻は日本史の教科書だけでなく、中世の武士をテーマとした書籍などでも表紙に使用され、また近年は、たかぎ七彦の『アンゴルモア元寇合戦記』[2] というマンガでも男衾三郎というキャラクターが登場するため、知名度が高くなってきたように感じられる。

本絵巻で日本史学習をしようとする場合、スタンダードなのは、第２段の笠懸場面を利用して武士の武芸を説明する方法である。この笠懸の場面は、斎藤慎一により射手の射法の骨法や馬術の描写が正確であることが指摘されている（斎藤 1973）。しかし、本絵巻は絵だけでなく、その詞書からも武士の社会を見ることができるのである。本稿では、「男衾三郎絵巻」の詞書を利用して中世の社会構造を理解する学びの提案を行いたい。

2 「男衾三郎絵巻」の歴史的背景

（1）あらすじと絵の特徴

最初に、本絵巻各段のあらすじと描かれている内容を簡単に紹介する。

第１段　武蔵国に吉見二郎と男衾三郎という兄弟がいた。兄の吉見二郎には宮廷女房であった妻と、観音に祈願して授かった慈悲という名の娘がいた。慈悲の美しさは関東８か国で評判であり、３年後の吉日に上野国難波権守の子息・太郎を婿に迎えることが決まっていた。

第１段の絵は、大きな吉見邸の門の描写から始まり、６枚もの紙を継いで吉見家の優雅な暮らしぶりを描いたものである。家人たちは詩歌、囲碁、管弦を楽しみ、武士の家であるのにもかかわらず、貴族のような生活を送っている。第１段の最後には、主人の吉見二郎とその妻、そして慈悲がくつろぐ様子が描かれる。慈悲は絵巻を広げて眺めており、優雅な一家団欒のひと時が表されている。

第２段　一方、弟の男衾三郎は、兄とは正反対の生活を送っていた。武士たるもの贅沢な家には意味がなく、馬場の柵には生首を絶やしてはいけない、この門外を通行する乞食・修行者たちは蟇目鏑（犬追物などで使用する矢。音が鳴る）で追物射（馬上から矢を射ること）にせよ、詩歌管弦なども意味がなく、家の者は女・子どもに至るまで武芸の稽古をするようになどと言う。また、男衾三郎は美しい妻を娶っては命を縮めるとして、関東一の醜女を妻にしていた。２人の間には男子が３人、女子が２人いた。

第２段の絵は、第１段の吉見家の描写との対比になっている。男衾の家人たちが笠懸に励む場面から始まり（図２）、男衾家の質素な邸とその暮らしぶりが描かれる。詞書の通り、門外を通る修行者らに蟇目鏑矢を射ようとする郎等のほか、邸の庭で武具の手入れをする郎等たちが描かれ、最後に男衾夫妻とその子どもたちが登場する。

第３段　ある年の８月下旬のこと、兄弟は大番役勤仕のために京へ上ることになった。その途中、遠江の高師山というところで山賊700人が待ち伏せしていた。山賊どもは１日先に出発した男衾三郎一行をやり過ごし、吉見二郎一行を襲った。吉見の家来の荒権守家綱が奮戦するも、吉見二郎は矢を射られて重傷を負ってしまう。男衾三郎が急ぎ引き返してきたところで、吉見二郎は遺言を残して絶命する。

第3段の絵は、起伏の激しい山中における合戦場面がメインとなっている。戦いの場面だけでなく、武士たちが鎧櫃の中から甲冑を取り出して身につける場面や、中持を持って逃げる吉見の郎等たちが描かれている。

第4段　男衾三郎はそのまま京へ向けて出発したが、吉見の家来である家綱は主人の首を持って武蔵へ引き返すこととなった。翌日の夕方には駿河の清見関にたどり着き、しばらく休んでいたところ観音の示現にあう。観音は慈悲が悲しむのを哀れみ、吉見二郎の魂を補陀落山に迎えることを告げた。

第4段の絵は、紅葉や秋草が咲き誇る清見関と清見寺境内、吉見の首に向かって光を放つ観音が海原に現れる様子を情緒的に描いたものである。吉見の首を抱える家綱は肩肘をついて眠っており、詞書の「夢ともなく　うつつともおぼえずして　みぎはより海の中へ一町ばかりありて　浪の上に観音の霊像現じ給て…」をよく表している。第3段の合戦場面とはうってかわり静謐な画面である。

第5段　武蔵の吉見家ではそのようなことになっているとも知らないでいたが、慈悲は昨夜自身の夢の中に、左手に鷹を据え右手に兜を持つ家綱が現れたと言う。やがて鷹は西の方へ飛び去り、兜は地面に落ちたと説明すると、吉見の妻は「鷹は魂で、兜は首を表している。何かあったに違いない」と言った。胸騒ぎがしていると、明け方に吉見の首を持った家綱が戻った。家人は皆深い悲しみにつつまれたが、観音の示現の話を聞き、少し心が慰められた。

第5段の絵は、吉見家に戻った家綱が吉見の妻と慈悲に主人の首を差し出す場面である。吉見邸の庭には大きな楓の老木や様々な秋草が咲き乱れており、第4段に続いて情緒的な秋の風景が描かれている。

第6段　京より戻った男衾三郎はいつしか吉見二郎の遺言を違えるようになり、吉見の妻と慈悲を門外のあばら屋に追いやって、吉見の家には自分の妻子を住まわせてしまった。慈悲の婚約者であった難波太郎は、男衾の妻から「慈悲親子は死んでしまった」と偽りの手紙を受け取ったことで嘆き悲しみ、山々寺々を修行して慈悲の後世を弔った。さらに男衾三郎は、吉見の家来であった家綱らの所領を召し上げ、男衾の妻は慈悲の黒髪を切って「からかみ」という名前に変え、粗末な衣を着せて働かせるようになった。やがて、武蔵国の国司が代わり、新任の国司が京まで聞こえた吉見の邸を見に来ることになった。そこで国司は美しい「からかみ」に心奪われるが、それを妬んだ男衾の妻は、からかみをより一層粗末な身なりにし、名前も「ねのひ」と変え、厩の水を汲ませるなど過酷な仕事をさせるようになった。

第6段の詞書は本絵巻の中で一番長いが、第26紙の前に切断の跡が見られるため、ここに第6段に相当する「男衾三郎絵巻断簡」が入ると推測される。断簡は、慈悲親子が粗末な衣を着て井戸で水を汲む様子を描いたものである。

第7段　「ねのひ」（慈悲）を所望する国司に対して、男衾の妻は自分の19になる娘を身代わりにすることにした。娘は男衾の妻に似て鬼のような醜女であったため、国司は一目見て退出してしまった。「ねのひ」（慈悲）への思いが募り、国司は思慕の歌2首を詠む。

第7段の絵は、国司と男衾の娘が見合いをする場面である。目は丸く縮れ毛で醜い男衾の娘に対し、国司は思わず顔を背けてしまっている。近侍の女房たちも笑いをこらえている様子である。本場面では邸の様子が吹抜屋台（屋根や天井を描かず、俯瞰的に屋内を描く手法）で詳細に描かれており、中庭で足を崩して座る若い武士たちや、別の部屋で待機する狩衣姿の男たちなどが描かれている。

以上が本絵巻の大まかな内容である。

（2）慈悲の運命と鎌倉末期という時代

本絵巻は後半部分が失われたのか、あるいは未完なのか不明であるが、ここで終わっており、その後、慈悲がどのような運命を辿るのかわからない。しかし、男衾夫妻に粗末に扱われながらも、新任の国司に見初められるといった展開もあり、さらに慈悲は観音に祈願して生まれた子であるため、今後観音の加護によって救われる展開が予想されよう。内容が御伽草子的であることは早くから指摘されており、実際、土佐派の絵師と画業について記された『本朝画事』には「大須广（磨）三郎草子」と記されている。また、語り物のような文体から広く大衆に読まれていた可能性が指摘されている（源 1977）。

また、本絵巻は物語の全容が明らかでないことに加え、奥書や典拠なども存在しないため、制作目的や享受者層についても様々な議論が成されてきた。例えば、斎藤慎一は、武家の棟梁(とうりょう)として生まれながら貴族的な生活を送り、その結果、戦場で武士としての能力を発揮出来ずに命を落としてしまう吉見二郎は、「武士の鑑」ならぬ「亡家の鑑」であり、当時、社会に大きな衝撃を与えた元寇という異国の襲来に対して、本絵巻は「武人は素朴に武事に専念すべし」という意識の中で制作されたものではないかと述べる（斎藤1973）。千野香織は、男衾三郎が勇敢に戦う姿がとくに描かれておらず、また、雅な生活を送っていた吉見二郎も結局は殺されてしまったことから、本絵巻において武士全体が嘲笑の対象になっていると指摘した（千野1996）。加えて、秋草などの典型的な秋のモチーフが京都の貴族たちに共感を示していることなどから、注文主は京都に住む中級から下級の貴族ではないかと推測している[3)]。さらに千野は、この「武士を見下す」という思想の背景には、貴族たちが鎌倉幕府を中心とする武士たちに強い否定的感情を持つ、13世紀末という時代背景が関係していると述べている。

筆者はかつて、本絵巻第3段で絶命する寸前の吉見二郎が発した遺言が、分割相続による一族の所領の狭小化を防ぐための内容となっていることから、これまで「亡家の鑑」と言われてきた吉見二郎は、むしろ一族にとって「望ましき当主」として描写されていると述べた（柳澤2012）。併せて、本絵巻は武士として一族の惣領としていかにあるべきかを鑑賞者に対して示す機能があったとし、本絵巻の享受者に関しては、当時貴族と同じほどの教養を持ち、絵巻を愛好していた武士も存在していたことから、指導者的役割を持った鎌倉幕府の有力御家人であった可能性を指摘した。

以上のように、これまでの研究では鎌倉時代末期という時代が本絵巻の制作背景に大きく影響しているという議論が多い。

3 「男衾三郎絵巻」をよみとく

(1)「武蔵の大介」と国司(こくし)制度の実態

それでは、詞書から読み取れる中世社会の実情を具体的に見ていきたい。最初に国司制度である。本絵巻第1段の冒頭は、以下のような文章で始まる。

　　昔東海道のすえに武蔵の大介といふ大名あり　其子に吉見二郎をむす

まの三郎とてゆゝしき二人の兵ありけり

吉見二郎と男衾三郎は、「武蔵の大介」の子であった。この「大介」は、国司の四等官、すなわち「守・介・掾・目」の「介」を指すものだということは、以前から指摘されている（小松 1992）。守が長官で介は次官にあたり、守が不在の時は介が代わりに政務を行った。701 年（大宝 1）に大宝律令が完成し、中央集権的な支配体制として律令制度が整えられる。地方組織としては全国が畿内・七道に区分されたうえで国・郡・里が置かれ、国司・郡司・里長がその地方で政治を行った。国司は上級もしくはそれに近い階級のものが朝廷から任命されて地方に赴任し、一定期間そこで行政を担う。任期満了となれば国司は交替となった。

ところが、員外官という令に定められた定員数を超えて任命する官職が現れたことで、国司制度にも問題が生じはじめる[4]。なお、員外国司の最も早い例は 746 年（天平 18）であるとされている（吉村 1962）。この員外国司の存在がかえって事務処理を煩雑なものとしたため、766 年（天平神護 2）には員外国司の現地赴任が禁止された。これがやがて、地方に行かずに得分のみを得ようとする、遙任の発生へと繋がっていくのである。平安時代は現地へ赴任しない国司が激増し、国司不在の地方政庁を留守所といった。留守所には国司の命を受けて政務を担う目代が派遣され、目代の元で仕事をするのは地方官人すなわち在庁官人であった。吉村茂樹は、国司のうち介以下、いわゆる雑任国司[5]で任国にあるものも在庁官人として認められるとする（吉村 1962）。そして、そのような在庁官人は後に地方武士として台頭していく。彼らは土着して地位を確立し、職を世襲していくのである。鎌倉時代になると幕府に従い、国守や目代の命には従わずに、対立することもあった。

国司制度の問題は、留守所以外に知行国制度が発生したことにもある。これは、国守になることができない上級貴族に一国の支配権を与えて知行国主とし、その国からの収益を得られるようにする制度である。知行国主は自身の近親者や近臣を国司（国守）に推薦することができたが、推薦された国守はやはり現地に赴任することはなく、目代を派遣した。このような知行国制度においては、「（知行）国主・国守・介・掾・目」となり、知行国における国守は名義上の存在に過ぎなかった。

以上のことから考えると、兄弟の親である「武蔵の大介」は、もとは在庁官人であり、この地の有力な豪族であったとも考えられる。一方で、武蔵「大介」という名称であることに注目したい。「大介」という名称についてはこれまで様々な議論があり、飯田悠紀子は、「大介」は知行国制度における「国守」の別称であるとした（飯田 1967）。つまり、知行国制度における国守は名義上の存在に過ぎないけれども、介の上位に存在するものであるから「大介」という名称が用いられるようになったのではないか、ということである。これが「大介」に関する長年の通説であったと言える。ところがその後、千葉哲司が、通常は官位が五位の者が務める上国や大国の国司を四位の者が務めることになった際に「大介」と記す実態を複数の史料から明らかにした（千葉 2003）。武蔵国は『延喜式（えんぎしき）』では「大国」にあたるため、千葉説を適用するならば「武蔵の大介」は四位の国守ということになる。絵巻の制作者がそこまで意識していたのかは定かではないが、いずれにせよ、本絵巻においては吉見・男衾の父である「武蔵の大介」を身分の高い者として設定していることが窺われる。

（2）京都大番役と御家人制度

第３段で兄弟が上洛しようとしたのは、京都大番役を務めるためであった。大番役は平安時代、平氏の家人を中心とする諸国の武士が輪番で内裏の警護を行った、内裏大番役制度に由来するとされる。鎌倉時代では武家法である『御成敗式目』第３条「諸国守護人奉行事」に、守護の仕事の一つとして「大番催促」が挙げられている。いわゆる大犯（だいぼん）三カ条の一つであるが、その中の一文に、

抑雖為重代御家人。無當時之所帯者不能駈催。

（『群書類従』第 22 輯武家部より引用）

とある。すなわち、代々の御家人といえども現在所領を持たない者に対しては、大番役などの御家人の役を負担させることはないということである。吉見二郎・男衾三郎兄弟は大番役を課せられていることから、所領を持つれっきとした御家人であることがわかる。

なお、御家人とは、将軍（鎌倉殿）と主従関係を結んだ武士のことである。とくに、昔からの開発領主として所有していた根本私領を、本領として幕府

から認定された武士のことを指すため、本領の認定を受けていない武士（非御家人）も存在した。また、武士の名字は所領の名前が由来となっていることが多く、本絵巻の場合で考えると、吉見二郎の「吉見」と男衾三郎の「男衾」は、実在の地名である。吉見は現在の埼玉県比企郡吉見町にあたり、男衾に関しては同じく埼玉県の大里郡寄居町一帯がかつて男衾郡と呼ばれていた。吉見と男衾は両隣に位置しており、本絵巻の物語はフィクションといえども、吉見二郎と男衾三郎には実際のモデルがいるのではないかと言われてきた[6)]。このように、登場人物たちの名前と土地を結び付けて、武士の名字の成り立ちについて考える授業も展開できるだろうし、名字をきっかけに土地について学ぶことも可能であろう。

さらにここから、鎌倉幕府の基本構造についても理解を深めることができる。鎌倉幕府は、12世紀後半に治承・寿永の乱において平氏方に勝利した源頼朝が打ち立てた、東国の武家政権である。京都には依然として院を中心とする貴族社会が成り立っており、権力が2か所に併存するという複雑な時代でもあった。頼朝がまず着手したのが、先述した「御家人制」の整備である。ただし、鎌倉幕府誕生とともにすべての武士が御家人になったわけではなく、例えば、鎌倉から離れた西国の武士の中で御家人となったものは少数派であったという。御家人となった武士たちは大番役や軍役を務めることによって頼朝に奉公し、頼朝はその恩賞として御家人たちに本領安堵や新恩給与といった所領にまつわる褒美を与えた。これがいわゆる「御恩と奉公」という将軍と御家人の主従関係による支配体制であり、こうした封建制は、鎌倉時代以降の武家政権の基盤となっていくのである。

（3）吉見二郎の遺言と所領の相続

最後に触れたいのは、本絵巻第3段において吉見二郎が絶命する際に残した遺言である。以下に引用する。

> 三十六の所知をば三郎殿に奉る。其の中の一所と吉見の家とは、女房と姫とに賜び給へ。正広・家綱には中田下郷を賜ふべし。各々これを確かに聞け。姫ばし見放ち給ふなよ。これぞ、この世に思ひ置く事。

おそらくほぼすべての所領を弟の男衾三郎に譲るが、その中の一所の荘園と吉見の家は自分の妻と娘に与え、有力な家来である正広と家綱には中田下郷という所領を与える、といった内容である。

御家人たちに課せられた軍役を支えたのは、惣領制（そうりょうせい）という制度であった。惣領制とは、家督を相続し、一族をたばねて統治する惣領が、所領を兄弟や自らの子どもたち（庶子（しょし））に分割相続し、それぞれに統治させるもので、惣領は幕府への軍役や公事の負担を庶子たちに割り当てながら一門を統括していた。分割相続が進むにつれて一族は分家となっていったが、惣領は戦功によって所領を獲得し、兄弟・庶子に分け与えることによって一門のまとまりを維持していたのである。しかし、分割相続によって所領が細分化されていくと、やがて嫡子単独相続へと移行していく。

分割相続から嫡子単独相続へと移行していく過程においては現在様々な議論があるが[7]、嫡子と同様次男の存在が重視されていた例が報告されている。大谷愛は鎌倉時代末期から南北朝時代にかけて、親が自分の所領を嫡子と次男に平等、あるいはそれに近い配分で分け与えており、次男が庶子の中でも三男以降の庶子たちとは全く別扱いとなっている事例などから「次男は嫡子に万一のことがあった時、すぐにも嫡子に代わり所領を継承する立場にあるという点で、まず重視されるべき存在であった」と述べている（大谷 1997）。田中大喜は、鎌倉時代は親子ないし複数の兄弟間で所領経営を行っていたことから、中期以降に嫡子と次男が突出した存在であったわけではないと指摘しているが（田中 2011）、いずれにせよ、吉見二郎と男衾三郎は2人きりの兄弟である。武蔵大介の嫡子である吉見二郎と次男にあたる男衾三郎が協力しあって所領の経営を行っていたと考えられよう。そして、吉見二郎が男衾三郎へすべての所領を譲渡するということは、惣領権を譲与したことを示しており、彼は嫡子として一族の所領を保全するという重要な使命を自覚していたことが窺える。

さらに、吉見二郎は妻と娘にも所領の一部を与えて欲しいと懇願する。鎌倉時代前期までは女子も男子と同等の相続権を有していたため所領の永代譲与が行われていたが、結婚するとその所領がそのまま他家のものになってしまうことが多かった。そこで、鎌倉時代中期頃から女子の一生の間だけその土地の知行を許し、女子が死亡した後は実家へその土地を返却しなければならない、「一期分（いちごぶん）」制となった[8]。つまり、ここでは時代背景を鑑みて、吉見二郎から妻と娘への相続は、女子一期分の制が適用されていると考えるべきであろう（柳澤 2012）。

以上のように、本絵巻の詞書からは律令時代以来の国司制度の仕組みや、鎌倉幕府と御家人制度、所領相続の在り方を見ることができるのである。もちろん、本物語はフィクションであるため、実際の事例として考察することはできないが、絵巻の内容を足掛かりにして中世社会を学ぶ授業を展開することは可能であろう。

4　視点をひろげる―「歌枕としての清見関」―

本絵巻の詞書からは以上のような中世社会の構造が読み取れたが、絵巻であるので絵を使った学びも考えたい。ここでは第４段に描かれた清見関を取り上げ、実在する場所としてどのように描写されているのかを見ていく。

先述したように、第４段は吉見二郎の家来である家綱が主人の首を武蔵国に持ち帰る際に立ち寄った清見関で、観音の示現にあう場面を描く（図 3）。絵部分を詳しく見ていこう。

まず、小高い丘にそびえる、鯱（しゃち）の鴟尾（しび）が飾られた丹塗りの楼門が霞の中から姿を現す。その丘の左下からは、「浄見寺」と記された扁額（へんがく）を掲げる鳥居が現れ、鳥居を過ぎたところに、眠る家綱が描かれる。その先は、柔らかな波線で描かれた広大な海が画面を占める。海上には州浜（すはま）に松林という特徴的な景観が描かれ、さらに岩場で休む家綱に向かって観音の光がさしている。この場面は本絵巻においては唯一の遠景描写であり、岩や土坡（どは）、州浜、松並木、紅葉や女郎花（おみなえし）などの色とりどりの秋の植物、飛び交う千鳥、海上で遊泳する海鵜（うみう）や鴛鴦（おしどり）などが描かれ、優雅なやまと絵の世界が展開されている。

清見関はかつて駿河国庵原郡（するがのくにいはらぐん）にあった関所で、「浄見寺」は「清見寺」と

図 3　「男衾三郎絵巻」第４段（部分）
（東京国立博物館蔵，ColBase（https://colbase.nich.go.jp/）より）

して今も残る古刹である。つまり、この場面に描かれた海は現在の駿河湾であり、州浜の松林は「三保の松原」とも考えられよう。現在の清見寺付近は、JR 東海道本線や東名高速道路などが通り、埋め立ても進んでいるため清見寺から駿河湾までは多少距離があるが、清見寺自体は本絵巻に描かれたものと同様、小高い丘に位置している（図 4）。

図 4　現在の清見寺 [9)]

清見関とはどのような場所であったのか。平安時代の『更級日記』には、

> 清見が関は、片つかたは海なるに、関屋どもあまたありて、海までくぎぬきしたり。けぶりあふにやあらむ、清見が関の浪もたかくなりぬべし。おもしろきことかぎりなし。　　（『新編日本古典文学全集 26』より）

と記されている。約千年前の清見関の情景は、関所の役人が住む番小屋がたくさん並んでおり、海まで柱が立て並べてあったという。また、「清見潟」という、『万葉集』以降多くの歌に詠まれてきた歌枕としても知られていた。鎌倉時代前期の『海道記』には、

> 清見が関を見れば、西南は、天と海と高低一つに眼を迷はし、北東は、山と磯と嶮難同じく足をつまづく。磐の下には浪の花、風に開き春の定めなり、岸のうへには松の色、翠を含みて秋をおそれず。浮天の浪は雲を汀にて、月のみ舟、夜出でて漕ぎ、沈陸の磯は磐を路にて、風の便脚、朝に過ぐ。名を得たる所、必ずしも興をえず、耳に耽る処、必ずしも目に耽らず。耳目の感二つながら従したるはこの浦なり。
>
> （『新日本古典文学大系 51』より）

これまでの評判と実際に見た時の感動が一致したのはまさにこの浦であると、この地を訪れた際の感動が綴られている。このように、古くから名所として知られていたことが窺える。『海道記』にはさらに、

> かくて、興津の浦を過ぐれば、塩釜の煙幽かに立ちて、海人の袖うちしをれ、辺宅には小魚をさらして、屋上に鱗を葺けり。松の対立、浪のよる色、心なき心にも、心ある人に見せまほしくて…
>
> （『新日本古典文学大系 51』岩波書店より）

とある。清見関を少し過ぎた興津の海辺を通って行ったところ、塩焼きの竈から煙が立ち上り、漁夫たちが働いていて、みすぼらしい家には小魚が干されていたという。興津は鎌倉時代に東海道沿いに整備された宿の一つであり、中世においては大変賑わっていたようである。また、清見関は戦場における宿営地でもあった。『吾妻鏡』1200年（正治2）正月二十日の条には、頼朝の重臣であった梶原景時とその子・景季が鎌倉から京へ向かう途中、この地で幕府方に襲われたことが記されている。戦に負けた吉見家の家臣である家綱が主人の首を持って逃げ、清見関に逗留したのは、この地が古くからよく知られた交通の要衝であり、武士にとっても関東と都を繋ぐ重要なルートであったことを、絵巻の制作者側も当然のように認識していたからであろう。

ところが、本絵巻の清見関は秋草が咲き乱れ、州浜の松林に千鳥が飛び交う優雅な風景で表されており、活気ある宿や武士の宿営地としての側面は見られない。清見寺は中世以降、伝雪舟筆「富士三保清見寺図」（永青文庫蔵）や「厳島三保松原図屏風」（サントリー美術館蔵）のほか、浮世絵などにも描かれ、絵画の画題として好まれてきたが、本絵巻は清見寺を描いたものとしては早い例であろう。注目すべきは、州浜に千鳥が飛び交う風景である。州浜に千鳥の図は室町時代の蒔絵などによく見られるもので、代表的な作品に京都国立博物館の「塩山蒔絵硯箱」がある。硯箱の蓋表に千鳥の群れが浜辺で遊ぶ様子が描かれており、画中に散らされた文字（葦手）から『古今和歌集』の「塩の山　差出の磯にすむ千鳥　君が御代をば八千代とぞなく」の歌を意匠化したものであることがわかる。絵画では、本絵巻と同じく鎌倉時代に制作された「佐竹本三十六歌仙絵　住吉大明神」（東京国立博物館蔵）にも、州浜に飛び立つ5羽の千鳥が描かれていることが後世の模写作品などから判明している（山下 1994）。このことから“州浜と千鳥”の組み合わせは和歌を想起させるものであり、本絵巻においては「歌枕としての清見関」のイメージが強調されているのではないかと考える。本絵巻にはほかにも「高師山」など、歌枕の地が登場している[10)]。また、第7段で慈悲を想う国司が2首の歌を詠むが、そのうちの１首は以下の通りである。

音に聞く　ほりかねの井の　底までも　我れ侘しむる　人を訪ねん

この「ほりかねの井」というのも武蔵国の歌枕である。このように、本絵巻には歌枕の地がいくつか登場するため、制作者は和歌などの教養があった人物であることが窺える。「伊勢新名所絵歌合」と同工房による作品であることも頷けよう。本稿ではこれ以上、本絵巻の制作背景について追及しないが、絵巻に描かれた土地が実在の地であっても、古い時代の絵画の場合は和歌に詠まれたイメージで描かれたり、先行する絵画を参照して描かれたりすることがほとんどである。そのことに注意しながらも、絵巻に描かれた土地について調べていくことで、また新たな学びが得られるのではなかろうか。

本稿では、「男衾三郎絵巻」の詞書と絵双方を利用した学びを提案した。本絵巻は従来、日本史の教科書において笠懸の場面が掲載されることが多く、単に「中世武士の生活」を説明するだけに留まっていた。しかし、詞書を詳細に考察すると、律令時代からの国司制度の展開や、中世武士社会における様々な制度をよみとくことができる。また、第４段の清見関の描写を利用して、実在した土地の歴史について調べ、絵巻の中でどのように機能しているのかを考察することもできる。このように、絵と詞書で構成される絵巻は、多角的な学びを得られる可能性に満ちた文化財であると言えよう。現在、絵巻は博物館などで展示されているのを見ることができる。また、古い絵巻に関しては複製品が販売されていることもあるため、授業の中で実際に絵巻の取り扱いを体験することも可能である。歴史教育において積極的に利用する姿勢が今、求められよう。

註

1）　大英博物館 HP（https://www.britishmuseum.org/exhibitions/manga）（2022 年 11 月 2 日閲覧）。

2）　たかぎ七彦著。2013 ～ 2018 年にかけて『サムライエース』および『ComicWalker』（角川書店）で連載された。「男衾三郎」という名のキャラクターが登場し、第５話では「武蔵国の大将軍と呼ばれたこの男衾三郎」と自身について語るセリフがある。また、第 21 話において、かつて家督をめぐる御家騒動により兄の家屋敷や妻子を奪い取ったという発言をする。「男衾三郎」自身の手で兄を討ったと述べていることから本絵巻のあらすじとは異なるが、兄は物知りで品があったとも説明しており、本絵巻の吉見二郎・男衾三郎の人物像が作品に反映されていることが窺われる。

3）　本絵巻の注文主について、千野が貴族であっても「中級から下級の」としたのは、全体として本絵巻の筆致が優れているとは言えず、武士の甲冑の描写に至っては鳩尾（きゅうび）の板と栴檀（せんだん）

の板が逆に描かれているなど粗雑であること、また、部分的に廉価な絵具を使用していることから、本絵巻の絵師のレベルが中級程度であり、注文主も経済的にはさほど豊かではない人々だと判断したためである（千野 1996）。

4）員外官は宝亀年間（770〜781）に廃されたが、これに代わったのが権守である（吉村 1962）。

5）雑任国司は4等官以下の官人を指すことが多いが、734年（天平6）の「尾張国正税帳（おわりのくにしょうぜいちょう）」に介・掾・目を雑任国司とする例が見られることが指摘されている（関 1979）。

6）吉見周辺の有力御家人といえば比企氏が挙げられるが、頼朝の乳母でもあった比企禅尼（ひきのぜんに）が源範頼（みなもとのりより）の子孫を匿った際に領地（吉見庄）を分与したことから、範頼の子孫が吉見を名乗るようになった。男衾に関しては、その地に居住した畠山重忠（はたけやましげただ）の一族がモデルになっているのではないかとされている。

7）その移行期については、一般的には鎌倉時代後期から南北朝時代と考えられているが、早くは鎌倉時代中期頃から単独相続へ移行した例が見られるという。また、渡邊浩貴は、単独相続と分割相続両方の形態をとった事例を報告している（渡邊 2014）。

8）これは庶子の場合も同様であった。なお、田端泰子によれば、女子に対する一期分はすでに院政期に公家社会において成立していたという（田端 1998）。

9）清見寺の写真に関しては、静岡県富士山世界遺産センター教授・松島仁氏より提供を受けた。

10）ただし、本絵巻の「高師山に盗賊が出る」というのは、『平家物語』巻6「六代」に文覚が昔高師山で追いはぎにあったということが記されていることから、高師山＝盗賊が出るというイメージで本絵巻に登場した可能性もある。

◉参考文献

飯田悠紀子　1967「大介考」『学習院史学』4、学習院大学史学会、pp.34-42

梅津次郎　1935「男衾三郎絵詞」『美術研究』38、東京文化財研究所、pp.14-20

大谷　愛　1997「鎌倉末・南北朝期武士層にみる兄弟関係の一考察―相続形態を中心として―」『史論』50、東京女子大学学会・東京女子大学史学研究室、pp.13-30

小松茂美　1992『続日本の絵巻18 男衾三郎絵詞・伊勢新名所絵歌合』中央公論社

斎藤慎一　1973「中世武人像の形象と武具描写の検討による男衾三郎絵巻成立についての一考察」『風俗』11―3・4、日本風俗史学会、pp.21-41

関　幸彦　1979「「在国司職」成立に関する覚書」『学習院大学文学部研究年報』25、学習院大学文学部、pp.27-58

田中大喜　2011「南北朝期武家の兄弟たち―「家督制」成立過程に関する一考察―」『中世武士団構造の研究』校倉書房

田端泰子　1998『日本中世の社会と女性』吉川弘文館

千野香織　1996「嘲笑する絵画―「男衾三郎絵巻」にみるジェンダーとクラス」伊東聖子・河野信子編『女と男の時空―日本女性史再考Ⅱ』藤原書店

千葉哲司　2003「「大介」について」中野栄夫編『日本中世の政治と社会』吉川弘文館

源　豊宗　1977「「伊勢新名所絵歌合」と「男衾三郎絵詞」」『日本絵巻大成12　男衾三郎絵詞・伊勢新名所絵歌合』中央公論社

柳澤（岡部）恵理子　2012「「男衾三郎絵巻」再考―望ましき当主像をめぐって―」『哲学会誌』36、学習院大学哲学会、pp.53-78

山下善也　1994「探幽筆富士山図における学習と工夫」『美術史』43―2、美術史学会、pp.173-192

吉村茂樹　1962『国司制度』塙書房

渡邊浩貴　2014「在地領主における嫡子単独相続の形成過程と二つの所領相伝関係―備後国地毗荘内山内首藤氏を事例に―」『鎌倉遺文研究』34、鎌倉遺文研究会、pp.77-100

有形文化財　古文書

中世の神社文書は何を語るのか

鍛代敏雄

「石清水八幡宮文書」から信長権力と神社の計略をよみとく！

1　神社文書とは

（1）神社文書と中世社会

中世の神社文書は、公家・武家の国家体制に直結した権門神社（天下の宗廟の伊勢・石清水、二十二社諸国一宮・総社）の制度史、両部神道・伊勢神道・吉田神道など神国思想を心柱とする政治思想史、伊勢神宮や熊野三山の御師・檀那らの信仰経済史、寺社領荘園史および神領興行や神訴（強訴）にかかわる社会経済史、石清水八幡宮を本所とする大山崎油座（離宮八幡宮文書）、祇園社の綿座（八坂神社文書）、北野社の酒麹座（北野天満宮文書）などの流通経済史、村落（惣村）自治と一揆（起請文・一味神水）をめぐる民衆社会史など、多面的に研究されている。たとえば、滋賀県長浜市の須賀神社にのこされた約1,300点の菅浦文書（国宝）から、宮座関連、琵琶湖の漁業権、自検断（法制・警察・裁判）、年貢の地下請、村落間相論と合戦といった社会生活史がリアルに復元されている。神社の所領は神領、荘園の年貢は神物、祭祀に奉仕する神人は「神職商売」を主張した。「神」を冠し神威を楯に、国家公権や地域権力から身分や生業を保証された中世人の姿を直視することができる。

（2）「石清水八幡宮文書」とは、どのような文化財か

現在、石清水八幡宮（京都府八幡市）が所蔵する史料は、主に古代・中世・近世の古文書・古記録および聖教・縁起などの典籍類である。前近代の神社文書としては我が国有数の量および質を有し、神社古文書の白眉といっても、けっして過言ではない。

この「石清水八幡宮文書」は、1961年（昭和36）2月17日、宮司家の田中家に相伝された「田中家文書」350巻、28冊、26通、2鋪が、国の重要文化財に指定され、その価値が国家の文化財として評価された。ついで、1999年（平成11）6月7日に「菊大路家文書」（旧善法寺家文書、1942年8月に石清水八幡宮が購入〈「社務日誌」同30日条〉）などが重要文化財に追加指定された。さらに2006年8月21日に員数の変更が行われた。

⑴ 古文書類

①巻物（796巻）②掛軸（5幅）③折本（21帖）

④冊子本（368冊）⑤書状（1025通）⑥地図等（10鋪）

⑦落款等（11顆）⑧田中宗清願文（2巻）

⑵ 書籍・典籍類

①類聚国史巻第1・第5（2巻、1963年7月1日追加指定）

②石清水八幡宮護国寺略記（1巻、2000年6月27日追加指定）

これら石清水八幡宮所蔵文書は、『続石清水八幡宮史料叢書』1（田中家文書目録⑴、1985年、以下『続叢書』と略記）、同2（田中家文書目録⑵、1996年）、同3（菊大路家文書目録、1988年）において、石清水八幡宮研究所の調査･研究に基づき、多くの口絵図版を挿入するとともに、目録化されている。内容は、史料表題・形態（巻・冊・通など）・『大日本古文書』所収（巻・頁）・法量・紙数・備考（表紙・継目・印影・花押など）・文書名・年月日・紙背・奥書などが採録されている。同書の発刊当時、石清水八幡宮に所蔵されていた史料の総合目録であり、国の重要文化財に加えて、未指定の文書・聖教類が含まれている。指定外文書や『続叢書』刊行以後に発見、購入された文書の目録には、重要文化財追加指定のために作成された文化庁文化財保護部美術工芸課『石清水八幡宮文書追加目録』（1999年）がある。

刊本としては、明治政府の修史事業として編纂が開始された『大日本古文書』の「家わけ第四」（1909年3月から刊行、全6巻）が嚆矢である。その後、戦前には、石清水八幡宮社務所から編年および類別編纂の『石清水八幡宮史』（1939年以降、全9巻、1989年復刊）が発刊された。また戦後は、由緒・縁起・年中行事などを主体とする『石清水八幡宮史料叢書』（1960年以降、全5巻、以下『叢書』と略）が刊行されている。なお、東京大学史料編纂所の古文書フルテキストデータベースによって、『大日本古文書』所収文書は検索が可能であり、同データベースの「日本古文書ユニオンカタログ」の項では、『続叢書』所収文書の文字情報が検索でき、また近年、影写本の公開がはじまり、調査研究の便宜が図られている。

神社文書としての石清水八幡宮文書は、平安時代中期から幕末・明治維新期にいたる、別当・検校の宣下、僧綱（僧官・僧位）や社務職の補任、荘園所領をめぐる公家様文書と武家様文書、くわえて聖教・縁起・記録・系図などの典籍類を中心としている。そして古文書の所蔵形態を考え合わせると、検校・別当に就く社務を統轄する祠官家の「家」を中核とし、執務上の職制および主従制的な関係（所司・坊人、禰宜・神主、宮侍・神人）、祭祀の役負担体系による人身的な帰属関係（神人などの境内都市〈八幡〉住人、荘園・別宮の僧官・俗官・神人・住人）が重要である。すなわち、血統や法統を繋いだ「家」の縦横におよぶ、いわば〈宮寺連合体〉といった前近代の社内組織と構成を反映する〈家伝文書主義〉が、石清水八幡宮文書の性格を規定しているということができる（鍛代 2022a）。

2 「石清水八幡宮文書」信長撰銭令の歴史的背景

1569 年（永禄 12）、織田信長（1534～82）は、「八幡捴郷」（惣郷）に宛て、撰銭についての朱印状を出した（図 1）。この撰銭令を検討する前に、石清水八幡宮の山上山下・神領境内都市〈八幡〉について紹介する。13 世紀末から 14 世紀初頭に所見できる「四郷」（金振郷・山路郷・常盤郷・科手郷）が境内山下の膝下を囲むように成立した〈八幡〉は、門前町というよりも、史料上「境内」と見えるように、境内郷町ないしは学術的には境内都市と考えるべきである。15 世紀初頭には、八幡社辺の「外四郷」（美豆郷・際目郷・河口郷・生津郷）が、幕府・守護から神領として境内都市の認知を得た。戦国後期から織豊期には、内・外をあわせた八郷が八幡惣中や境内八郷と称された。

境内都市〈八幡〉は、男山に鎮座する石清水八幡宮本社と護国寺の宮寺を頂点とする宗教都市である。八幡大菩薩（応神天皇）を主神とする本社と薬師如来を安置する護国寺（1494 年〈明応 3〉焼失）は、修正会（修二会）・安居会・放生会（戦国期には勅使の参向しない社祭）といった恒例祭祀や神前読経・加持祈祷の祭儀の場であった。阿弥陀如来と八幡大菩薩が合体されると、堂

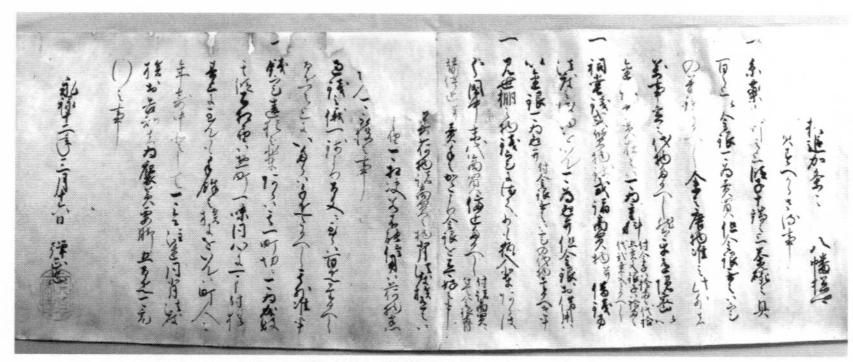

図1　織田信長撰銭令（石清水八幡宮所蔵）

塔伽藍には阿弥陀如来が安置され、極楽浄土の山岳霊場のごとき景観が創出された（鍛代 2018a）。室町期、男山山上や中腹の斜面を整地したテラスには、主に真言系の社僧（坊人）の住居として坊舎（中近世延べ60余坊）が立ち並び、護国寺および極楽寺の供僧として仏神事をつかさどった。田中や善法寺らの祠官家は山下の町内に邸宅を構え、有徳神人らを被官（「御内」たとえば田中家の片岡、善法寺家の小篠）としてかかえ、家政機関の政所の代官や雑掌にすえていた。

神領境内都市〈八幡〉の大事は、宗教領主の石清水八幡宮寺を統括する祠官中の「寄合談合」「集会」「社法」に基づいて裁許され（「社家憲法之糺決」）、宮寺奉行人衆（宮侍・侍神人）が宮寺成敗権を執行した。公武の政権から守護不入と諸役免除が保証され、〈八幡〉の治外法権が保持されていた。〈八幡〉郷町内の自治については、足利将軍家が主催した武家祭祀の安居会の頭役を勤める神人ら殿原衆60余名ほどが、各郷町内や八幡惣中の年寄として自治運営を主導していた。

淀川対岸の大山崎の油神人は有名だが、〈八幡〉居住者の身分も法的かつ経済的な特権が保護され、とくに土倉や問屋を営業する神人らの「神職商売」（神領の神物を神人が売買すること）は、有徳商人として成長をもたらした（鍛代1999）。戦国期の石清水八幡宮領は畿内の膝下荘園をはじめ、東は信濃、西は筑前まで、約60ヶ所が確認できる。戦国期にいたっても、荘園・所領諸職の年貢などが収取され、有徳神人や坊人らの物流・金融活動が宮寺経営の基盤を支えた（鍛代 2023）。たとえば、信長は1579年（天正7）に八幡の豪商・

片岡鵜（宇）右衛門（田中家政所の片岡一門、堺豪商・津田宗及を八幡に招き茶会を開催）から名物・周光香炉を銀子150枚で召し上げた（『信長公記』巻12）。江戸前期には約千軒の町屋敷が知られるように、〈八幡〉は石清水神人が居住する淀六郷とひとしく、まさに蔵の街の様相を呈していた。

1571年（元亀2）9月18日（西暦10月6日）、伴天連のガスパル・ビレラは本国宛ての書簡のなかで八幡境内について、次のように語っている。

> 日本人はこれ（石清水八幡宮寺の八幡大菩薩）を戦争の庇護者となす。（中略）当所（八幡）は悪人の潜伏するところにして、予もはじめて殺されんとせし時、都より遁れ八日間此所に隠れゐたり、（中略）都への通路にして又参詣者甚だ多きが故に商売繁昌して、この地の住民は甚だ富み、その家は大きくかつ構造良く立派なり。（『耶蘇会師日本通信』）

信長に寵愛されたルイス・フロイスも、「不可侵。特権を付与されていて、同所（八幡）に逃亡した者や、そこに隠匿された財産は、従来まったく危害をこうむることがなかった。」（『日本史』）と書いている。

ヨーロッパ人のこのような記述は、教会と同じような避難所的な聖域として、アジール（公武公権から特別に庇護された場と人々）の認識を吐露したものにほかならない。戦国乱世に太平記や茶道具を境内に預けた近隣の国衆がおり、少し後のことだが、1590年（天正18）、秀吉の小田原出兵に同行した利休は茶壺を境内の瀧本坊（浅野長政を介した秀吉の取次坊）に預けている。また大坂の陣で敗北した豊臣方の武将（長宗我部盛親ら）が有徳神人に匿われ、御用絵師の狩野山楽は松花堂昭乗のもとに身を隠している。〈八幡〉は、公武の国家公権によって特別に保護された境内都市だったのである（鍛代2008）。

ところが、フロイスが「従来」と強調したように、信長の検断のメスが〈八幡〉に突然入れられた。すなわち、竹内季治の処罰事件に関するものだ。季治は、源氏長者・公卿の久我家の家司（家礼）で、1560年（永禄3）将軍義輝（1536～65）の執奏により堂上（諸大夫）となり、竹内と称し入道真滴と号した。1571年（元亀2）9月18日、将軍義昭（1537～97）の命で、近江永原に幽閉されていたが、信長によって処刑された。罪状は、公方の御前でキリスト教の悪評を讒言、信長を侮辱する悪口を吐いたとのことである。闕所となった季治の跡職は、家屋敷はもとより、主人の久我家からの扶持分、八幡内の買得地、家来の諸職まで、久我宗入（晴通）から細川藤孝に引き渡された。さらに〈八幡〉に隠匿した動産（籠2百挺以上）が信長方に没収され、京都で分配された。季治は、石清水参向の上卿（勅使）を務めた久我家と石清水社務検校との取次役だったので、〈八幡〉町内に「預物」（隠匿物）が行えたのである。

次の天下人・秀吉は聖域を認めず検地を実施し、境内都市〈八幡〉を直轄化したと考えられる（鍛代2011）。家康は、関ヶ原合戦の直前、1600年（慶長5）5月25日付けで、祠官家をはじめ山下町中の住人にいたるまで、山上山下の寺社や居住者にたいし、361通におよぶ知行安堵の朱印状を発給したと伝えられる（「石清水尋源抄」「八幡本頭社司覚書」）。1610年（慶長15）には5箇条の朱印条目を、田中・善法寺・新善法寺・壇の祠官4家（社家中）宛てに発し、「八幡八郷」の検地免許と、太閤検地で否定された「守護不入」（文書使用例は史上最後か）を復権し、「山上山下法度」（社内法）を優遇する石清水八幡宮寺の運営と、社家中一味同心して、とくに安居神事による懇ろな「天下安全」祈祷を命じたのである。かつて、1562年（永禄5）5月、室町幕府奉行人奉書で八幡境内四郷中居住者の諸役免除が再認され（『久我家文書』3-833号）、同7年12月の冬安居会が催行されたことが確かめられる（「大堂供宝樹頭差文」『皇学館大学所蔵の中世文書』）。室町幕府の足利将軍権威を継承し、源氏長者となる家康が、将軍主催の安居会を復興したことの政治儀礼的な意味は大きい。境内都市〈八幡〉にたいする守護不入や検地免除の破格の特権は、このような政治的な背景に基づいていた。

3 「石清水八幡宮文書」信長撰銭令をよみとく

（1）なぜ「石清水八幡宮文書」に信長撰銭令があるのか

興福寺一乗院門跡の覚慶（12代将軍義晴の次男）は、1568年（永禄11）4月、戦国大名・朝倉義景の一乗谷城において元服し、義昭を名乗りとした。直後の7月、岐阜に赴き、9月には信長に奉じられて上洛、10月18日に将軍宣下を得て、15代足利将軍に就いた。ところが、翌1569年正月4日から5日にかけて、三好三人衆（長逸・政康・岩成友通）が洛中に攻め込み、義昭の居所・本圀寺を包囲した。翌6日、池田勝正らが救援して撃退した。10日、信長が岐阜から駆け付けたが、三人衆は退陣したあとだった。

1569年正月14日付けで、幕府殿中掟（本文9ヶ条）が制定された。将軍家再興を果たした義昭が袖判（花押）を据え、信長が日下（日付の真下）に署判（弾正忠の官途と花押）した。ついで、16日付けで追加7ヶ条が発布された。本文は、将軍側近の出仕・参勤・祗候など、殿中での規約と、訴訟・裁判・裁許に関する条文である。追加は、寺社領・公家領の武家による押領の停止、喧嘩口論と具足懸などの合力の禁止、理不尽な課税の禁止、直訴の停止、奉行人を通じた提訴、当知行安堵などがあらためて規定された。以前は、義昭の将軍権力をコントロールするために、信長が定めた規約と考えられていたが、現在では、殿中における将軍の作法と執務を周知させる目的で、義昭と信長が連合政権を天下に宣言し、公布された掟書と見なされている。信長は、正月27日から義昭の二条新御所の造営を開始しているので、義昭の公儀（将軍権力）の創出に努めていたといえよう。義昭は決して傀儡ではなく、将軍家を再興した天下人信長とは密接な関係にあったのである。

同じ1569年3月16日付けで、織田信長によって八幡惣郷にたいし、「精撰追加条々」という朱印条目が出された（以下、本文書と略記）。日下に「弾正忠」と署名され、有名な印文「天下布武」の楕円形朱印が据えられている。本文書は、現在、石清水八幡宮所蔵だが、祠官・善法寺家旧蔵文書で、幕末維新期に改姓され「菊大路家文書」として収蔵されている。刊本『大日本古文書』6巻333号（438頁）、石清水の分類符号では、「い」53-1（『続叢書』3-21頁）である。境内都市〈八幡〉宛てに発給された信長朱印状が善法寺家に収められ、相伝されてきた理由は、ズバリ本文書が出された時の社務検校が、善法寺堯清であった点にある。社務検校職を見ると、田中長清（1565年3月29日、東竹城清の子息）、新善法寺照清（1567年）、善法寺堯清（1568年12月28日、父は興清、母は政所執事・伊勢貞陸の女子）らが補任されている。護国寺検校職は原則、別当から祠官家の談合で選任され、当時は口宣案ないしは女房奉書をもって任命される。社務職は将軍の専権で戦国期は奉行人連署奉書をもって補任された。もちろん社務検校は一人であるから、当然、事前に公武の交渉がなされた。主に武家伝奏が取り次ぎ、公武と石清水側とで調整して決定された。ともあれ、石清水八幡宮の神社文書に、信長の撰銭令がある理由は判明した。

（2）信長撰銭令と中近世移行期の寺社

ではどうして、信長が単独の朱印状で撰銭を発布したのか、銭の発令主体となる政治的な意思はどこにあったのか。直近の先例としては、1566年（永禄9）3月17日と5月19日の2度、13代室町将軍義輝を謀殺した三好三人衆が推戴した、細川昭元の被官飯尾為清と為房が奉書形式で個々に署判した撰銭令が上京・洛外宛てに発布されている（『兼右卿記』1567年正月18日条）。その主旨は、6種の精銭を公定し撰銭を禁止、負債の弁済はもとの銭を使用、利息は本定の通りとする。撰銭令を理由に高値を付けた商売や売り控えは禁止する。違反者は商売の座から除外し、もし隠したら座中も同罪。酒屋・土倉の金融業者も同様。撰銭の違反者は罰金10貫文、密告者には5貫文を褒美とする。さらに咎人は主従の縁、町共同体との縁、親類の縁も切らなければならないとの罰則規定が附則された。洛中・洛外の慢性的な銭不足から出された撰銭令と見なされるが、管領晴元の嫡男・昭元は管領に準じた権威を掲げ、将軍不在のなか、朝廷の意思を背景に三好三人衆の政治的な意思をもって下達されたといえる。

さて、1569年（永禄12）の信長撰銭令を列挙すると、下記のとおりである（『中世法制史料集 第五巻 武家法Ⅲ』参照）。

史料1

A	2月28日	（下京）	「撰銭条々」/（信長）	「饅頭屋町文書」
B	3月1日	天王寺境内	「定精選条々」写 / 弾正忠在判	「四天王寺文書」
C i	3月16日	上京	「精撰追加条々」/ 弾正忠（朱印）	「京都上京文書」
C ii	3月16日	下京	「精撰追加条々」写	「饅頭屋町文書」
C iii	3月16日	八幡捴郷	「□（精）撰追加条々」/ 弾正忠（朱印）	「石清水八幡宮文書」
C iv	3月16日	熱田	「精選追加条々」写 / 弾正忠御朱印	「熱田町旧記」

＊Civに書かれた「永禄十三年」は永禄12年の誤写（平井2022）。

京・山城を中心とした将軍義昭が統治する「天下」の領域において、信長禁制の書止文言は「仍執達如件」と奉書形式である（水野2020）。いうまでもなく信長の上位者は将軍義昭であった。「仍執達如件」の書止文言はないが、上記の撰銭令は直状形式（A·C）と奉書形式（B）の併用が認められる。1569年（永禄12）3月2日、朝廷から副将軍（准管領）への推任があった点（信長は辞退）や、Bに信長側近の津田一安と、正親町天皇・将軍義昭・信長に複線的に属していた朝山日乗の連署が見える点から、朝廷と幕府とが協調する政治的な意思を背景とし、准管領的な立場の信長が撰銭を発令したと想定される。先の細川昭元の立場と共通しているようにおもわれる。

撰銭令の専論によれば、倭寇の鎮静化、鋳造地を明政府が直接掌握、東南アジアへの銭の流出といった諸要因から、日本国内では銭不足の状況が発生したといわれる（高木 2018）。永禄 12 年の一連の信長撰銭の発令の契機は、同年正月の信長上洛に従軍した 8 万人におよぶ大軍団、新将軍・義昭の二条城普請、禁裏普請にともなう大規模な労働者の在京により、悪銭が流入し、その使用・取引の混乱を解除する目的があったと指摘されている（藤井 2013）。

上記の史料 1-A と B は精撰本令と考えられているが、京中の評判は悪く、思惑通りに執行された形跡が認められない。その主旨は、ⓐ基準銭（善銭）と減価銭（悪銭・その他）との換算比、ⓑ納税・売買の公定比価の順守、撰銭を名目とした商品の値上げ禁止、ⓒ銭の授受は基準銭と減価銭を半分ずつ取り合わせる点、悪銭の売買の禁止などが規定された。

また、A・B・C には、善銭と悪銭とが「二文立」（B は「一倍」）つまり 2 倍の階層表記がなされており、B・Civには「下々の古銭」「下の下古銭」ともに悪銭とひとしく「二文立」とある。C i ii iiiには善・悪銭の階層性は示されないが、後述のとおり金銀と銭の比価が明記されている。C には、A・B には見えない「分国中」の表記があるので、熱田宛てからもわかるように、畿内だけでなく織田分国内に撰銭令が広く発布されたことがわかる。ただし、B の「下々の古銭」、Civにある「下の下古銭」が C i ii iiiでは削除されており、京とその近郊では善銭・悪銭、下の古銭、その他の交換率は、市場の反発があったものとおもわれる。だから、C では、米での売買を厳しく停止し、なお同年 12 月には、上京・下京に米を使用した商品の売買に関し、売主・買主の双方を闕所（財産の没収）処分とする代物定書が出された（『饅頭屋町々誌』）。

本文書、八幡捻郷宛ての撰銭令（Ciii）の欠損箇所を補って、書き下し文を掲示しておきたい。刊本としては、前述のとおり①『大日本古文書』収載のものと、②『中世法制史料集 第五巻 武家法Ⅲ』所載（補注 298、356 頁）のものが知られる。ここでは後者の②を参照しながら、石清水八幡宮所蔵の原本（正文）をもって校訂しておく。

正文（図 1）の料紙は楮と雁皮の混成と考えられる斐紙風（高木 2021）、法量は縦33.5cm・横95.5cm（2紙）、祐筆（ゆうひつ）は明院良政（みょういんりょうせい）と考えられる（高木2000、32～35、52～54頁画像参照）。刊本『大日本古文書』にはいくつか誤りがある。その1は「□追加條々」の欠損□箇所だが、破損部分は一字ではなく、撰の残画があり、Ｃｉと同じく、「精撰追加条々」が正しい。その2は、「[　　　]質すへからさる事」と見えるが、「質」は「買」に訂正、Ｃｉを参照すれば、「一以八木（はちぼく）売買」と考えられる。その3は、「一糸薬[　]之上」は残画とＣｉによって「一糸薬十斤之上」と読める。ひとしく「[　　　]荷物諸商売之物」の[　]には「一大小に不寄」が入り、同文内の「[　　]□届」は「為役人申届」であり、また「荷物悉□□」は残画からも□□には「役人」が当該する。これらを勘案して、書き下し文を載せる（便宜、番号を付す）。

史料2

精銭追加条々　　　八幡捴郷

①一、八木を以て売買すべからざる事

②一、糸薬十斤の上、段子（緞子）十端の上、茶碗の具百の上、金銀を以て売買たるべし、但し金銀これ無くば、定の善銭たるべし、余の唐物これに准じ、この外は、万事定の代物たるべし、しかれども互いに隠密あり、金銀を以てこれあらば、重科たるべし、〔付けたり、金子は拾両の代拾五貫文、銀子は拾両の代貳貫文たるべし〕（〔〕内二行割注、以下同）

③一、祠堂銭、或いは質物銭、或いは諸商売物并びに借銭方、法度の代物を以て、辺弁たるべし、但し金銀借用においては、金銀を以て返弁たるべし、〔付けたり、金銀これ無くば、定の代物とるべき事〕

④一、見世棚の物銭定に依りて、少しも執り入る輩あらば、分国中末代商売停止たるべし、〔付けたり、諸商売ニ付いて、金銀両目替停止并びに売手のかたより、金銀これを好むべからざる事〕

⑤一、大小に寄らず、荷物諸商売の物、法度に背く族これあらば、役人として申し届け相決すべし、若し信用に能わざれば、荷物悉く役人これを投げらるべき事

⑥一、過銭の儀、一銭より百文ニ至らば、百疋とるべし、百疋の上にいたらば、千疋たるべし、其の外これに准ずる事

⑦一、銭定違犯の輩あらば、其の一町切ニ成敗たるべし、其の段相届かざれば、惣町一味同心に申し付くべし、なお、其の上に至りても、手余すの族においては、町人の年寄中として注進せしむべし、同じく法度に背く族告知においては、褒美として要脚五百疋これを充て行うべき事

永禄十二年三月十六日　　　弾正忠（朱印）

本文書の内容について要点を抽出しておきたい。すなわち、米を交換手段（貨幣）としての売買することを禁止する（①）。一定数量以上の生糸・薬・緞子・茶碗・唐物など高級品の売買は金銀を使用すること。金銀がなければ「定の善銭」（史料1-Bでレートを定めた悪銭を除く精銭）を用いること。なお金銀と銭の比価（金1両＝銀7,5両＝銭1,500文）を定め、上記の高級物品以外は法定による悪銭と精銭の使用を命じ（②）、決済・弁済についても金銀がない場合は同様（③）。撰銭令の発布により商品をしまって売らず、かつ金銀に限った商売を売り手側が強要することはできない。また金銀両替の禁止（④）。法度に背いた商売物は役人の判断（本文書のみ「相決」、ほかの史料1-Cは「相究」）で没収すること（⑤）。過料銭は1銭から百銭までは百疋（1貫文）、百疋以上は10貫文（⑥）。撰銭違反に関し、まず一町単位での処罰、不届きならば惣町（惣中）としての成敗、それでも無理な場合は信長方に注進すること。なお告知者には、褒美5貫文を与えること（⑦）、以上である。

さらに、本文書のCⅲとそのほかのCⅰ・ⅱ・ⅳとの異同に注目してみよう。条数は、ともに7か条。全条文ほとんど同文だが、大きな相違点は、Cⅲの第7条（⑦）に「町人之年寄中」とあるが、ほかのCでは省かれている。境内都市〈八幡〉では、安居会の頭役を務める、本頭神人らが殿原衆とよばれ、自治をつかさどる有徳神人（侍身分）であった。年寄中による町ごとの自治が評価されたに違いない。

寺社が現蔵する撰銭令は、四天王寺と石清水八幡宮の史料1-B・Cⅲの2点である。Bは、「定精選条々」の下部に「天王寺境内」とあるように、四天王寺門前町の「境内」宛に発給されたものである。「境内」とは、寺社の堂塔伽藍とともに、門前の街路（町）にくわえて、寺法や社法が優先的に行使される寺社周縁、宗教領主が法的実効力を有する「寺辺」「社辺」の辺縁まで及ぶ空間認識である（鍛代2018c）。四天王寺は、境内都市にたいし、守護不入権を公武権力から獲得し、領主として課税権・検断権を保持していた。惣中と呼ばれる都市は町内有徳人の年寄中（会合衆・年行事・月行事、乙名・殿原衆などと一般に呼称）らによって自治的に運営されていた。当時の四天王寺の境内都市については未詳だが、南方の国際港・自由都市堺や、北側近隣の大坂本願寺寺内町といった巨大中核都市周縁の衛生都市のような機能を果たしていたのかもしれない。石清水の「八幡境内」や、京・大覚寺や天竜寺などの「嵯峨境内」とひとしく、金融業者の土倉が軒を連ねていたと考えられる。戦国後期には著名な連歌師肖柏（しょうはく）と堺商人等が天王寺境内で連歌会を催し、門前では勧進能が興行されていた。人々が自由に出入りし商品や銭貨が蝟集する、いわゆるアジール的な境内は、土倉や問屋が蔵に資財を蓄積するにはもっとも安全な都市環境だった。

織田信長の撰銭令については、奈良に出された撰銭制札にたいし「信長分国は皆々相定む由なり」（『二条宴乗記（にじょうえんじょうき）』1569年3月23日条）と見える。京都をはじめ畿内近国、および信長分国内の中核都市によって、規定内容の効果は区々であったとおもわれる。基本的には慢性的な貨幣不足の経済情況のもと、善銭と悪銭の交換率の決定かつ米による商品売買は全国の市場が優先していた。信長の撰銭令は、中近世移行期における貫高制から石高制への転換の指標を見出し得る政策であったということができる。

4　視点をひろげる―古文書の印章から何がわかるのか―

現在、石清水八幡宮が所蔵する織田信長文書は、本稿で紹介した撰銭令をはじめとする朱印状の正文4通、朱印状写1通、黒印状1通、ほかに現存しないが原本が想定される朱印状がある。

ちなみに「石清水八幡宮文書」内から天下人が発給した朱印状の正文を探すと、秀吉の朱印状が8通、家康は6通が確かめられた。公武の文書を多数所蔵する京都の寺社において、領知安堵状や補任状に代表される朱印状は、石清水の場合と同じく、天下人からはじまったと考えて間違いない。

公文書に印章（ハンコ）が捺された印判状は、15世紀末、駿河国の戦国大名・今川氏に黒印が、おなじく16世紀初頭に朱印が所見される。以後、東国大名らが領国統治の文書として活用したことはよく知られている（鍛代2015）。信長・秀吉・家康もその系譜に連なる。1567年（永禄10）8月、美濃国の戦国大名斎藤氏を滅ぼした直後、尾張・美濃国を分国とした信長は、印文「天下布武」（単郭線・楕円形印）の印章の使用を開始した（図2）。この「天下」は天下国家を意味するものではなく、朝廷・京都・畿内の公権力を称するものだとの見解がある。義昭を奉じて、足利・織田連合政権を誕生させた信長は、天下を包摂する分国内に朱印状をもって、将軍の管領のような政権執行者

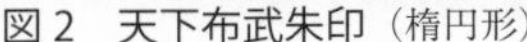

図2　天下布武朱印（楕円形）

図3　天下布武朱印（馬蹄形）

となった。実際、将軍義昭は信長にたいし「准管領」並の礼遇をしていた（水野 2020）。ついで 1570 年（永禄 13）3月から印文は同じで二重郭線の馬蹄形印を用いはじめる（図3）。また 1577 年（天正5）5月から 1579 年6月までの2年間だけ使用された、雙龍の円形「天下布武」印がある（『伊達家文書』など）。

ところで、「石清水八幡宮文書」において、天下人以前の朱印を探ると、鎌倉期、検校の幸清・宗清・耀清の朱印（私印）にまで遡らなければならない。衆知のとおり、古代律令以来の公式様文書のほか、鎌倉・室町の公武に関する行政文書に印章はほとんど使われていない。

善法寺（竹を号す）幸清（1177～1235）の場合は、1219 年（建保7）の縁起の書写本（『叢書』2-44 頁）にのみ印文「幸」字の菱形単郭朱印が捺されており、蔵書印と見なされる。田中宗清（1190～1237）の場合は、「宮寺縁事抄」の編纂の過程で、紙継目に花押とともに印文「宗」字の二重郭菱形朱印が多用され、また奥書の署判に捺されている。「宮寺縁事抄」は古文書をはじめ古記録・聖教類などを類別に編纂した史料集で、重要文化財「石清水八幡宮文書」の骨格をなす貴重な史料群である。文化財の保存と管理といった面からも重要な歴史的成果といえる（鍛代 2022a）。

善法寺（柳を号す）耀清（1202～1255）は幸清の子息である。とくに耀清の朱

図４　耀清朱印（石清水八幡宮所蔵）

図５　耀清朱印
（歴史民俗博物館所蔵『宋版 史記』）

印によって、歴史文化的に貴重な事実が明らかとなる。「石清水八幡宮文書」内の仏神事の年中行事を列記した、1244年（寛元2）の注進状には、紙背の注記と奥の署名の下に耀清の朱印が捺されている。耀清は善法寺家だが、父と同じく庶流の意識から「柳」を号し、印文を創作した。すなわち「柳」の旁（つくり）、「清」の三水（さんずい）の「水」、「清」の旁「青」、耀の扁（へん）「光」を合成したものだ（図4）。実は、この耀清の印章が、国宝『宋版 史記』の蔵書印として捺されていたことを近年、筆者が発見したのである（鍛代2018b）。現在は国立歴史民俗博物館所蔵の国宝『宋版 史記』90冊に同じ印影（図5）が多数あり、また字形の異なる黒印、および「青」「光」を合成した朱印も確認することができた。耀清は、1253年（建長5）8月に社務検校に就き、その2年後に没している。先の注進状は1244年（寛元2）の文書だから、13世紀半ばには、石清水八幡宮祠官・耀清の蔵書であったことが確実になった。そればかりか、宮内庁書陵部にも、耀清の黒印が捺された「史記集解旧鈔巻子本」（史記第79・写本1巻）が所蔵されている。『宋版 史記』から写本を作成し巻子装された史料である。

『宋版 史記』がいつ将来されたのか、これまで不明であったが、「石清水八幡宮文書」の原本悉皆調査で発見することができた。「石清水文書」の刊本『大日本古文書』では「朱印」とは見えるが、印文は復元されていなかった。原本調査の重要性と、見過ごされがちな印影（印鑑）の史料的な価値を、あらためて自覚した次第である。

『宋版 史記』は、南宋の1195〜1200年（慶元年間）に印行された版本で、全冊完本は世界的に珍しい稀覯書である。また、本文の行間および裏打の大型副葉紙の余白には朱・墨の訓点や註記、印影が確かめられ、『史記』研究に活用されてきた（山本1966）。建仁寺の中巌円月（ちゅうがんえんげつ）（1300〜1375）・心華元棣（しんかげんてい）（1342〜？）、相国寺の仲方中正（ちゅうほうちゅうせい）（1373〜1451）、史記研究者の月舟寿桂（げっしゅうじゅけい）（1470〜1533）、妙心寺の南化玄興（なんかげんこう）（1538〜1604）らの印影や書き入れの注記などが知られる。おそらく14世紀前半の南北朝期に石清水社内から流出したものと考えられる。そして、南化の手択本（しゅたくぼん）であった『宋版 史記』が、直江兼続（なおえかねつぐ）（1560〜1619）に渡り、上杉藩の興譲館（こうじょうかん）に所蔵され、1966年度（昭和41）の国宝指定時は上杉隆憲氏の所蔵になっていた。

なお、『宋版 史記』を最初に入手した善法寺家の耀清は、祖父成清（じょうせい）・父幸清を引き継いで、筑前国香椎宮（かしいぐう）の検校職に就いている。香椎宮の社家雑掌や神人らは日宋貿易に従事していた。かかる物流ネットワークの機能を活かして、漢籍・漢文に精通していた耀清が稀覯本を入手することができたのである。同じく筑前国筥崎宮（はこざきぐう）の検校を兼ねた田中宗清は舶載の麝香（じゃこう）と鸚鵡（おうむ）を藤原定家に贈っている（『明月記』1226年〈嘉禄2〉2月7日条）。ここで歌壇史の一齣を紹介すると、成清は藤原俊成（としなり）の勅撰『千載和歌集（せんざいわかしゅう）』、成清・幸清ともに定家の勅撰『新古今和歌集』に、宗清の父・道清の歌は定家の『新勅撰和歌集』に採択されている。石清水八幡宮祠官と俊成・定家らとの歌壇サロンの世界を垣間見ることができる。

ひとつの印章（私印の蔵書印）の発見から、中国文明の代表である『宋版 史記』の将来された時期が判明した。日宋貿易によって舶載され鎌倉期の石清水八幡宮に収蔵された交易・物流上の問題、その稀覯本（きこうぼん）をもって禅宗の学僧らが『史記』の研究を進展させた文化的な意義、近世米沢藩校・興譲館に所蔵され藩学において活用された教育上の価値など、国宝に指定された書誌学上の重要性にくわえて、グローバルな文明がローカルな文化へ、いわば中心から周縁・辺縁へと浸透し、文明と文化が融合した歴史上のダイナミズムが確かめられ、歴史学的に高く評価されるのである。

新しい古文書学（古文書・古記録、典籍・聖教類を含む）の課題は、原本（正本・写ともに）の料紙論（湯山2017）とともに、前近代における修理や写本、紙背文書や裏書などの保存管理論（鍛代2022b・2024ab）、印章や花押のネットワーク論（林2022）、外部に発給された文書および流出文書の収集調査に関する編纂史（鍛代2021）、これらを要した古文書アーカイブズ（安藤2002、上島2015）の観点から、歴史史料論を再構築するところにある。

◉参考文献

安藤正人　2002「21世紀日本の歴史情報資源とアーカイブズ」『歴史学研究』761
上島　有　2015『中世アーカイブズ学序説』思文閣出版
鍛代敏雄　1999『中世後期の寺社と経済』思文閣出版
鍛代敏雄　2008『戦国期の石清水と本願寺』法藏館
鍛代敏雄　2011「中近世移行期の石清水八幡宮寺と幕府・将軍」『戦国史研究』61
鍛代敏雄　2015『戦国大名の正体』中公新書
鍛代敏雄　2017「石清水八幡宮の牛玉宝印に関する一考察」『東北福祉大学芹沢銈介美術工芸館年報』8
鍛代敏雄　2018a『八幡さんの正体』洋泉社
鍛代敏雄　2018b「鎌倉時代における石清水八幡宮寺祠官の印章」『東北福祉大学芹沢銈介美術工芸館年報』9
鍛代敏雄　2018c「門前と境内」『日本都市史・建築史事典』丸善出版
鍛代敏雄　2020「石清水八幡宮領陸奥国岩城郡好嶋庄」『東北福祉大学芹沢銈介美術工芸館年報』11
鍛代敏雄　2021「石清水八幡宮所蔵「當宮縁事抄」の解説と影印」『東北福祉大学芹沢銈介美術工芸館年報』12
鍛代敏雄　2022a「石清水八幡宮文書の概要」『石清水八幡宮研究所報』創刊号
鍛代敏雄　2022b「戦国時代の古文書修理」『東北福祉大学芹沢銈介美術工芸館年報』13
鍛代敏雄　2023「戦国時代の石清水八幡宮領荘園」『東北福祉大学芹沢銈介美術工芸館年報』14
鍛代敏雄　2024a「新出の織田信長朱印状写―石清水八幡宮神領境内都市と淀川交通―」『交通史研究』104
鍛代敏雄　2024b「足利将軍家と石清水八幡宮の社務職―「石清水八幡宮寺略補任」裏書文書を中心に―」『東北福祉大学芹沢銈介美術工芸館年報』15
高木久史　2018『撰銭とビタ一文の戦国史』平凡社
高木叙子　2000『滋賀県立安土城考古博物館図録　信長文書の世界』
高木叙子　2021「織田信長文書論」『織田政権と本能寺の変』塙書房
根本　彰　2021『アーカイブの思想』みすず書房
林　　譲　2022「花押と文書から探る石清水ネットワーク」『文化燦燦』11、石清水八幡宮社務所
平井上総　2022「織田信長の撰銭令をめぐって」『日本の中世貨幣と東アジア』勉誠出版
藤井譲治　2013「織田信長の撰銭令とその歴史的位置」『日本史研究』614
水野　嶺　2020『戦国末期の足利将軍権力』吉川弘文館
山本信吉　1966「宋版史記など－新指定国宝・重要文化財」『Museum』185、文化庁
湯山賢一　2017『古文書の研究』青史出版

有形文化財　美術工芸品

どのような思いを込めて刀剣を社寺に奉納したのか

島村圭一

社寺に奉納された刀剣から武士たちの思いがわかる！

1　刀剣とは

刀剣とは、日本刀に対する一般的な呼称であるが、片刃のものが刀で、両刃のものが剣である。刀には、刀、太刀、薙刀、脇差などがあり、剣には、剣の他に鉾･槍も含まれる。主たる用途では、刀は断ち切ることを目的とし、剣は突き刺すためのものである。遺品の数では刀が圧倒的に多い。剣では、槍以外の剣と鉾の遺品は少なく、剣は神仏の本体や持物とされ、鉾は儀式や祭礼に用いられることによる。

刀剣は柄と鞘に納められている。刀身を握る手もとは柄木に収納するので茎といい、柄木を留めるための目釘の穴を穿ち、作者の銘を入れるのが普通である。鞘は刀身を納めて保護するための装具である。柄と鞘は木製で、柄は鮫皮で包み、糸や革で巻き締めて目貫を据え、鞘は黒漆を塗り、梨子地にし、革で包みなどすること多いが、用途に応じて装具も異なっている。

刀剣、特に刀や太刀は単なる武器ではなく、贈答品として贈られたり、神仏に奉納されたりするなどして大切に扱われ、現在に至るまで伝来している。文化財に指定されている刀剣は多くあるが、2023年（令和5）6月現在で、国宝に指定されている刀剣は118件で、国宝全体（1,132件）の10%以上を占めている。

（1）刀身と外装（拵）

日本では11世紀前後に、刀剣に反りが生まれた。それを「湾刀化」というが、湾刀化以後の日本の刀剣を俗に「日本刀」と呼ぶ。日本刀は、折り返し鍛錬と焼き入れという、独自の高度な制作技術で生産され、焼き入れによって焼き刃ができ、これを研いで研ぎ刃とする。茎には多く制作者や年紀が彫られており、これにより制作者や制作年代がわかる。遺品は通常、錆びているが、これは、茎に柄をはめたまま、手入れをしないからであり、制作当初は錆びてはいない。

刀身は、刀身本体と茎からなり、その境を「区（まち）」という。刃身の形状には、刀身の平地部分に鎬筋を立てない「平造（ひらづくり）」、刃寄りに鎬状の筋のある「切刃造（きりはづくり）」、鋒部分のみが両刃の「鋒両刃造（きっさきもろはづくり）」、刀身の中程に鎬筋を立てた「鎬造（しのぎづくり）」などがある。古代の直刀は平造であったが、次いで切刃造が現れた。鋒両刃造は、直刀から彎刀へ移行する過渡期のもので、彎刀の主たる造込みは、鎬造であり、これが日本刀の典型的な姿となった。片刃造が一般的で、

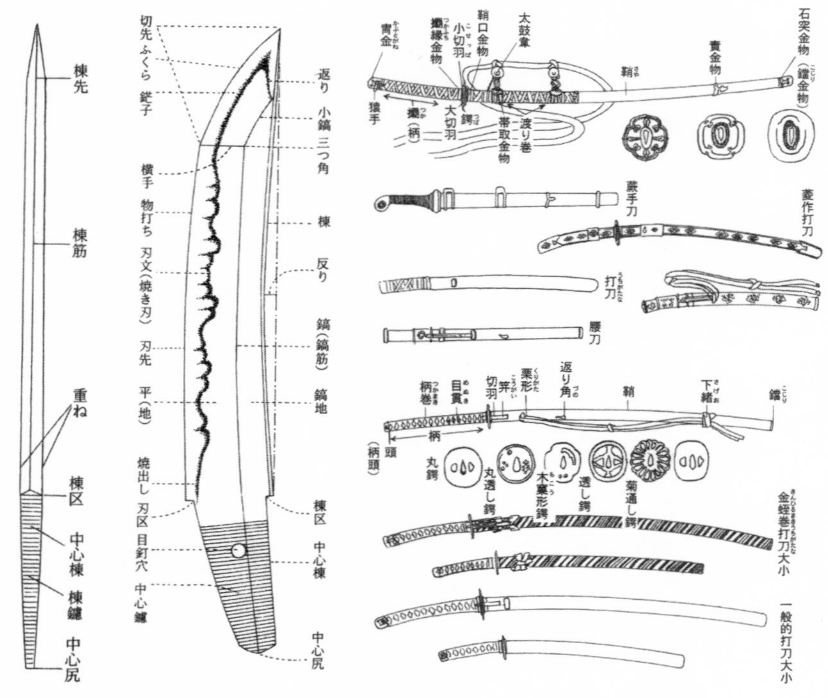

図1　刀身と外装（拵）
（左：福永酔剣『日本刀鑑定必携 拡大版』2020　右：笹間良彦『イラストで時代考証2 日本軍装図鑑 上』2018）

室町時代の短刀の遺品に両刃造もあるが、両刃造の剣は、武器としては発達しなかったようである。刀身の刃と反対側を古くは「峰（みね）」と呼んでいたが、現在では「棟（むね）」という。「ミネウチ」とは刃ではなく、峰で打つことをいう。刀身の刃長とは、棟区（むねまち）から鋒の先端までの長さで、反りはその棟区から鋒の先端を結ぶ直線から棟までの最長距離である。

上述のように、刀剣は、刀身と外装（拵（こしらえ）という、図1）からなるが、現在では、刀身と外装は別個に扱われることが多い。鐔（つば）などの刀装具（刀剣小道具）は、それぞれが鑑賞の対象ともなっている。博物館や美術館で、刀身のみの展示が多いことからも理解できるだろう。しかし，刀身と外装は、本来不可分のものであり、一体でなければ実用上は何の意味もない。刀身と外装すべてが揃って、はじめて刀剣といえるのである。

（2）太刀と刀

刀剣の外装には、太刀様式と刀様式とがある。太刀様式は、一対の足金物（あしかなもの）、韋緒（かわお）や鏁（くさり）の帯執（おびとり）、佩緒（はきお）（鞘に装着している紐）で、刀身の刃側を下に向け、左腰に佩（は）く大陸伝来の様式である。平安時代中期に編纂された辞書である『和妙類聚抄（わみょうるいじゅうしょう）』には、両刃の剣に似た片刃のものを「かたな」といい、その長大ものを「たち」と呼んだとある。古代の直刀の時代は、大刀、横刀、剣などと呼ばれて、両刃の剣には短小の遺品が多い。湾刀化した平安中期以後、それまでの肉厚の切刃造から鋭利な鎬造となると、「太刀」と書かれることが多くなった。武者が帯執で佩く兵仗（ひょうじょう）（武器）の多くは、「太刀」と記されている。

太刀の反りには時代ごとに微妙な変化があり、平安時代末期から鎌倉時代初期には、茎と区際に強い反りがある一方、刀身の中程から先には反りがなかった。鎌倉後期には、刀身全体に平均した強い反りのある刀身が作られるようになったが、腰反りで鋒を大きくすると、鞘口が広い鞘を作らなければ刀身が鞘に入らないため、このような作りになったのである。南北朝期には、太刀に限らず刀剣全体が長大化するが、次第に通常の大きさに戻り、反りは刀身の中程にもっとも強い反りがある「先反り」となった。

刀様式は、帯に刃側を上に向け、左腰に指して固定し、また、懐中することもあった。刀様式は日本独自の様式で、湾刀の出現とほぼ同時期に生まれたと考えられている。主とする大打刀を「大刀」、脇差を「小刀」と称し、この両腰（二本差）が近世には武士の指標となり、儀礼用には一揃いの拵として「大小」といった。これが「太刀」と区別されて「刀（かたな）」と呼ばれるようになり、いわゆる日本刀となるのである。

また、平安時代末期以来、「打刀（うちがたな）」が作られるようになった。これは、鎬造（平造の場合もある）の湾刀を刀様式の外装に収め、鐔を加えたので「鐔刀」とも呼ばれた。打刀は、腰の帯に差し、太刀とは逆に、刃を上に向けて帯刀した。そのため、接近した相手に対して素早く鞘から抜き、切りつけることができるようになったのである。室町時代以降には、打刀が作刀の中心となった。当初は刃長１尺数寸（50㎝弱）ほどのであったが、次第に長いものが作られるようになり、刃長２尺（60㎝）を超えるものも現れた。これにより、長短の二本差しが流行するようになったのである。江戸時代には、大刀は刃長２尺３寸（約70㎝）が定寸とされた。なお、同じ「刀」といっても、中世では短刀、近世になると打刀を指しているので、実態が異なっている。

作者銘は表に入れるのが原則であるため、刀身と外装が別個に扱われている現在では、銘を刀身の表（左腰に佩帯した場合の外側）とみて、その銘の表裏や刀身により、太刀、刀、脇差、短刀などに分類されている。しかし、これはあくまで便宜的なものであり、太刀は刃を下にして吊り下げ、刀は刃を上に左腰に差すものであるので、太刀、刀の区分は刀身にかかわらず外装の様式で区別されなている。

2　刀剣の歴史的背景

（1）武器としての刀剣

刀剣は武士が常に携帯し、戦場では主たる武器として使われていたと考えられることが多いだろう。時代劇にも、刀で斬り合うシーンが多くみられるが、実際の合戦では、異なっていたようである。

『今昔物語集（こんじゃくものがたりしゅう）』の合戦譚などから戦闘における弓箭や刀剣の使用について分析した近藤好和によると、戦場の武士たちは太刀を所持しているものの、戦闘は騎射戦で弓箭中心の戦闘であったという。そして、刀剣の使用に関する記述は、日常の喧嘩、護身、強盗などの場合ばかりで、合戦での刀剣の使用はなく、馬上での確実な使用例もないことから、刀剣は徒歩の武器として認識されていたようである。

『今昔物語集』の時代の合戦では、馬上の武器が弓箭であり、飛び道具である弓箭は刀剣より優位であるので、弓箭が重視されていたようである。しかし、馬上の武士たちは弓箭とともに太刀を佩用し、刀も帯びていた。これは、律令の軍防令にみえる兵士の持参すべき武器の構成と同様であった。当時の武器は、弓箭と刀剣が一対のものであり、それぞれ異なる役割を担っていたと理解できる。（近藤 1997）。

一般に源平合戦といわれる治承・寿永期の戦いについては、『平家物語』や『源平盛衰記（げんぺいじょうすいき）』などでみることができるが、この時期には騎射戦中心の戦法から変化がみられるようになった。相手の馬を射る行為や組討ち戦、相手の馬に自分の馬を当てる馬当てという戦法も行われた。馬を並べて相手に組つき、下に落ちると、太刀や腰刀での戦いになるが、太刀は立ったままの戦いに、腰刀は相手を組み敷き、鎧の隙間から急所を突き通すのに使用した。戦闘に使われ太刀・刀（打刀）などは「打物」といい、その戦闘は「打物いくさ」と呼ばれた。太刀の戦いでは兜の鉢を火花が散るほど強く打ち、打撃で脳震盪を起こさせたようである。そのため、実戦に使用される太刀は、切先から2〜3寸（6〜9㎝）を除いては、鋭く研き上げない「蛤刃（はまぐりば）」で厚手のものであった。研ぎすまされた刀身では、刃こぼれしてしまい、使い物にならないからである（石井 1965、川合 1996、高橋 2018）。

打物いくさが広がった中世後期でも、軍忠状（論功行賞のために武功を上申して承認を受けたもの）にみられる戦傷は「矢疵（やきず）」が圧倒的に多い。接近戦は「討死」として扱われてその理由が記載されていないこともあるので、一概には判断できないが、弓箭による戦闘が多かったようである。刀は、弓矢（戦国時代には鉄砲も）のような飛道具で負傷した敵のとどめをさし、首級を取るのに使われたと考えられる（鈴木 2000、高橋 2018）。

（2）贈答品としての刀剣

刀剣は、武家社会において、重要な贈答品であった。刀剣を献じることは従属を意味し、下賜することは相手に絶対の信頼を認めていることになるという。『吾妻鏡』には、鎌倉幕府の御家人が将軍や若君に刀剣を献じる記事や、将軍が御家人に、刀剣を下賜する記事が多くみられる。室町時代になると、幕府の儀式の中で刀剣の献上や下賜が盛んに行われるようになった（小笠原 2007）。

室町幕府の足利将軍家は多くの名刀を所蔵しているが、中でも特に有名なのは、鎌倉幕府執権の北条氏が所蔵したという「鬼丸国綱（おにまるくにつな）」である。この刀には次のような逸話がある。北条時政が病に倒れ、恐ろしい鬼の夢を見て苦しんでいたときに、白髪の老人が時政の枕元に立ち、「私はあなたの太刀粟田口国綱である。あなたを悩ます鬼を退治しようと思うが、錆と埃で剣を抜けなくなっている。鬼を退治したければ、それなりの方法を講じなさい」と言った。時政は、太刀の手入れを命じて、直した太刀を抜き身で柱に立てかけていたところ、太刀が倒れて、側にあった火鉢の装飾の小鬼の首を切り落とした。この直後に、時政は快方に向かったため、太刀に助けられたと考えた時政は、太刀に「鬼丸国綱」の号を授けた。この太刀は、足利将軍家、織田信長、豊臣秀吉、徳川将軍家、明治天皇に継承され、現在は御物として皇室が所蔵している（歴史群像編集部編 2006、渡辺住 2014）。

南北朝期の刀工長谷部国重（はせべくにしげ）の作とされる「へし切長谷部（きりはせべ）」は、織田信長がとりわけ愛した刀である。「へし切」という名称は、あるとき無礼を働いた観内（かんない）という茶坊主を信長が手討ちにしようとしたところ、観内は膳棚の下にもぐり込んでしまったので、信長が膳棚ごと圧し切ったことによるという。凄まじいまでの切れ味を伝える逸話である。

この刀は、1578 年（天正 6）の荒木村重の織田信長に対する謀反の際に、村重の説得にあたった黒田孝高（くろだよしたか）（官兵衛、如水（じょすい））に、信長から下賜されたと伝えられるが、実際にはそれより早い 1575 年に播磨国の小寺政職（こでらまさもと）の使者として信長に謁した孝高が、毛利攻めを献策した際に賜ったという。この刀は黒田家の家宝として伝えられ、現在は国宝に指定されて、福岡市博物館が所蔵している（歴史群像編集部編 2006、小笠原 2007）。

伊達政宗の「鎺国行（はばきくにゆき）」は、1589 年に豊臣秀吉から政宗に贈られたものである。名目は、政宗が赤目の鶴と捕らえた鷹を秀吉に献上した返礼であったが、秀吉から上洛して臣下の礼をとるように求められても応じない政宗に、上洛を促すための贈答であった。小田原の北条氏の敗戦を認識した政宗が、箱根の秀吉のもとに馳せ参じたのは、翌1590年のことであった。この刀は、両者の政治的駆け引きを示す一振である。この刀は、戦後になって伊達家を離れたが、現在は仙台市博物館に所蔵されている。この刀には、秀吉が政宗に下賜したことを証明する礼状もあり、来歴が明らかになっているという点からも、貴重な資料であるといえよう（小笠原2007）。

このように、刀剣は、中世の武家社会における重要な贈答品であった。近世になっても将軍就任や大名の家督相続などの際に、大名は刀剣を将軍に献上していた。将軍も、大名が代始めの参勤交代で国許に帰るときや、御手伝普請を務めたり、献金をしたりした際には褒美として、刀剣を下賜していた。近世になっても、贈答に用いられる刀剣は、平安時代末期から安土桃山時代までに作られた「古刀」で、江戸時代に作られた刀剣（「新刀」）は贈答品とはならなかった。江戸時代においても、「古刀」の価値が高かったことがうかがえる。

「古刀」を珍重する傾向を改めようとしたのが、8代将軍の徳川吉宗である。吉宗は将軍就任後、刀剣の鑑定を職とする本阿弥家に命じて、将軍家や諸大名家に所蔵されている有名な刀剣を調べて提出させ、これが「享保名物帳」となった。この帳面には。古刀168口が登録され、いわゆる「名刀」とその所蔵先がほぼ確定された。

その一方で吉宗は、1719年（享保4）に諸大名に命じて領内の刀工を調査させ、「殊に精巧なる」刀工54人の刀剣を献上させた。さらに、1721年、吉宗は「家督御礼に関する法令」を発して、大名が献上する刀剣は、代金20枚（20両）までのものに限るとした。1万両で取引される古刀もあったので、20両までとされた新刀の価値は低かったといえよう。新刀を奨励して、比較的価値の低い刀剣の献上を命じたのである。吉宗の新刀奨励で、古刀を偏重する人々の意識を変えるに至らなかったが、贈答行為に変化がみられ、それまでの価値の高い刀剣の贈答に対して、価値の低い刀剣が贈答されることにより、贈答行為が形式化したようである（深井2018）。

（3）神仏に捧げられた刀剣

日本列島に刀剣がもたらされた弥生時代以来、刀剣は武器であるとともに、神に捧げるもの、あるいは神そのものとして扱われてきた。

武士が活躍し、刀剣が武器として使用されると、刀剣が、活躍した武士の英雄譚とともにて語られるようになった。主なものとして、源頼光と四天王が丹波国大江山の酒呑童子（しゅてんどうじ）を退治したと伝えられる「童子切安綱（どうじぎりやすつな）」（国宝・東京国立博物館蔵）や、源（木曽）義仲が箱根神社に奉納し、1193年（建久4）の曽我兄弟の仇討ちの際に兄十郎祐成（すけなり）が使用した「微塵丸（みじんまる）」、源義経が奉納し，弟五郎時致（ときむね）が使用した「薄緑丸（うすみどりまる）」（いずれも箱根神社蔵）などが挙げられる。

古くから刀剣が社寺に納められ、現在も多くの社寺が名刀を所蔵しているが、その理由を次の３点にまとめることができる。

①刀剣そのものを御神体として祀っていることである。いわゆる三種の神器の一つである草薙剣（くさなぎのつるぎ）を御神体として祀っている熱田（あつた）神宮（名古屋市）や、石上（いそのかみ）神宮（奈良県天理市）に祀られる「布都御魂剣（ふつのみたまのつるぎ）」などが著名である。

②神宝として調進されたものに、刀剣が含まれていることである。神宝は神が日常的に用いる道具で、神殿に納めるために調進される。現在も20年ごとに行われる伊勢神宮の式年遷宮の際に調進される神宝類には、玉纏御太刀（たままきのおんたち）、須我流御太刀（すがりのおんたち）、金銅造御太刀（こんどうづくりのおんたち）、黒造御太刀（くろづくりのおんたち）などが含まれている。

③氏神など自らの崇敬する神に所願成就を願って刀剣を奉納したり、祈念が叶ったときに奉納したりした。特に武士による戦勝祈願の刀剣奉納が多く、現在も多くの神社に、戦勝祈願のために奉納された刀剣が所蔵されている。

平安時代以降、各地に拠点を置いて活動した武士たちは、社寺を崇敬し、寄進や造営も盛んに行った。鎌倉を本拠として武家による政権を樹立した源頼朝は、鶴岡八幡宮をはじめ、伊豆権現（伊豆山神社）、箱根権現（箱根神社）、三嶋明神（三嶋大社）などを崇敬し、所領の寄進、造営や奉納を行っている。御成敗式目には、その第１条に「神社を修理し、祭祀を専らにすべき事」、第２条に「寺塔を修造し、仏事を勤行すべき事」とあり、社寺への崇敬と保全が重要視されていたが、武士たちは、崇敬する社寺に寄進や造営を行うとともに刀剣を奉納していたのである。

『吾妻鏡』に、表１のように刀剣奉納の記事が散見され（吉永2019）、神仏の加護をもとめる武士たちの姿を窺うことができる。

表１『吾妻鏡』にみえる刀剣奉納記事（吉永 2019）

年代	西暦	神社名	奉納品	内容
文治３年正月	1187	大神宮	神馬、砂金、御剣	義経反逆の御祈祷
文治６年正月	1190	出雲国大社	御剣	神慮に優する
建久元年 11 月	1190	石清水八幡宮	神馬、銀剣	権大納言就任挨拶
建久元年 12 月	1190	三井寺青龍院	御剣、砂金	修理料
建久３年２月	1192	石清水八幡宮	秘蔵の御剣（鳩作）神馬	後白河法皇の病気平癒祈願
建久５年７月	1194	鏡神社	御鎧、御剣、弓箭等	
建久５年９月	1194	大神宮、熱田社	神馬、御剣等	
建久６年５月	1195	鞍馬寺	御剣	
建久６年５月	1195	天王寺太子堂	御馬、御剣（銀作、蒔柄作）	
建久６年７月	1195	熱田社	龍蹄（馬）、御剣等	御奉幣
建久６年 11 月	1195	三嶋社	神馬、御剣以下の幣物等	怪異への謝罪・千度詣

3　武蔵武士ゆかりの刀剣をよみとく

武蔵武士にゆかりのある３口の刀剣から、刀剣に込めた人々の思いを探ってみよう。３口の刀剣とは、元亨３年（1323）銘の国宝短刀（埼玉県立歴史と民俗の博物館蔵）、正中２年（1325）銘の御物太刀（御物）、嘉暦４年（1329）銘の国宝太刀（埼玉県立歴と民俗の博物館蔵）である（図２）。

３口の刀剣の銘には、共通して備前長船派の代表的な刀工「景光」の名がみられる。良質の鉄を産出し、作刀のための資源に恵まれた備前国（岡山県）は、刀剣の一大産地で、長船派は、現在の岡山県瀬戸内市長船町長船を本拠とし、鎌倉時代中期から戦国時代末期にその活動が確認できる。腰反りの付いた太刀姿を基調とし、小板目肌がよく詰んで乱映りが顕著に入っている。景光はその３代目にあたり、「左兵衛尉」または「左衛門尉」と称していた。鎌倉時代後期の嘉元年間（1302〜1306）から南北朝時代初期の建武年間（1334〜1338）頃にかけての作例がみられ、鍛えのよさでは父長光を凌ぐとの評がある。焼刃にも工夫を加え、片（肩）落互の目を創始した。景政は景光の弟といわれ、作風は、角張る刃や逆がかる刃を交えた互の目丁子を焼き、映りが鮮明に立ち、景光によく似ている（歴史群像編集部 2006）。

（1）国宝短刀

越後国（新潟県）の戦国武将上杉謙信が所蔵していたことから「謙信景光」の異名をもつこの短刀は、茎の表裏に刻まれた「（表）備州長船住景光、（裏）元亨三年三月日」の銘にみられるとおり、元亨３年に景光が制作したものである。

平造（刀身の両面が平らになっている）、庵棟（棟の先端がわずかに尖っている）で、刀身の長さは28.3㎝。鍛は小板目（木材の板目に似た地肌。大板目より、小板目の方がよい地金とされている。）で美しく澄んだ地肌に，「片落ち互の目」（風で波頭が傾いたような刃文で全体として鋸の歯のように見える。）を焼き、景光の作刀の特徴がよく表れている。さらに、「乱れ映り」（刃文の影が詰んだ地鉄に乱れたように映って見える表現）も見られる。景光作の短刀には珍しく、わずかに反りのある刀身と、鎌倉時代の作例によく見られる振袖（茎の元先の幅にあまり差がなく、中ほどでわずかに曲った形が和服の振袖を思わせる）形の茎である。

刀身の表に「秩父大菩薩」の文字、裏に「梵字（キリーク）」の彫物が施されている。「秩父大菩薩」とは、中世、妙見菩薩を祀り秩父妙見宮として崇敬されていた武蔵国秩父郡の総鎮守秩父神社である。裏に彫られた梵字は、密教の五大明王のうち西方の守護者である「大威徳明王」をあらわしている。この短刀は、同神社への奉納刀であったと考えられる。

この後、この短刀は戦国時代には秩父を離れたようで、上杉謙信の愛蔵するところとなり、以来、上杉家に伝来していた。戦後になって、民間の愛刀家の所有となり、1990年に埼玉県の所蔵となった。

（2）御物太刀

この太刀は、上述の国宝短刀から２年後の銘を持ち、裏銘にから、作者は国宝短刀と同じ景光と、景政の合作であることがわかる。表銘には、太刀を奉納した願主が武蔵国秩父郡に住む「大河原入道沙弥蔵蓮」と「丹治時基で、播磨国宍粟郡三方西（兵庫県宍粟市）でこの太刀を作ったことが刻まれている。蔵蓮は出家者の名であるため、蔵蓮と時基が父子で太刀を奉納したのであろう。刀身には「秩父大菩薩」の彫刻が見え、裏には、「梵字（バイ）」が刻まれており、北方を司る「毘沙門天」を表している。

国宝短刀にも見える「秩父大（太）菩薩」とは、秩父神社の妙見菩薩を指す、

史料１　大河原氏関係刀剣の銘文

⑴ **国宝短刀**

表（刀身）　秩父大菩薩

（茎）　備州長船住景光

裏（刀身）　梵字（キリーク）（大威徳明王）

（茎）　元亨三年三月日

⑵ **御物太刀**

表（刀身）　秩父大菩薩

（茎）　願主武蔵国秩父郡大河原入道沙弥蔵蓮同左衛門尉丹治朝臣時基
於播磨国宍粟郡三方西造之

裏（刀身）　梵字（バイ）（毘沙門天）

（茎）　作者備前国長船住左兵衛尉景光進士三郎景政　正中二年七月日

⑶ **国宝太刀**

表（茎）　広峯山御剣願主武蔵国秩父郡大河原左兵衛尉丹治時基於播磨国
宍粟郡三方西造之

裏（茎）　備前国長船住左兵衛尉景光作者進士三郎景政　嘉暦三年己巳七月日

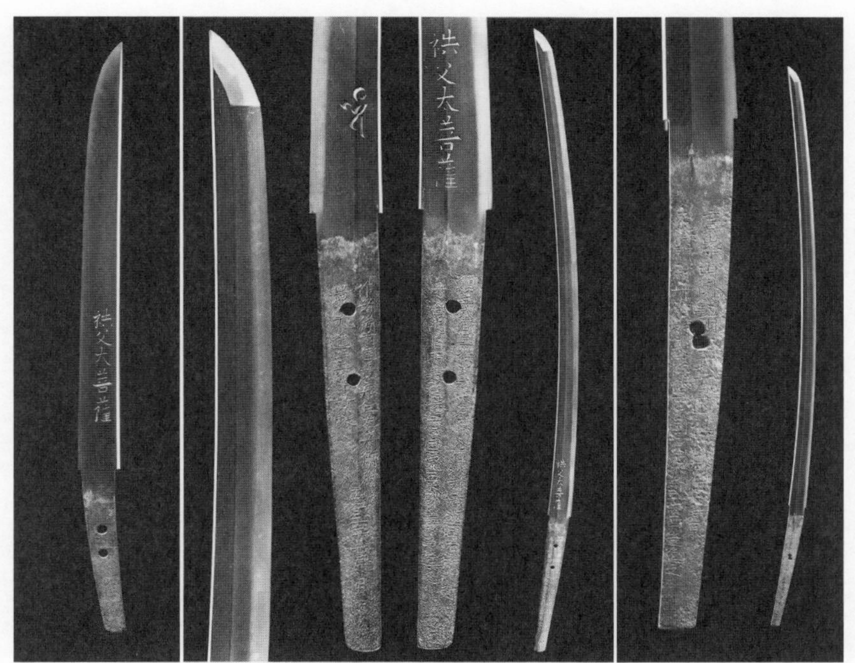

図２　国宝短刀・御物太刀・国宝太刀

（右・左：埼玉県立歴史と民俗の博物館所蔵　中：宮内庁所蔵）

大河原時基とその父と思われる大河原入道沙弥蔵蓮が、秩父神社に国宝短刀と御物太刀を続けて奉納したということがわかる。

作られた時期は多少違うが、国宝短刀とこの御物太刀とは本来揃いのものであったと考えてよい。この時期は、鎌倉幕府の弱体化、後醍醐天皇の動きなどによる支配構造の混乱が各地で始まりつつあり、歴史の大きな転換点といえる。大河原時基と沙弥蔵蓮は、こうした激動の時代に直面する中で、一族の生活と地位の安定を祈願して、故郷秩父の氏神にこの両刀を奉納したものであろう。

（3）国宝太刀

この太刀は、数多い備前長船の名刀の中でも、その伝来の確かさ、出来栄えのよさにおいて屈指の存在とされている。鎬造、庵棟の刀身は長さ 82.4㎝で、反りはやや浅く、鍛はよくつんだ小板目肌に備前特有の「乱映り」が立ち、刃文は「直刃」（直線状の刃文）ながら、「互の目」（さざ波のような刃文）が交じっている。茎には長文の銘がある。この銘文から、この太刀は、武蔵野国秩父郡の住人大河原時基が、1329 年（嘉暦 4）7 月に播磨国宍粟郡三方西（兵庫県姫路市）の広峯神社に奉納したもので、作者は備前長船の刀工景光、景政であったことがわかる。広峯神社は、中世には播磨・備前・備中・備後などで武神として信仰を集めており、播磨国に移住した大河原氏も自らの武運長久を祈願したものと考えられる。

なお、この太刀は、いつのころからか広峯神社を出て徳川将軍家の所蔵するところとなり、その後 1663 年（寛文 3）4 月、江戸幕府第 4 代将軍家綱の日光社参の折、奥平忠昌がこれを拝領し、以後同家に伝来していたという由緒を持っている。現在は埼玉県が所蔵している。

（4）刀剣を奉納した丹党・大河原氏

3 口の太刀・短刀を奉納した大河原時基は、丹治姓を名乗っているように武蔵七党の一つ丹党の一族である。大河原氏は秩父中村氏に属し、同じく秩父郡大河原郷（東秩父村）を本貫とした。中村氏は、秩父神社の神官や宮本地頭（社領の惣地頭）も務める有力な一族であったが、鎌倉時代に嫡流家が三方西に西遷したと考えられる。本貫地の秩父では引き続き庶流が宮本地頭などを務め、嫡流の指示で秩父神社の修造も執り行っている。

大河原氏は鎌倉時代中ごろに新たな所領として播磨国三方西の地を得ており、中村氏の嫡流に従って西遷したと考えられる。同地に地頭として赴任して、新天地での繁栄を祈って、この太刀を造らせ奉納したのであろう。銘文に「武蔵国秩父郡住」と刻ませたことから、本貫地に強い思いを寄せていたことが感じられる。

その後、大河原氏は、赤松氏、尼子氏の被官として、播磨、備前、美作などで活動しているが、本貫地との関係は確認できなくなる。兵庫県宍粟市の波賀八幡(はがはちまん)神社には、大河原氏が1540年（天文9）に奉納した太刀が伝来している。これは、備前長船の刀工勝光が作刀したもので、銘文には、大河原之清が末代のためにこれを奉るとある。鎌倉時代末の先祖にならったとも考えられるが、「武蔵国秩父郡」の文字はみられず、本貫地との関係が薄くなった（あるいはなくなった）ことが窺える（林1998、『みて学ぶ埼玉の歴史』編集委員会編2002、水口編2003）。

ここで紹介した3口の太刀・短刀は、鎌倉時代の備前長船刀を代表する名品であるが、そればかりでなく、全国各地に移住して活動した武蔵武士の生活や心性を垣間見ることのできる貴重な歴史資料といえるものである。

4　視点をひろげる―美術品としての刀剣―

（1）明治以降の刀剣

1867年（慶応3）の江戸幕府の滅亡により、幕藩体制は崩壊して、武士による支配は終焉を迎えた。これと時を同じくして、武士の権威の象徴であった刀もその役割を終えることになった。

1876年（明治9）に廃刀令が公布されると、大礼服の着用や、軍人、警察官の制服着用時以外に帯刀は禁止された。帯刀は洋式のサーベルであるため、日本刀などの刀剣の需要は激減して、刀鍛冶は職を失うこととなった。そこで、小刀・鋏を作る刃物鍛冶、鎌や鍬など農具を作る野鍛冶に転向する者も多かったが、中には、悲観して自刃した者もいた。

明治も中期以降になると、政府が文明開化の風潮のもとで不振と窮迫にあえいでいた伝統的な日本美術や工芸を保護・奨励する動きがみえるようになり、1890年には、帝室技芸員制度が発足した。25名の美術・工芸家が帝室技芸員に任命され、勅任官待遇を受けて年金が支給され、下命による制作などが義務づけられた。刀工として、宮本包則（みやもとかねのり）と月山貞一（がっさんさだかず）が任命された。宮本包則は、廃刀令発布廃刀令公布後、農具や包丁などの鍛造をして生計を立てていたが、1886年の伊勢神宮の式年遷宮の際に造神宮使から鍛造の命を受け、太刀66振、鉾42枚、鏃3,800枚を鍛えあげ、明治天皇から高い評価を得ていた。帝室技芸員となってからは、大正天皇の御大典に際して大元帥刀をはじめ、皇族の護刀、平安神宮や明治神宮の神宝を制作した。月山貞一は、廃刀令による刀剣の需要激減で苦難の時代を過ごしたが、作刀をしながら精進を続け、帝室技芸員となってからは、明治天皇の軍刀をはじめ、著名人の刀を制作した。

1900年には、岩崎弥之助、犬養毅、片岡健吉、谷干城、西郷従道、寺内正毅らが発起人となって中央刀剣会が発足した。『刀剣雑誌』を発行して、刀剣の歴史を体系化する取り組みがなされたが、この時代にあっても、刀剣に関する教養や趣味があることが、社会的に認められていたのである（小笠原2007、渡辺・住2014）。

（2）戦後の刀剣

1945年（昭和20）、ポツダム宣言を受諾し、連合国軍に無条件降伏した日本では、刀剣は、武器として没収されることとなった。没収されることを嫌って、地中に隠匿して錆びさせたり、小刀や鉈などに作り替えられたりしたものがあった。

しかし、1945年10月に「善意の日本人が所有する骨董的価値のある刀剣は審査の上で日本人に保管を許す」ということになり、刀剣審査委員会ができて売買譲渡が可能になった。さらに、1947年には民間の団体である財団法人日本美術刀剣保存協会（会長細川護立）が設立された。伝統技術をもって古来より制作される刀剣、刀装・刀装具の保存及び公開に関する事業、無形文化財である日本刀の鍛刀技術、研磨技術、刀装制作技術等の保存向上に関する事業、並びに日本刀の制作に必要な材料玉鋼（たまはがね）の確保を図るための事業を行い、日本の文化財の保護と文化の普及振興に寄与することを目的として活動している。1968年には、日本美術刀剣保存協会の付属施設として刀剣博物館が開館した。刀剣博物館では、日本刀を保存・公開するなどして、教育普及活動を行っている。

現在刀剣は、銃砲刀剣類所持等取締法（1958年3月10日法律第6号）で取り締りの対象となっており、日本国内においては、許可を受けた者以外は所持することができない。また、許可を得た者であっても、取り扱いについては規制があり、違反した場合に処罰の対象ともなる。しかし、日本の刀剣は単なる武器ではなく、美術品として大切に保存、鑑賞されてきた歴史がある。日本固有の伝統技術や文化であることが理解され、制作や所有が認められて、現在に至っている。現在は、「刀剣女子」と呼ばれる若い女性を中心とした新たなファンが増え、博物館などに著名な刀剣が展示されると、多くの観覧者が訪れる。刀剣が、一部の愛好者だけでなく、多く人々に注目され、理解されるのは喜ばしことである。長い伝統に根差した美術品として価値や、歴史資料としての意義を理解し、刀剣や刀剣制作の技術を守り、後世に伝えられるようにしていきたい。

◉参考文献

石井　進　1965『日本の歴史7　鎌倉幕府』中央公論社
小笠原信夫　2007『日本刀　日本の技と美と魂』文春新書
小笠原信夫　2019『復刻版　日本刀の鑑賞基礎知識』雄山閣
川合　康　1996『源平合戦の虚像を剥ぐ』講談社
小池伸彦　2022『古代の刀剣　日本刀の源流』吉川弘文館
近藤好和　1997『弓矢と刀剣　中世合戦の実像』吉川弘文館
鈴木眞哉　2000『刀と首取り』平凡社新書
高橋昌明　2018『武士の日本史』岩波新書
得能一男　2003『普及新版　日本刀事典』光芸出版
林　宏一　1998「太刀　銘備前国長船住左兵衛尉景光　作者進士三郎景政」「短刀　銘備州長船住景光（『週刊朝日百科　日本の国宝089』朝日新聞社
深井雅海　2018『刀剣と格付け』吉川弘文館
本間順治　1939『日本刀』岩波新書
水口由紀子編　2023『日本史のなかの埼玉県』山川出版社
『みて学ぶ埼玉の歴史』編集委員会編　2002『みて学ぶ埼玉の歴史』山川出版社
吉永博彰　2019「武士の神社信仰と刀剣について」國學院大學博物館編『特別展　神に捧げた刀　神と刀の二千年』國學院大學博物館
歴史群像編集部編　2006『図解　日本刀事典』学習研究社
渡邉妙子・住　麻紀　2014『日本刀の教科書』東京堂出版

Column

高野山奥の院

納骨信仰と20万基の墓石

下山　忍

高野山奥の院は、真言宗の開祖空海（弘法大師）を祀った聖地であり、壇上伽藍とともに高野山の信仰の中心である。奥の院の御廟では今なお空海が祈り続けているとされており、現在でも「生身供（しょうじんく）」と言って1日に2回食事が届けられている。釈迦入滅後56億7,000万年後に弥勒が出現するまでは空海が衆生を救済し続けるという入定（にゅうじょう）信仰に基づいている。特に亡者の遺骨にその霊験があらたかということから、高野山の納骨信仰が盛行したのである。

現在、一の橋から御廟まで約2kmの参道には、約20万基の墓石が杉木立の中に林立する。『沙石集（しゃせきしゅう）』は13世紀には納骨が行われていたことを記しているが、15世紀以降さらに盛行したようである。近世から現代までの様々な墓石が見られる。戦国大名や近世大名の墓石には、標柱が立てられているのですぐにわかる。近世の大名家の約4割がここに建立しているということである。墓石の形態は五輪塔が多い。

その全てを紹介することはできないが、武田信玄や上杉謙信、豊臣家と柴田勝家のように生前敵味方だった者同士が同じ墓所に眠っているのは感慨深い。さらに織田信長もそれを討った明智光秀の墓もある。やや性格が異なるが、島津義弘・忠恒父子によって建立された「高麗陣敵味方戦死者供養塔」という慶長の役（朝鮮出兵）における日明両軍の供養塔もあった。弘法大師の前で、現世の論理から解き放された場という印象を強くした。

近世の墓石は総じて大きく、中でも一番石・二番石・三番石・四番石などと呼ばれる墓石もある。これらはそれぞれ崇源院（すうげんいん）（徳川秀忠室）・安芸浅野家・加賀前田家・薩摩島津家の墓石であり、将軍家や有力大名家の威信や財力を背景としたことが窺える。一番石とされる崇源院の墓は高さ6.6m、一番下の基壇は畳8帖の大きさである。なお、崇源院には二人の息子がいたが、この墓石を建立したのは三代将軍となった家光ではなく、家光にうとまれ自刃させられた弟の忠長であった。崇源院が家光よりも忠長を愛し、また忠長も母を慕ったという伝承を併せ考えると大変興味深い。

「一番石」崇源院の墓

第 2 章　近世

記念物　史跡

近世城郭はどのような役割を担ったのか

石野友康

金沢城から近世城郭の役割や魅力をさぐる！

1　近世城郭とは

御城ブームだという。全国には様々な城郭があり、天守がランドマークとしてそびえ立ち、多くの人々の心をつかんで離さない。「御城印」も人気があるようである。はたして人々を虜にする城の魅力とはどこにあるのであろうか。最近では城の魅力を語る書籍が刊行され、テレビなどの情報番組も多くみられるようになった。そこで、文化財としての城に注目したい。中世の城郭も人気はあり、踏査する人も少なくないが、ここでは私たちが全国各地で目にすることが多い近世の城郭に焦点をあてて、近世城郭をどのようにみるべきか、その魅力を交えながらさぐっていこうと考える。

さて、各地のお城を訪れると、まず目につくのは天守（てんしゅ）や御殿（ごてん）、櫓（やぐら）、門などの建造物である。そして、案内板を確認し「入城」すると、今いる場所が三ノ丸であったり、二ノ丸であったりする。どこの城も、○○丸といったいくつかの曲輪（くるわ）から成り立っていることもわかる。曲輪の名称も本丸、二ノ丸、三ノ丸などというのはオーソドックスで、なかには人物名を冠した曲輪、西の丸などと方角を冠した曲輪など様々である。城を上空より俯瞰すると、城の周囲には内堀があり、城を守る役割をしていることが一目瞭然である。また、惣構（そうがまえ）（城・砦（とりで）やある地域の周囲に築いたかこいで城下町全体を城壁で囲む構造をもつ）も城の防衛の役割を果たしている。建造物のなかには江戸時代以来のものもあり、風格があり、その威容が魅力の一つとなっている。また、石垣は、城の美しさを一層際立たせている存在であろう。

城は、本来、軍事的な役割を有し、守戦する施設であるにもかかわらず、むしろどこか魅力的である。それはどのようなことに由来するのであろうか。これにはどうも近世城郭というもののあり方そのものに理由がありそうである。そこで、近世城郭とはどのようなもので、また、どのような役割を有していたのか考えてみたいと思う。

2　金沢城の歴史的背景

（1）城郭の起源と近世城郭の成立

城郭の起源は古く、弥生時代の環濠集落や高地性集落にその始まりをみるという。大王の住まいや後の都城、豪族たちの住まい、古代国家における蝦夷対策の拠点である柵も城郭の歴史のなかに位置づけることができる。

ついで武家が台頭するにともない、中世における地方の有力者たちの方形館も城郭を考えるうえで重要であると指摘されている。

戦国期には、山に城を築き、合戦に備えた。平時は山下に住まいを構えた人々は、いくさになると城で軍事に備えたが、織豊期には、天守を築くなど権威を誇示するものになっていた。

江戸時代は軍事的な対応を想定しながらも、一方では平和な世の中を背景に、むしろ大名が領内を支配する中枢の施設＝政治・経済の司令塔たる藩庁としての性格を色濃く反映することになった。豪華な障壁画を有する御殿は、大名権威の象徴であった。

（2）加賀百万石の象徴・金沢城

全国には近世の城郭が数多く残されているが、そのなかで、全国屈指の大名の居城であった北陸の金沢城を例にみていくことにしよう（図1）。金沢城といえば、石川門が有名であり（図2）、金沢を象徴する建物としても知られているが、この石川門を含め、三十間長屋、金沢城土蔵という藩政期の建造物は国の重要文化財となっており、金沢城跡は、これらとともに2008年（平成20）に国の史跡に指定された。

石川県金沢市は、かつて加賀藩前田家の城下町であり、江戸時代の風情をいまなお残していると形容されることが多い。金沢城は、金沢の中央部、小立野台地の先端に位置し、犀川・浅野川という２つの川に挟まれている。ここにはかつて金沢大学の城内キャンパスがあって、城のなかの大学として憧れの学び舎であった。1995年（平成7）に金沢大学は郊外に移転し、かわって石川県が跡地を取得して現在に到っている。

図1　卯辰山からみた金沢城

金沢の地名は、芋掘り藤五郎伝説に拠るように、砂金を洗った沢にその名前の由来するというが、最近の調査成果で、高野山正智院所蔵の史料に「加州金沢惣持寺」の文字がみえることから、1481年（文明13）まで遡ることになった。

図2　金沢城石川門

その後、1546年（天文15）、金沢御堂が設置された。この金沢御堂とは、大坂本願寺の支坊であり、一向一揆の拠点として建立された。大坂からは坊官が派遣されている。そして、御堂を中心に寺内町が形成された。1580年（天正8）に金沢御堂が落去し、織田信長の武将である佐久間盛政が城主となった。彼は土をかきあげて城づくりを行ったとされるが、十分な整備ができないままに、柴田勝家と羽柴秀吉（豊臣秀吉）の抗争に巻き込まれ、1583年（天正11）に非業の最期を遂げた。

近世城郭としての金沢城が成立するのは、盛政にかわって前田利家がこの地の領主となり、金沢城を居城にしてからのことであった。利家以降14代慶寧（よしやす）に至るまで、金沢城は一貫して前田家の居城として、加賀・能登・越中（現在の石川県、富山県）にまたがり、現在の滋賀県に飛び地を有する広大な領国支配の中心地となり、前田家によって近世城郭として整備が進められた。

利家は、この地に入るや、早速城の整備に着手した。1586年（天正14）頃に天守を造営し、1592年（文禄元）頃には高石垣を構築した。1599年（慶長4）

に利家が大坂で没すると、徳川家との対立が表面化し、こうした政治的な緊張状態を背景に、町地と思われる場所を城地に取り込み、新丸とするとともに、惣構を構築し、防備を固めた。この惣構築造に尽力したのが城作りの名手で、当時前田家の客将であった高山右近であるとされ、人口に膾炙されている。しかし、右近が惣構築造に携わったという確たる証拠はなく、伝説の域を出るものではない。

利家のころの御殿は、城内でも標高が高い本丸に築かれており、本丸にあった御殿（本丸御殿）は、金沢御堂時代の建物を用いていたという。1602年（慶長7）、落雷により天守が焼失し、その後も1620年（元和6）、1631年（寛永8）に城下からの火災で被災し、一段低い二ノ丸を造成して御殿を築き（二ノ丸御殿）、以降、この二ノ丸御殿が藩政＝政治の中心となった。なお、1602年（慶長7）に天守焼失してからは、天守は再建されず、三階櫓が築造された（三階櫓は後述の1759年〈宝暦9〉の火災以降再建されていない）。

江戸前期の城をめぐっては、史料のなかに興味深い記述がある。1639年（寛永16）藩主となった前田光高は、1643年（寛永20）参勤のため江戸に向かう際、本丸を軍事の拠点、二ノ丸御殿を藩政を取り仕切る場として、本丸には城代を置き、執政（年寄）たちが本丸に関知しないことを求め、本丸が軍事の拠点であるとの認識を示した。このことから、いくさを想定しながらも、二ノ丸御殿を藩政の中心とした体制が進められた。

光高が1645年（正保2）に31歳という若さでなくなると、3歳の犬千代（のちの5代綱紀）が相続したが、江戸生まれ、江戸育ちの綱紀が1661年（寛文元）に19歳で初入国を果たすまでは、重臣が詰めるに過ぎない城となっており、十分に修繕されていなかったようである。御殿は、この綱紀の初入国にあわせて整備されているが、この綱紀の時代に藩では本格的に二ノ丸御殿の整備にとりかかった。1680年代〜90年代にかけて御殿の拡張工事を段階的に行い、綱紀自身徳川御三家に次ぐ格式を有すると自認した前田家の居城に相応しい城作りが行われた。とくに1696〜翌1697年（元禄9〜10）にかけての普請は大規模なものであったらしく、綱紀は江戸から戻ると御殿には入らず、しばらく現在の兼六園の地にあった、「蓮池の上の御殿」で政務をとった。このころの二ノ丸の御殿がどのような建物であったのか、平面図以外具体的なことはわからないが、江戸から幕府の表絵師神田松永町狩野祐益（かのうゆうえき）が下向して地元絵師である梅田喜平次らとともに障壁画制作を行っているから、豪華な御殿であることが想像される。

1759年（宝暦9）、寺町台に位置した玉龍寺の塔頭舜昌寺から発した火災は、瞬く間に犀川を越えて二筋となって城や城下町を襲った。この火災で城ではその大半が焼失し、本丸櫓群はじめ、二ノ丸御殿や三ノ丸などが灰燼に帰した。早速御殿の普請から復興作業に取りかかったが、おりからの藩財政悪化もあってか、二ノ丸御殿の再建事業は思うようには進まなかったようで、時間をかけて進められた。結局のところ表御殿のうち一部は再建されずに、1808年（文化5）に再び焼失した。そして再び再建事業が進められた。

文化年間（1804〜1817）に再建された御殿は、基本的に明治維新期を生き抜き、明治維新後この地を占めた陸軍の兵舎として用いられていたが、1881年（明治14）軍隊の失火で焼失した。かつての城も明治維新後、改変が進んだ。戦後、国立金沢大学の城内キャンパスとなり、金沢大学の移転後、石川県が取得したことはすでに述べたところであり、現在は石川県の手によって、整備事業が進められている。

3　金沢城をよみとく

日本史の教科書、もしくは参考書などでは、城を扱った頁がある。織豊期である。桃山文化のなかで、城郭建築が取り上げられているケースが多い。城の豪華な障壁画が狩野永徳らによって描かれたという概説的な記述である。しかし、その後の近世城郭がどのような役割を演じ、変遷を遂げていったか、についてはとくに触れてはいない。その点について深掘りし、近世の城郭をみるヒントを示し、近世社会の一コマをみていくことにしよう。

本来、軍事的な拠点としての城は、周囲からの攻撃から守るという防衛機能に加重をおいた存在であったことはすでに述べた。徳川の世になり、平和な世のなかが続くようになると、当然その役割にも変化が訪れる。決して軍事的な役割がなくなったわけではないが、軍事を想定しながらも藩政の中枢、もしくは司令塔としての性格が表面化するようになってきた。

金沢城でももともとは標高の高い場所に御殿があり、守りを固めようとしたもので軍事を想定したものであった。1620年（元和6）の火災をきっかけに本丸の拡張を行い、このことは軍事的な性格から変化する基調とみられるという。1631年（寛永8）の火災をきっかけとして、水廻りが悪く手狭な本丸から御殿を二ノ丸に置くことにし、造成作業を進め二ノ丸御殿としたのは、大名居城への性格の変化を印象づけることになった。以降、1869年（明治2）の版籍奉還まで金沢城の中枢はこの二ノ丸御殿であった。

（1）二ノ丸御殿と儀礼・居住の空間

こうして金沢城では、藩主の居住空間がおかれた二ノ丸御殿が次第に藩庁としての性格を強めていく傾向にあった。江戸時代の史料をみていくと、二ノ丸御殿は、城のなかでももっとも格が高い建造物として位置づけられた。災害などで藩主らが避難した際は、避難所先が二ノ丸格として位置づけられ、御殿が再建され藩主らが戻ると三ノ丸格などと格を下げている。

二ノ丸御殿は3,200坪以上の広さがあり、金沢城のほぼ中央部に位置していた。

江戸城でも各地の大名家の居城でも、御殿は機能によっていくつかに区分することができる。江戸城では、大きく表と奥、もしくは表・中奥・大奥に分けられているが、一方、金沢城では、表向（おもてむき）・御居間廻り（おいままわり）・奥向（おくむき）に機能分類している。このうち表向とは、諸儀礼が行われたほか、藩士の詰め所が存するエリアであり、来客接待の場でもあった。また、御居間廻りとは、藩主の居住空間であり、執務を行う部屋がおかれた。奥向とは藩主側室や子女、城に仕える女性たちの生活の場であった。表向から少し立ち入ってみておこう。

儀礼の場・表向　江戸時代は、幕府が儀礼を重視したこともあり、前田家でも年頭の儀礼や藩士の役職任命などにともなう儀礼が重視された。儀礼重視の姿勢は、加賀藩士の家でもみられ、重臣家の史料をみると、城下にあった屋敷において同様の儀礼が行われている。

城内で行われた儀礼のうちとくに重要だったのは、藩主在国時における元日の儀礼であった。その中核は、藩主（主君）と藩士（家臣）の対面の儀礼であるが、身分によって藩主に新春の挨拶を行う部屋が異なっていた。加賀藩の執政役は年寄と称し、8つの家の世襲であった。家臣団の最高位に属し、元禄期以降、この階層から4人を定員として叙爵し、従五位下に任官、安房守や土佐守など国主号を名乗るなど大名並みの重臣として存在感を示した。時代によって相違はあるが、彼らは奥書院で藩主に拝礼することになっていた。奥書院では、藩主は上段に座し、直垂（ひたたれ）に左折の風折烏帽子（かざおりえぼし）という服装で儀礼に臨み、一方の重臣たちは、五位の正装である大紋を着して臨んだ。

ついで、叙爵されていない年寄や次位の家老・若年寄の職にあるものは小書院、人持組の士以下は大広間（竹の間）で拝礼をすることになっていた。城内で行われる儀礼は、藩主と藩士の関係が目に見える形で確認する場でもあった。また、藩士たちは、初お目見や奉行などの職を得る際などに、藩主から申し渡されたり、御礼に赴いたりするなど、人生の節目で藩主との関係を確認している。年寄などの史料によれば、死に際して末期の御礼と称して藩主に対する御礼を示すこともしきたりにもなっていたようで、いわば誕生から死に際するまで、藩主との関係を意識した。

こうした、城内儀礼、藩士の人生儀礼のほか、時には藩主から呼び出されての御意を得ることもあった。緊張を強いられるものであったようで、事細かな作法に戸惑いを覚えるというケースもあった。現在残されている藩士の日記からも行間からそのことがうかがえる。複雑な儀礼や作法で、時に失敗するケースもあったが、その後に備え、子孫のためにも備忘録として日記や一冊の史料として残されるケースも多い。藩士の家に儀礼の際の動きについて記した絵図が数多く残されているのも、同様の意図であろう。

藩主の生活空間・御居間廻り　次に御居間廻りである。御居間廻りは藩主の生活空間かつ執務の場であった。

藩主在国中、藩主の執務は、御居間廻りを中心に進められていた。11代前田治脩（まえだはるなが）の日記（「太梁公（たいりょうこう）日記」）をみると、基本的に毎日九つ時頃（正午頃）に御居間書院において月番の年寄（御用番）や主付の家老・若年寄が藩主と人事や藩の施策などについて相談しており、最終的には藩主の裁可で決していた。人事などは慎重を期し、藩主は年寄たちの案を差し戻し今一度考慮するよう求めるという場面もみうけられた。また、必要に応じて財政を担当する年寄や各奉行を召し出し、懸案事項を直接報告するよう命じてもいる。

このように御殿の表向は、儀礼の場、あるいは藩政の方針が決められていく政務の場としての役割を果たしていた。なお、ついでながら、藩主が江戸にいるとき（在府時）の政務はどうか。金沢城の新丸に「越後屋敷」という役所があり、重臣たちはそこに詰めて政務を行っている。必要に応じて江戸の藩主に伺いをたてている様子も見えるが、藩主在府中の具体的な政務のあり方については、今後検討すべき課題と言えよう。

また、御居間廻りは藩主の生活の場でもあった。藩主のプライベートについては、記録に残りにくく不明な点も多いが、幕末期13代斉泰(なりやす)の近習を務めた小川清太が近代に入って残した覚書によれば、五つ時（午前8時頃）起床した斉泰は、起床後顔を洗い、御居間で口をすすぎ、風呂にはいったという。そのあと朝食を摂り、整髪し、奥向で生母栄操院や父斉広(なりなが)の正室真龍院（公家鷹司政熙(たかつかさまさひろ)娘）に挨拶し、歴代の位牌に参る、四つ時（午前10時頃）から八つ時（午後2〜3時頃）まで御用の間で政務を行い、七つ時（午後4時頃）には御居間に入り四つ時（午後10時頃）に就寝するという日課であった。そうしたなかで近郊に鷹野に出かけたり、調練を見学したりしている。藩主によって生活パターンは異なるが、御居間廻りは藩主の生活の場でもあり、執務の場であることは時代を超えて共通していた。

女性たちの生活空間・奥向　最後に奥向である。奥向は、藩主側室や子女たちが生活する場であり、城に仕える女性たちも生活していた。

奥向での藩主側室や子女の様子については、記録がきわめて少ないが、断片的な史料からは、江戸城の大奥のように、御殿女中も生活していた。藩主一族の居住空間は、一段高くなっている「広式」と称する箇所であり、御殿女中たちは、一段低い「部屋方」に住んでいた。御居間廻りと奥向きは「御鈴廊下」でつながっており、藩主もこの御鈴廊下から広式を訪れた。

治脩のケースをみると、広式には兄で先代重教(しげみち)の娘で養女の穎姫(えいひめ)が居たが、病弱であった穎姫を心配し、彼女のもとを毎日のように訪れ、食事や遊びをともに行っている。

参勤交代の制度が確立され、藩主の正室や嫡子は在府が原則であり、そのため広式は、基本的に藩主の側室や女子、幼少の藩主子息の生活の場であった。藩主の正室が金沢城で生活することは基本的にはなかった。ただ例外があり、幕末期、藩主正室が金沢城で一時期暮らしている。1862年（文久2）の島津久光による幕政改革で参勤交代が緩和され国許(くにもと)での生活ができるようになったときである。13代斉泰の正室溶姫(ようひめ)といえば、子福者として知られた11代将軍徳川家斉の娘で、東京大学本郷キャンパスにある赤門ゆかりの人物として知られる（図3）。溶姫は、本郷上屋敷の一角に屋敷（のち御守殿と呼称）を構えていたが、1863年（文久3）、江戸の政情不安を背景に江戸を離れ、金沢城を生活の場とすることになった。元将軍の娘ということで50人以上の幕臣、女性たちが付き従い、金沢城にいたった。江戸藩邸とは異なり手狭な金沢城では、溶姫の住まい

図3　現在の赤門（東京都文京区）

を確保するため藩主斉泰の部屋や表の空間を提供し、金沢の御守殿を形作ったというエピソードがある。溶姫は翌年、参勤交代の制度をもとにもどすという命によって江戸に戻った。

繰り返しにはなるが、近世における城の御殿は、藩士（臣下）にとっては藩主（主君）との関係をたえず意識した空間であり、諸儀礼を通して視覚的に確認する場であり、職場として一部藩士たちの詰め所がおかれていた。また、御居間廻りは藩主による政務の場でもあり、重臣等とともに藩政を推進するという空間であった。あわせて、藩主の生活の場でもあった。奥向は、側室や子女といった藩主一族の生活の場であり、御居間廻りとともに日常生活を送る場でもあった。この構造は基本的に江戸城や他大名家の居城でも同様であった。近世の御殿は、儀礼・政務（職務）・日常生活がキーワードになるスペースであった。

御殿を中心として政治が行われる中心地としての役割を演じる一方、金沢城においては、新丸に藩関連の施設もあった。越後屋敷、作事所、割場などである。このうち、越後屋敷は既述のように、藩主在府中に年寄たちが政務を行う場所であり、作事所は、藩の作事方として御大工などを統轄する役所であった。割場は足軽小者を統轄する。

（2）石垣と「権威の象徴」

さて、城の魅力の１つに石垣があると言うとなかには違和感を持つ人もい

るだろう。

石垣には敵から城を守るという役割をもっていたから、そうした軍事に関わる施設に魅力があるとするのは確かに不思議ではある。

平和な世の中が続くなかで、石垣の役割にも変化が訪れ、防衛のみに特化したものではなくなっていった。

金沢城を訪れると、多様な石垣がみられることがわかるであろう。「石垣の博物館」と形容されているように、初代前田利家のころの石垣から明治期陸軍によって築かれた石垣が見ることが出来る。石材の積み方に注目すれば、多くの積み方があることもわかる。築かれた時代によって積み方が異なるのである。最も古いものは、自然石積みで、基本的に石材を加工せずに積んだものである。次第に算木（さんぎ）積みが発展するようになり、石材を割った割石積みの表面にノミ加工を施し調整した粗加工石垣（あらかこういしがき）が築石（つきいし）の主役となった。やがて、石材を加工する切石積みがみられるようになる。江戸初期の寛永期（1624～1543）頃を境にメンテナンスが行われるようになった。修築に際し、かつてに似せた形でのちのち積まれることもあるから、実際築かれた石垣の年代を特定することは、きわめて難しい。

徳川の平和（パックストクガワーナ）が訪れ、戦乱がなかった時代が続いたことで、変わった石垣がみられるようになった。その代表となるのが、色紙短冊積石垣である（図4）。城の西側、玉泉院丸は、2代利長の正室永姫（玉泉院）の屋敷があった曲輪と伝えられているが、彼女の死後、3代利常の陣頭指揮のもとで庭園がつくられた。その北側にあるこの石垣は、17世紀後半ごろ、5代綱紀の頃に築かれたものであるとされているが、縦に石材を積んだ石垣である。あえて本来弱いとされる石材を縦に積

図4　金沢城色紙短冊積み石垣

むことでアート性を創出し、庭の借景とした。

また、本丸附壇にみられる重厚な三十間長屋の土台となっているのは、青と赤の戸室石（金沢市の東10kmの戸室山付近で産出する角閃石安山岩）で、石材の中央部分を意図的に残す「金場取り残し」の技法がとられ、金沢城の石垣の魅力を引き出している。

これら美術的なセンスも堪能できる城内石垣の築造技術を伝えているのが、築造を指揮した藩の穴生たちであった。加賀藩には数名穴生がおり、石垣築造の指揮をとった。三十間長屋の土台石をプロデュースしたのは、新進気鋭の正木甚左衛門とされている。

穴生のなかには、石垣の築造を理論化する人物も表れた。後藤彦三郎である。石垣の端をみると、直線で伸び上がっているのではなく、ノリ・ソリとよばれるように、曲線を描いていることがわかる。これがどのような原理で勾配（カーブ）が描かれているのか。金沢市立玉川図書館には、後藤家旧蔵の史料が残されており、後藤文庫には石垣築造の技術（秘伝）書が残されている。とくに後藤家6代彦三郎の技術書を多数みることができ、石垣勾配がどのように算出されているかなどを示している。ここからは当時の技術の高さがうかがえるとともに、現存する石垣との対比ができる全国的にも希有な史料群となっている。

（3）建造物と江戸時代の威容

石垣のほかにも魅力的なものがある。城郭には、天守や御殿、櫓、長屋、門などの建造物があった。金沢城にも石川門、金沢城土蔵、三十間長屋、金沢城土蔵（鶴丸倉庫）といった藩政期の建物で重要文化財のもの、最近再建された五十間長屋や菱櫓、橋爪門、河北門、移築されたもの、そのほかにも現在確認できない多くの建物が存在していた。

これらのうち石川門は城の搦め手で、1759年（宝暦9）の火災で焼失し、1788年（天明8）に再建されたもので、戦前には国宝に指定された。高麗門である一の門・櫓門である二の門、これらをつなぐ渡り櫓から形づけられ、金沢城を象徴する建物となっている。建物内部に足を踏み入れると、太い梁など重厚なつくりに圧倒され、江戸時代の威容に感動すら覚える。石川門は昭和20年代から30年代にかけて解体修理されているが、江戸時代の力強さというものが伝わってくる。

石川門の南、東ノ丸附壇には、金沢城土蔵（鶴丸倉庫）がある。残されている絵図によれば、東ノ丸附壇には、古い時代からみていくと、いくつか形状は異なる土蔵があったが、現在の建物は1848年（嘉永元）に建設されたことが、金沢市立玉川図書館に架蔵される御大工の由緒帳に記される。確かに1850年（嘉永3）の絵図をみると、現存する建物である。土蔵としては、全国屈指の大きさを持ち、石張りの技術が用いられている。

ここから、金沢城土蔵横から最も標高が高く、鬱蒼とした木々がある本丸に足を踏み入れよう。辰巳櫓付近から城下を見下ろし、金沢市内の景色を堪能したあと、園路に従い西の方へ歩いていくと、突然開けた本丸附壇がある。そこには三十間長屋が存在感を示している。この長屋は、江戸初期にはすでにあったと考えられているが、1759年（宝暦9）の火災で焼失、その後長らく再建されることがなく、土台の石垣のみが残されていたが、幕末期の1858年（安政5）に建てられたものであった。内部は、石川門同様に重厚な印象を受ける。

このほか、明治期になって移築された建物や近年再建された建物もある。まず移築建物の代表が、金沢西町に鎮座する尾﨑神社であろう。尾﨑神社は、もともとは1643年（寛永20）に4代光高によって創建された御宮（金沢東照宮）であった。光高の母は徳川秀忠の娘珠姫（たまひめ）（子々姫（ねねひめ））であり、光高は徳川家康のひ孫にあたった。このことから城内に家康の御霊を祀ったのである。明治になって、現在地に移ったが、近年の調査で尾﨑神社の花熨斗形釘隠（はなのしがたくぎかくし）は、二条城のそれに匹敵するものと評価されており、ここでも江戸時代の威容が今に息づいている。

また、二ノ丸御殿の玄関の脇にあった唐門は、現在前田利家とその正室芳春院を祀る尾山神社の東側に存している。

4　視点をひろげる―城の文化性・芸術性―

以上、藩政の中心たる御殿から藩庁としての政治的な要素を読み取るのであるが、防衛という軍事的な要素を残しながらも、一方で文化的・芸術的な要素をもうかがわせていた。平和な世の中が続いたことがむしろそうした面をも膨らませていった。芸術的な側面は最近確認できた御殿の内装史料からもうかがえる。

（1）御殿内装史料にみる再建事業に注がれた江戸の技術

江戸後期、1808年（文化5）正月のこと、金沢城二ノ丸御殿が焼失した。在府していた藩主前田斉広の帰国を待って造営方役所を設置し、この年の6月より造営事業に着手した。2年間の工事を経て1810年（文化7）7月に造営方役所を閉じてこの事業は終了した。このときの御殿造営については、造営奉行を務めた藩士高畠厚定による「御造営方日並記」（全15冊、金沢市立玉川図書館蔵）があり、進捗や資材調達、職人･絵師たちの動きなどの詳細がわかった。ただ残念なのは、この史料が1809年（文化6）正月以降の内容ということで、すべての期間の内容を網羅しているわけでないという点である。記述のない箇所は､信用のできる他の史料で補っていかなくてはならなかったが、最近になって新たな史料が相次いで確認された。その一つが「御造営方一件留帳」（全5冊、金沢市立玉川図書館蔵、高畠厚定著）である。御殿焼失から造営体制が整えられるまでの経緯を記したこの史料では、馬廻の藩士が材木などの献上を行っている様子がうかがえる。また、能登の十村役真舘家の史料などによると、火災時に金沢の算用場に詰めていた十村（他藩では大庄屋に相当する）は直ちに藩への献上銀の割り振りの作業を行っていたことがみえる。残る1809年6月から12月にかけての詳細な史料が確認できれば、この時の再建事業がすべて見通せることになる。

ちなみに、御殿の造営には多額の経費がかさんだ。銀にして6,900貫目の経費がかかったとされるが、そのうち約84％が領民たちの上納によるものであったという。金沢郊外粟崎の豪商木屋藤右衛門は銀300貫目を何回かにわけて上納している（内灘町蔵「木谷藤右衛門家文書」）。実際、造営事業がはじまると、加賀・能登・越中等にまたがる領内各地から大工なども集められ、陪臣のなかからも腕の確かな職人に作業をさせている。領内だけではなく、江戸や大坂・京都、その他全国から材木や銅など物資や人があつめられ、御殿の造営にあたった。いわば、当時の技術が金沢城再建の事業に注がれたわけである。

（2）仕様書に残された二ノ丸御殿のデザイン性

こうして、調査を進めるなかで新たな文献史料が確認され、江戸後期の御殿造営の実態が少しずつ明らかになっていったが、文献史料で障壁画の記載があっても、実際どのようなものなのか、メージしにくいというデメリットがあった。最近金沢市立玉川図書館で、二ノ丸御殿の内装に関する史料が確認された。「二之御丸御殿御造営内装等覚及び見本・絵形」（全4冊、金沢市立玉川図書館蔵、以下「内装等覚」と省略する）（図5）という史料である。

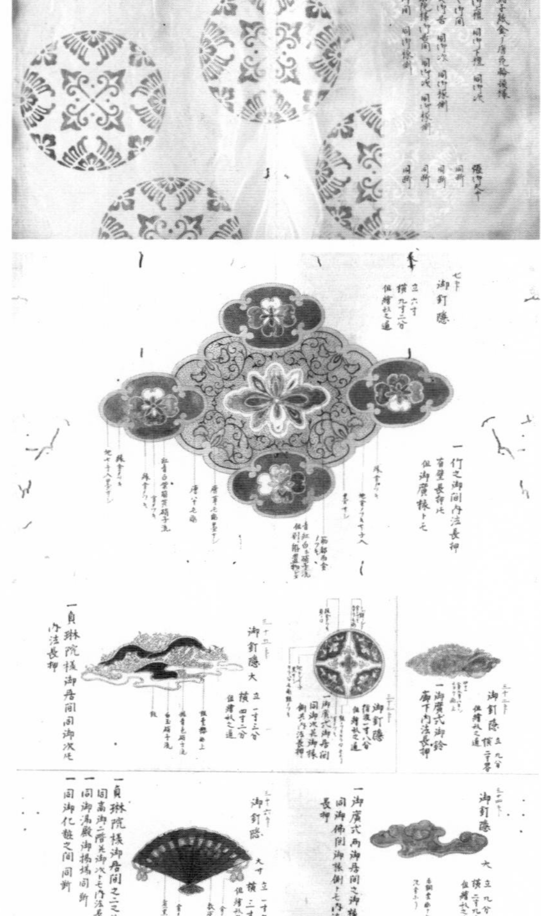

図5　「二之御丸御殿御造営内装等覚及び見本・絵形」（金沢市立玉川図書館蔵）

この史料は、文化年間の再建事業時における、いわば二ノ丸御殿の内部を示す史料であり、二ノ丸御殿が完成して半年後の1811年（文化8）正月に作成されたものであった。

4冊のうち、最初の第1冊は、文字により、御殿内部にあった各部屋や廊下などの天井やしつらい、使用材木の種類や産地、障壁画の画題や絵師などを記しており、いわば仕様書である。続く第2冊から第4冊は注目に値する。

第２冊は、襖や天井に描かれた柄のデザインや小襖の現物見本が貼り付けられている。

原物がみられるのは貴重である。襖などは、破損ができると処分されるから、今に残りにくいものであり、いつのものか判定しづらいというのがほとんであり、かなり後年になってのものというケースも多いであろう。しかしながら本史料では、その当時の見本ということで、年代もはっきりした江戸後期の原物である点史料的な価値は大きいといわなくてはならない。

第３冊・第４冊は、御殿に用いられた釘隠など飾金具のデザインがカラーで示されている。

第１冊で飾金具の記述に朱書され、番号が付されているから、その番号を第３冊、もしくは第４冊で確認することができる。飾金具を記した巻ではデザインとともに金具の製作技法も記されており、「金メッキ」「墨指」「魚々子」といった文字も見える。これらは原寸大（一部縮小）で記されており、全国的にも珍しいものとされている。御殿のイメージがわかるとともに、これだけみても御殿の豪華さがうかかえる。

「内装等覚」にみえる金具などのデザインは、前田育徳会所蔵「百工比照」にみえるものに酷似するものも含まれている。また、発掘した遺物のなかからも檜扇の形をした飾金具が出土しており、「内装等覚」によく似たデザインがみられる。発掘されたものは、文化造営期のものではなく、出土状況からそれ以前のものとみられている。いわば江戸前期の伝統が少なくとも江戸後期にまで受け継がれたことを示している。飾金具や襖がどの場所で、どのようなデザインをもったものがみられるかがわかる美術史あるいは工芸史的にも一級の史料である。

この史料を著したのは、藩の御大工頭井上庄右衛門であった。井上はこの文化期の再建事業で、欄間の下絵を描くなど実際に御大工として造営事業で活躍した人物であった。造営事業後御大工頭に昇進している。「御造営方日並記」によれば、絵師には、江戸、京都、地元の絵師たちが関わった。江戸の絵師としては神田松永町狩野派の狩野祐益・墨川や大和絵の住吉内記が携わっており、京都の絵師としては、京都御所を手がけ虎の絵の名手であった岸駒・岸岱父子や岸駒の弟子である望月左近・斎藤霞亭らが下向して携わり、地元の絵師としては、金沢の梅田九栄、加賀大聖寺の佐々木泉景が腕を競った。江戸・京都・地元の絵師による競演である。

残念ながら障壁画については、画題や作者などが文字で記されるのみであり、具体的なところはわからないが、御殿の内装にも多くの費用を投入し、藩主の権威を指し示したことはうかがえる。

近世城郭は、万が一敵に攻められた際に備えるため、戦時をある程度想定しながらも、藩主の住まいとして、あるいは政庁として性格を色濃く示し、政治的な要素を多分に有した建物であった。

中枢たる二ノ丸御殿は、平和な時代を背景として、大名権威を誇示し、文化的・芸術性に富んだ建物であり、領内外からモノや人、技術や文化が集結し形づけられたものであった。そこには、藩主や藩士だけでなく、職人や庶民の力と技が最大限反映されていた。近世城郭最大の魅力として結実したとみることができよう。

最後になったが、近世城郭としての価値付けをするため、2001年度（平成13）石川県教育委員会文化財課内に金沢城研究調査室が設けられ、継続して総合的な調査が進められている。金沢城研究調査室は、2007年度（平成19）度に石川県金沢城調査研究所に改組され、現在に至っている。すでに述べたように石川県では、土木部を中心に整備事業が進められており、五十間長屋・橋爪門、橋爪門続櫓・河北門、鼠多門など整備事業が進み、現在では二ノ丸御殿の復元事業に着手している。これまで進められてきた整備事業同様、史実性の高い本物志向で江戸後期の姿をモチーフとして、関係の部署が連携してこの大事業に取り組んでいる。

（追記）2024年元日におこった能登半島地震で金沢城にも大きな被害があった。近代築造のものも含め、20数ヶ所で石垣が崩落・変形し、金沢城土蔵にも被害があった。文化財としての石垣をどのように復旧していくべきか今後の課題となっている。

◉参考文献

石野友康　2007「『葛巻昌興日記』にみる金沢城二ノ丸御殿の呼称と用途」『金沢城研究』5、金沢城調査研究所

井上宗和　1973『城』ものと人間の文化史9、法政大学出版局

金沢城研究調査室・金沢城調査研究所　2006・2009『よみがえる金沢城』1・2、北國新聞社出版局

金沢城調査研究所　2023『二之丸御殿御造営内装等覚及び見本・絵形』

木越隆三　2013「金沢の惣構創建年次を再検証する」『日本歴史』780、日本歴史学会

斎藤慎一・向井一雄　2016『日本城郭史』吉川弘文館

有形文化財 歴史資料

地方文書（じかたもんじょ）はどのようにつくられ残されたのか

島村圭一

村に残された文書から、近世の村の仕組みや人々の生活がわかる！

1　地方文書とは

（1）村の古文書

「地方（じかた）」とは近世に「町方（まちかた）」に対する「村方（むらかた）」を指す語であったが、転じて、農村における土地制度、貢租制度など指し、さらに農政一般を意味するようになった。

地方文書とは、近世につくられた農山漁村の古文書の総称で、村の行政上の必要から作成して授受し、控写した公的な文書・記録類をいう。名主（なぬし）・庄屋（しょうや）・肝煎（きもいり）などの村役人の家に伝存され、「在方（ざいかた）文書」、「村方文書」とも呼ばれる。町方文書と並び、近世の庶民の生活を知ることのできる史料である。

近世の村は行政単位の末端にあり、地本文書には近世的な行政の仕組みが成立した豊臣秀吉の太閤検地（たいこうけんち）（1582～1598年）の時期から、1888年（明治21）の市町村制の成立期までの史料が含まれている。領主により作成された公文書や、領主の命で村役人によって作成されたもので、当時の行政が文書による通達で行われていたことによる。原則的として、永久保存とされていたため、大切に保存された。多くは名主や庄屋など村役人を務めた旧家に、旧村ごとの地方文書が多く残されているが、私文書も含まれることも多い。年貢の村請制の単位であった近世の村は、生産や生活の場であったので、これらの文書群から当時の村の生産や生活の様子もうかがうことができる。

近世文書は、中世以前の古文書と比較して、圧倒的に多く、各地に残されている旧村の文書は、数千点から１万点を超える例は珍しくない。

（2）地方文書の種類と機能

地方文書はその機能から、領主・代官からの下達文書、村・村民からの上申文書、村・村相互文書、記録類に分類できるが、文書と記録の区別は必ずしも明確ではない。帳簿形式の文書も多く、中世までとは異なった様式の文書・記録類がある。地方文書の代表的なものとしては、村明細帳・村絵図、村定・議定書・御用留、村入用帳など村のことがわかる史料や、検地帳・名寄帳や土地証文類、年貢割付状、年貢皆済目録や年貢諸帳簿、宗門人別改帳・五人組帳・家数人馬書上帳、御触留・廻状留などが挙げられる。

村明細帳は、領主の交替や特定の調査、巡見使の廻村、関東では日光社奉の折などに作成された。村の石高、段別、家数、人数、寺社、領主の変遷、名所旧跡などが記載され、村の状況を概観できる。御用留は、法令や村々の廻状、公務書状類を、布達されるごとに村役人が書き留めたもので、領主支配の様相を具体的に知ることができる。宗門人別帳は、家ごとにキリシタン宗門改を行い作成した帳簿で、戸籍としての機能を有している。労働力調査でもあり、牛馬数や土地所持高が併記されている場合が多い。五人組帳は、その前書きに農民が日常守るべき治安・貢納の義務と、その相互監視の規定、生活規範に関する教訓などが箇条書きされている。五人組は５戸前後の近隣を組み合わせて、連帯責任の単位としている。検地帳・名寄帳は、土地台帳で、村内の田畑・屋敷地の面積・石高と、所持者である本百姓名とが記録されている。年貢割付状と皆済目録は村を単位とする年貢徴収の通達書と、納付済みを証する領収書で、領主から村宛に発給された。これらは残存率が高く、年貢制度の変遷や賦課額を比較することができる。貢租関係文書として、このほかに国役金（河川・道路などの修築の際に国役として徴収された）・助郷人馬役・鷹場人足役などの帳簿類もある。

これらのほかにも様々な文書が残されているが、用水・秣場などの入会（共同管理地）に関する紛争が起こった地域では、訴訟関係文書や村々議定書がある。また、道橋、河川などの土木普請関係文書なども多く残されている。さらに、家の文書（私文書）も一緒に保管されていることが多く、小作証文や質地証文など土地の売買貸借証文類、農間余業の帳簿や証文、在方商の経営書類、慶弔の際の到来品帳簿や会計記録、日記類など多様なものがあり、当時の人々の生活を知る上での貴重な史料となっている（北原 1981、児玉編 1983）。

2 地方文書の歴史的背景

(1) 江戸幕府の地方（じかた）支配

江戸時代、勘定奉行が司る勘定所が郡代・代官といった役人を部下として幕府直轄領（幕領（ばくりょう））の支配にあたっていた。しかし、江戸幕府の郡代・代官たちは必ずしも、担当地にいたわけではなく、江戸の町に居ながらにして、文書をもって法令・指示の伝達、年貢・諸役の賦課・徴収、生活・風紀の規制など多種多様な指示・命令を行い、支配していた。

これは、豊臣秀吉が実施した兵農分離政策によって、支配者であった武士が城下に集められ、自らの所領に居住しなくなったことによる。そして、その後の長きにわたる太平の世が、先例重視や文書主義に基づく文書行政を進展させることになった。武士による領民の支配も、ほとんど文書によるようになった。

このような文書による支配を可能にしたのが、村請（むらうけ）制度である。これは、村に自治的な機能をもたせて、村を単位に文書で通知し、指示・命令を履行させるという制度である。逆に村の側から訴願がなされることもあった。近世の村は、およそ現代の大字にあたり、村の代表者は、村方三役（地方三役）と呼ばれた。おもに関東では、名主・組頭・百姓代からなり、西国では庄屋・年寄（組頭）・百姓代と呼んだという。名主・庄屋は村方の代表者であり、法令を村民に伝達したり、年貢などを割付けたりする業務のほかに、山野や用水の管理、村内の治安維持なども行い、村全体の統括者となっていた。この役は、古くは江戸時代以前からの土豪層などが任命され世襲されていたが、時代を下るにしたがい、有力農民の年番制となり、入札（いれふだ）（選挙）によって選ばれることもあった。

村の統括者である名主・庄屋は、様々な実務にあたっていた。例えば、幕府や領主が徴収する年貢は、個人や家（世帯）単位に賦課されるのではなく、村単位として納入が命じられていた。その村の年貢総額を算出した年貢割付状によって、村へ宛てて通知された。村内での戸別の年貢割付は、検地帳をもとに石盛（こくもり）（反当りの収穫高）に田の面積を掛けた米の収穫高によって計算するが、これが村役人の重要な仕事であった。したがって、村役人には高度な読み書きと計算の能力が不可欠とされた。また、生産力を高めるための新田開発や水利事業には、高度な測量技術や土木技術が必要となる。また、領主との交渉にも、識字能力が必要であった。

このように、近世の村では、識字能力や計算能力をもつ村役人が、文書による行政を行っており、文書処理とその管理は名主の重要な役目であった。そのため大量の地方文書が作成・保管され、今日まで伝来することとなったのである。

（2）文体・書体の統一――候文（そうろうぶん）と御家流（おいえりゅう）――

言文一致の文章に慣れている現代人にとって、近世以前の文章はとても難しい。様々な様式の文章が存在し、外国語である漢文や、日本語の語順に読み下した漢文訓読、一部に倒置を含みながら日本語の語順で表記されている変体漢文、万葉仮名、漢字仮名交じり文、仮名文などが挙げられる。それらの中で、近世において主流となったのが変体漢文の一種である候文である。

地方文書の冒頭によくみられる「乍恐以て書付奉願上候（恐れながら書付を以って願い上げ奉り候）」のような文体である。近世においては、公文書から手紙などの私文書に至るまで、様々な文書が候文で記され、近代においても手紙などに使われつづけていた。

候文には、「乍恐（恐れながら）」「有之（これあり）」「可申出（申（もう）し出（い）ずべく）」「無御座（御座（ござ）なく）」「如件（件（くだん）の如（ごと）し）」など、一部に倒置法が見れられるが、基本的には日本語の語順で記され、「ニ」「ハ」などの助詞が仮名で付されている。前近代の日本では、漢文による書記を正式なものとする根強い意識があったので、候文が用いられた、候文は、極限まで和文化された漢文体であり、倒置法の慣用句を覚えれば、漢文らしい文章を書くことができたのである。

南北に長い日本列島では、現在でも各地で特徴的な方言が話されており、遠く離れた地域の方言を解することが難しいこともある。近世以前においては、口語の地域差は大きく、口語だけ意思疎通することが難しいことも多かっただろう。候文が書記言語として広く活用されたことにより、話し言葉が通じなくても、文章によるコミュニケーションが可能となっていたのである（矢田 2012、八鍬 2023、佐藤・宮原・天野 2023）。

古代以来、公的な文書には楷書体、私的な文書には行書体が使用されていたが、私的文書の形式が公的文書にも援用されるようになり、次第に両者の境が曖昧となって、近世には、幕府の発給文書や地方文書、私的な書状などの書体は、行書体に統一されるようになった。

近世の行書体は、その崩し方も一様となった。御家流と呼ばれる書法であるが、御家流は、青蓮院流（しょうれんいんりゅう）、尊円流（そんえんりゅう）などとも呼ばれ、鎌倉時代後期の尊円親王を始祖とする書法であるといわれている。江戸幕府が公文書にこの書法を採用したことで、御家流と呼ばれるようになった。幕府や各藩の公文書だけでなく、私的な文書に至るまで、この御家流で書かれるようになった。寺子屋で教えられた書法も御家流で、身分や地域に関わりなく、御家流が浸透していった（矢田 2012、辻本 2021、八鍬 2023）。

日本の近世社会では、候文と御家流の書体が全国に広がり、御家流で書かれた候文が、全国どこでも通用するようになったのである。

（3）庶民の識字能力と読み書きの学び

「近世の日本の識字率は世界一であった」といわれることがある。近世の日本の教育や出版文化の発展、文書・記録類などから、庶民の識字率は海外の諸地域と比較しても高いと考えられるが、前近代において、識字率を広範囲に調査した記録はなく、「世界一」と断言することはできない。それでも、前述のように江戸時代の地方行政は、幕府や藩による直接統治ではなく町に住む武士が、文書による支配をしていたため、多くの部分を村役人のもと村自身で管理させていた。こうした統治を可能にするために、各村に読み書き計算のできる人が一定数いなければならない。村役人が交替する際に藩等に提出される「跡役願書（あとやくがんしょ）」には、次の役人の候補となる者が算筆等も相当にできるということが記されている（工藤 2017、八鍬 2023）。

それでは、どの程度の識字層が存在すれば村の統治が可能であったのだろうか。これについては、川村肇が明らかにした明治初期の和歌山県における識字調査からうかがうことができる。1874〜1875 年にかけて実施された調査で、近代学校制度成立直後であり、その調査結果は江戸時代の状況とほぼ一致するものと判断できる。全住民を対象に調査した 50 ケ村の男性の自署率（「文通できる者」＋「姓名を自署できる者」）は 54.5％であったが、文通できる者の割合は男性の 10.2％に過ぎなかった。自署率は村により大きく異なる

図１　絵馬に描かれた寺子屋の様子（加須市徳性寺蔵）

が、文通率はどの村も概ね10％程度であった。男性人口の10％程度の文通可能な識字能力を有する者が、村の統治の担い手になっていたのであろう（川村2014、八鍬2023）。

庶民が識字能力を身につけるため教育機関には、寺子屋（手習塾）があった（図1）。手習の習慣は貴族社会には古代からあったが、庶民の子どもが、職業教師（師匠）から文字を習う場は、江戸時代になって生まれたのである。寺子屋の数は明らかにし得ないが、様々な資料から子どもの生活圏内に、１つか２つの寺子屋があったと考えて間違いないようである（辻本2021）。

近代以降の学校教育のイメージから、学校に通学して学習すれば、読み書きができるようになると考えがちであるが、江戸時代の文書は、口語体とは異なる候文であり、文字も御家流の行書であったため、習熟するのが難しかったようである。江戸時代の読み書きの実践は、労働や学問の場に参画することにより、はじめて十分なものになるものであり、寺子屋での学びはそのための準備という位置づけだったと考えられる（八鍬2023）。

江戸時代の庶民は、子どもの時期に寺子屋で基礎を学び、その後のいわばオンザジョブトレーニングで読み書きの能力を身につけ、それぞれの生業や村の自治などに生かしていったのである。

3　文書調査の事例から地方文書をよみとく

（1）悉皆（しっかい）調査による文書の発見

前述のように、近世の地方文書は古代・中世文書と比して、膨大な数が残されており、質的にも異なっている。1950年頃より、全国各地で史料調査が盛んに行われ、多くの地方文書の所在が確認されて研究の進展に寄与することとなった。調査の主体は、大学などの研究機関や、研究者個人、地方自治体などである。特に、各地で都道府県史市町村史などの自治体史の編纂が行われ、悉皆の史料調査が行われたことにより、多くの地方文書が確認され、整理・保存されることになった。

筆者も自治体史の編纂に関わったことがあるが、その際の史料調査で得られた知見から、地方文書について読み解いてみたい。筆者が編集委員として携わった、埼玉県東部に位置する宮代町の町史編さん（1989～2003年）における史料調査を事例に検討する。

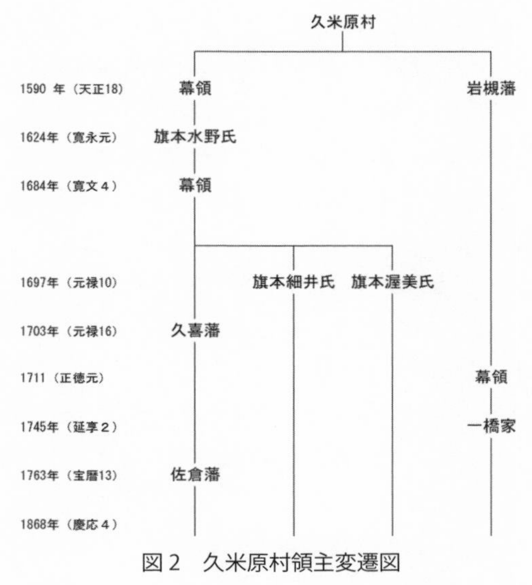

図２　久米原村領主変遷図

近世の宮代町域には百間村、須賀村、久米原村、蓮谷村、和戸村、国納村などがあり、幕領、旗本領、岩槻藩領など、多くの領主によって支配され（図2）、相給（一つの村を複数の領主に割り当てている）の村もあった。史料調査は宮代町郷土資料館学芸員（当時）の河井伸一と共に行い、史料調査を実施する前に、支配関係が複雑だったり、時代により変遷したりする村の名主や組頭の村役人の家を明らかにすることからはじめ、村役人だったお宅などの旧家でお話をうかがい、文書の有無などを確認した。

ここで紹介する岡安家は、延享年間（1744～1748年）に第５代の幸右衛門が東条原村の名主となったことが確認でき、以後、名主を世襲した。幕末の一時期、名主役は岡安家を離れたが、1869年には、大宮県や浦和県第七区の名主として、岡安幸右衛門の名が確認できる。

岡安家の調査は、岡安家が東条原村の名主を務めていたことを確認した河井が、1997年10月に文書の有無を確認しにうかがったことが始まりである。この時点では古文書については「わからない」との回答であったが、文字が書かれた板が昔、長屋門に有り、現在、土蔵（図3）に保管されていることなどを聞き取ることができた。翌11月に、土蔵の１階で６枚の高札（図4）

を確認できた。さらに、明治9年（1876）の「東条原村地籍図」や明治3年の「宗門改帳」、明治4年の「御用留帳」などが母屋で、明治期の金銭証文や典籍などが土蔵で発見された。明治3年の「宗門改帳」では前述の幸右衛門が名主をしていたということも確認できた。

1998年2月7日に、土蔵の2階を調査させていただき、南西端にあった文書箪笥（図5）から多数の古文書を発見することができた。文書の保存状態を記録するため、文書箪笥の引き出しにNo.1～7の番号を付し（図6）、それぞれの史料の史料番号とともに所在番号を記録した。文書箪笥の一番上の引出し（所在番号No.1）（図7）からは元禄3年（1690）の「久米原村検地帳」（図8）や享保19年（1734）の「笠原沼久米原新田検地帳」などの土地関係史料、その下の引出し（所在番号No.2）からは年貢割付状（図9）や質地証文などが多数発見された。

旧家で聞き取り調査をした際に、「岡安さんは古い名主じゃないから、古いものは残ってないだろう。」ということをうかがったが、岡安家には、元禄3年の検地帳など、岡安家が名主となる以前の史料も保管されていた。先代の名主から引き継いだものである。

図3　古文書が発見された蔵

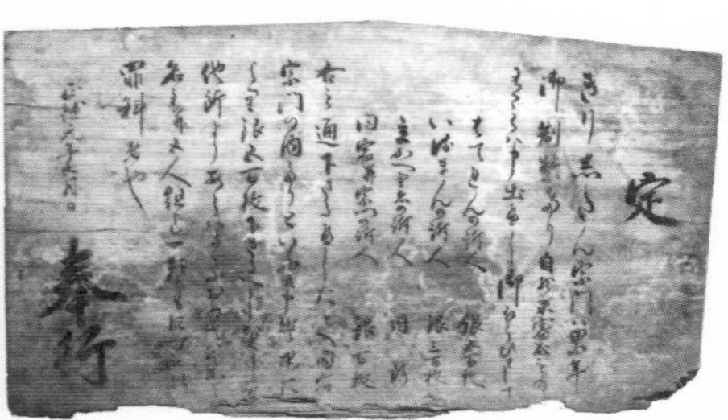

定

奉行

図4　切支丹宗門禁制高札

図5　土蔵内の箪笥発見状況

図6　文書箪笥の文書所在番号

図7 文書箪笥上段の引き出し

図8 元禄3年久米原村検地帳
（岡安家文書）

図9 元禄12年久米原村年貢割付状（岡安家文書）（図2～9は宮代町郷土資料館提供）

（2）発見された文書群の構成

調査の結果、文書の総点数は881点を数えた。点数はそれほど多くないが、当該地域の支配や人々の生活をうかがうことのできる史料群である。確認された史料は、「村」「信仰」「家」に大分類し、「土地」「年貢割付・皆済」「支配」「戸口」「質地」「村役場」などの小分類をして整理した。

近世から1879年までと、1882～1884年の岡安家当主が東粂原村などの名主や戸長を務めた時期のものは「村」に分類し、その後の岡安家とは関わりなく、村の戸長代理や筆生として関わった文書も「村」に分類した。これらは、村政の公文書といえるものである。質地証文や金子証文については、差出人・受取人の確認できるものは「家」、村役人として確認できるものは「村」に分類した。寺院や神社に関係するものは、村役人として関わったものは「村」それ以外は「信仰」として扱った。分類の結果、「村」に属する史料は416点、「信仰」に属する史料は34点、「家」に属する史料は431点を数えた。

年代では、江戸期のものが362点、明治期のものが431点、大正期のものが7点、昭和期のものが5点、他の76点の年代は不明である。元禄から昭和期までの史料であるが、元禄期（1688〜1704年）から正徳期（1711〜1716年）のものは、ほとんどが村関係の史料で、享保期のものは、村関係と家関係の史料がほぼ同数である。内容は、村に属するものは年貢割付状で、家に属するものは質地証文である。これは、元禄から享保にかけてのものは、前名主から引き継いだものと推測され、家の文書がみられるのは、享保年中に分家したことによると考えられる。

1746年（延享3）年に岡安家当主が名主役を務めることになって以降、村関係に史料が増加した。1860年（万延元）に名主役を離れたことにより、村関係の史料は減少した。明治になって、史料数は増大するが、これは岡安家当主が名主や副戸長・戸長を務めたからであり、1884年に戸長を辞するまでの村関係の史料が残されている。

今回の調査で土蔵から発見された史料は、高札や典籍を除き、文書箪笥に納められていたため、前述のように引き出しに所在番号を付して記録した。保管状況をみると、ある程度分類されて保管されていたことがわかる。「村」についてNo.1・2・4に多く、それのうち、土地関係のものはNo.1、年貢割付・皆済はNo.2に多く保管されている。No.3には1872年以降、特に1889以降の須賀村役場関係の史料が保管されている。No.4〜6には金子（きんす）・質地証文が多く、72%を占めているが、No.4には江戸期から大正期にかけての縁組・相続などの史料がみられる。No.5には寺社関係や村役場関係の史料が多くみられる。

この文書箪笥は、史料とともに、名主を務める家に引き継がれたと考えられる。岡安家を含む歴代の名主に文書とともに大切に引き継がれ、1869年に岡安家が東条原村の名主に復帰した際に引き渡されたものであろう。明治初年に整理され、その後、使用されずに蔵に保管されていたと考えられる。幕末から明治初年に時期に、文書が整理され、活用されていた状況をうかがうことができる。

（3）文書群からわかること

文書群から、当時の村の様子を読み取ることができる。その一部を紹介しよう。

村の戸数や人口については、江戸中期までは不明であるが、旗本細井氏の知行地では、1829年（文政12）に20戸で、1832年（天保3）に19戸あったことがわかる。また、旗本渥美氏の知行地は、1834年に20戸であったことがわかる。人々の生業は農業であったが、文政年間の旗本細井氏知行地の20戸のうち8戸は農間余業を営んでいたようで、髪結、湯屋、酒造、質屋などであったことがわかる。

年貢負担については、旗本細井氏の知行地をみると、通常の年は米70俵から80俵であったが（定免になってからは79俵）、1698年（元禄11）に52俵、1716年（享保元）に50俵など、凶作の場合、若干の減免が認められた。さらに、大凶作であった1701年には10俵、1723年には25俵と大幅に年貢が減免されたことがわかる。1859年（安政6）7月の暴風雨による洪水の際には、「大水押来届」を提出して被害の状況を報告し、収穫後の10月に「年貢減免願」を提出して、年貢減免を願い出ている。その結果については史料を欠くため、不明であるが、何らかの減免措置が取られたのはないかと思われる。

年貢の負担のほかにも、日光道中杉戸宿の助郷、日光御成道の道作や道清掃の負担をしていたこともわかる。また、1785年（天明5）の「御暮方賄金上納一札」で、旗本細井氏が知行地の東条原村などに賄金の上納を求めていることがわかる。

文書を詳細に読み解き、地域の他の文書とともに検証することによって、当時の村政や人々の生活の様子を知ることができる。

4　視点をひろげる―庶民の識字能力と読書―

史料調査をすると、文書類とともに多くの典籍類を確認することができる。それらは、近世に刊行された木版摺の和綴（わとじ）のものが多く、近世から蔵書が長く残されていたことがわかる。

これらの蔵書の中には、「往来物（おうらいもの）」という往復一対の手紙文を集めたものや「実語教」、「童子教」などの子どもが守るべき道徳を示したもの、「四書五経」と呼ばれる儒学の経書（『論語』・『大学』・『中庸（ちゅうよう）』・『孟子』が「四書」、『易経』・『書経』・『詩経』・『礼記（らいき）』・『春秋』が「五経」）などの教科書類がみられるが、『南総里見八犬伝』のような読本もあり、これらは娯楽のために読まれたものであると思われる。これらの典籍には、使用された跡のあるものが多く、多くの人々に読まれていたと考えられる。また、識字能力を生かして村役人らが即時的に活用できる役務参考資料ともいえる編纂物を作成することもあった。

これらの書物は、貸し出されることもあったようで、武蔵国幡羅（はら）郡中奈良村（埼玉県熊谷市）の名主野中家に「萬書籍出入留」という帳簿があり、1834年（天保5）から8年間の書籍などの貸借を記録したものである。野中家が購入したり筆写したりして集めた蔵書や、周辺の村々から用水・助郷・組合村などに関する史料を借りてまとめた編纂物を公開していたことわかる。名主野中家が、地域の図書館や公文書館として役割も果たしていたといえよう（高橋1996、工藤2017）。

さらに、近世の村には俳諧や和歌を嗜む者も少なからずいたようで、識字能力を生かして文芸に親しんでいたことがわかる。

これまで述べたとおり、日本の近世は、庶民も子どものころから教育を受け、村落の統治や生業のために識字能力を高める社会になっていた。そのようにして身につけた識字能力を村落の統治や生業はもとより、広く娯楽などにも生かしていたと考えられる。

日本の近世社会で、統一された文体や書体が広がり、庶民に至るまで識字能力が高くなったことは、近代の学校教育や国語の成立の前提となるものであり、国民の国家の形成にも寄与するものとなったと考えられる。

◉参考文献

青木美智男　1992「近世の地方文書と近世研究」青木美智男・佐藤誠朗編『講座日本近世史10　近世史への招待』有斐閣
岡村敬二　2017『江戸の蔵書家たち』吉川弘文館
川村　肇　2014「明治初期の識字状況－和歌山県の事例を中心として」大戸安弘・八鍬友広編『識字と学びの社会史－日本におけるリテラシーの諸相』思文閣出版
北原　進　1981『近世農村文書の読み方調べ方』雄山閣出版
工藤航平　2017『近世蔵書文化論』勉成出版
児玉幸多編　1983『古文書調査ハンドブック』吉川弘文館
佐藤孝之・宮原一郎・天野清文　2023『近世史を学ぶための古文書「候文」入門』吉川弘文館
高橋貞喜　1996「幕末農村における情報収集活動とその社会的背景」『地方史研究』262
辻本雅史　2015「教育社会の成立」『岩波講座日本歴史』13、岩波書店
辻本雅史　2021『江戸の学びと思想家たち』岩波新書
宮代町教育委員会　2002『宮代町史　通史編』宮代町
宮代町教育委員会　2003『宮代町文化財調査報告書第十二集　岡安家文書』宮代町教育委員会
八鍬友広　2023『読み書きの日本史』岩波新書
矢田　勉　2012『国語文字・表記史の研究』汲古書院

Column

忍城水攻めと石田堤

島村圭一

2012年に公開された映画『のぼうの城』(原作は和田竜による同名の小説)で、忍城(おしじょう)水攻めが注目されるようになったが、水攻めのために築かれた石田堤の一部は現在も残され、埼玉県の史跡に指定されている。

小田原を本拠として関東に勢力を振るった北条氏（後北条氏）は、全国統一を進める豊臣秀吉に対して、徳川家康と結んで対抗しようとしたが、家康が秀吉に服属したため、孤立した。北条氏討伐を決意した秀吉は、1590年（天正18）3月に京都を出発して、4月には小田原城を見下ろす石垣山に本陣を構えた。

北条氏の支城を次々に落とした豊臣方の石田三成は、北条の傘下にあった唯一の城である成田氏の忍城の水攻めを計画した。忍城は、北を利根川、南を荒川に挟まれた扇状地にあり、点在する沼地と自然堤防を生かした堅固な城であった。三成は、水攻めのために全長28kmに及ぶ堤をわずか1週間（5日ともいわれる）で完成させたといわれ、これが「石田堤」と呼ばれている。

忍城水攻めは、好天が続いたことにより、決定的な打撃を与えられず、逆に水泳に長けた成田方の家臣が、雨の夜に石田方本陣前の堤を破壊したため、石田方に死者が出て、混乱したと伝えられる。小田原の北条氏直は7月5日に降伏して、成田方も7月16日に降伏して忍城を開城した。

現在は、行田市堤根地区内の282mと堀切橋を挟んだ、鴻巣市袋地区内の約300mの堤が残されている。現存する堤は、自然堤防に盛土されており、高さ2m、幅5.5mほどである。鴻巣市が市内に残る一部を保存して「石田堤史跡公園」として整備している。

忍城跡は、土塁の一部を残すのみであるが、公園として整備されている。本丸跡には模擬三層櫓が建てられ、行田市郷土博物館の展示室の一部となっている。

忍城模擬三層櫓

石田堤（2点とも筆者撮影）

Column

藩邸から公園へ

公的空間の広がり

會田康範

現在、東京都内には重要文化財や名勝に指定されている公園が多くある。その淵源をたどると、江戸時代の大名藩邸につながるものも少なくない。

周知の通り、諸大名は、江戸幕府による参勤交代の制度化によって一年おきに江戸の藩邸と国元を往復し、二重生活することになった。そのため、江戸には大名居住の上屋敷のほか、家臣のための中屋敷や下屋敷なども建てられた。その中には明治時代以降、公園などの公的空間となったものも多い。

東京都文京区所在の回遊式築山泉水庭園である六義園（特別名勝）は代表的な大名庭園のひとつで、江戸幕府５代将軍徳川綱吉の側用人柳沢吉保の下屋敷に造営された庭園であった。「六義」とは、古代中国の孔子の編さんとされる『詩経』にある六義に由来する。中国古代詩を内容により「風」・「雅」・「頌」、表現により「賦」・「比」・「興」に分類し、「風」は諸国の民謡、「雅」は天子が公事・宴席などで演奏させた楽歌、「頌」は朝廷の祭祀の時の廟歌、「賦」は心情を素直に表現したもの、「比」と「興」は比喩を用いた表現方法であった。徳川綱吉といえば、儒学や仏教を重視し、湯島聖堂の建設や生類憐みの令で知られる。側近であった吉保の庭園も儒学に因むもので、幕府の文治主義がこうした点に反映していることも興味深い。

また、現在、小石川植物園となっているのは、幕府の小石川養生所跡地である。享保の改革の際に設置され、幕府の本草学研究の拠点となり、その後、明治時代には園内に医学校が建てられた。それを取り巻く空間が、植物園となり一般の人々にも親しまれている。

六義園の池泉（公益財団法人東京都公園協会提供）

江戸時代の幕藩領主層に専有された空間が公的空間に転じた例は、東京に限ったことではない。全国各地で日常的に接している場所もあるだろう。それらのルーツを改めて振り返ることも文化財を保護する思想につながるものといえる。

第 3 章　近現代

有形文化財 彫刻

仏像はどうやって守られてきたのか

門脇佳代子

羽黒山の仏像から明治の神仏分離をよみとく！

1　仏像とは

（1）仏像の成立

仏像とは、狭義には仏教の開祖・釈迦（仏陀）のかたちを絵画や彫刻などの造形形式によって表現したものをいうが、仏教の発展とともに生み出されたその他の如来（にょらい）・菩薩（ぼさつ）・明王（みょうおう）・天部（てんぶ）の尊像も含めるのがふつうで、さらに羅漢（らかん）や高僧など仏教に関わる人物像もこれに入れる場合がある。また、絵画の場合は仏画と呼ぶことが多く、一般に仏像という際は彫像を指すことが多い。現代においては、仏像を、博物館や美術館などで鑑賞する美術品と認識している人も少なくない。確かに仏像の多くは高い芸術性を備えており、知識がなくても、単純に視覚でそれらを楽しむことができる。しかし、仏像は単に形を楽しむものではなく、教えや思想を伝えるために用いられてきたのであり、時にそれらは政治的な意図をもって利用されることもあったことを忘れてはならないだろう。

仏像の成立には謎もあるが、紀元前３世紀アショーカ王が聖地にストゥーパ（仏塔）や石柱を建立したことで、インド仏教美術の端緒が開かれた。はじめは超越者である仏陀を人間のかたちで表わすことが忌避されたため、聖樹や法輪といった象徴的図像が用いられたが、伝記中の一登場人物としての人体表現がやがて礼拝対象にふさわしい独立像へと展開していく。それは、釈迦滅後500年ほどを経たクシャーン朝紀元１世紀末頃のことで、ヘレニズム文化の影響を受けたガンダーラ（現在のパキスタン北西部）と、インドの造形美術の伝統があるガンジス川中流域のマトゥラーでほぼ同時期に始まったと考えられている。

（2）日本への伝来

インドで成立した仏教は前漢末期の紀元元年前後に中国に伝わり、五胡十六国・東晋の時代に経典の翻訳が進み、独自の要素を交えつつ南北朝時代に急速な発展を遂げた。なお、後漢から三国・西晋（3世紀）の墓には副葬品として、装飾の中に仏像を取り入れた銅製揺銭樹（どうせいようせんじゅ）や青磁神亭壺（せいじしんていこ）が確認される。これらは、外来の宗教が固有の伝統的な思想や文化と結び付くかたちで受容されていた状況をうかがわせる。

さて、朝鮮半島を経て日本に仏教が入ってくるのは、飛鳥時代6世紀半ばと考えられ、『日本書紀』欽明天皇13年条（552）によれば、百済の聖明王が使いをつかわして「釈迦仏金銅像一軀・幡蓋（ばんがい）若干・経論若干巻」を奉ったとある。それまで偶像崇拝の伝統をもたなかった日本では、礼拝対象が人の姿をしていることは驚きであり、その光り輝く姿に対し欽明天皇が「仏（ほとけの）相貌（かお）端厳（きらきらし）」と評したと伝えている。

当時の人々の間で、新来の信仰を受け入れるか否かの葛藤はありつつも、結局は仏教を受け入れ、6世紀末には日本でも仏像が造られるようになった。やがて仏教の広まりとともに日本各地へ仏像は伝播していき、地域の信仰に溶け込みながら、仏像が造られ、祀られ、そして拝まれてきた。

ところで、伝来当初、日本では仏を在来神祇と同列の「神異」ある存在とみなしていたと考えられ、『日本書紀』には最初期の仏を指して「蕃神（あだしくにのかみ）」「仏神」と呼ぶ記述が登場する。これは、中国でも仏教伝来時に見られた認識であり、やがて奈良時代以降に本格化する神仏習合に引き継がれることになる。

2　羽黒山（はぐろさん）の仏像の歴史的背景

（1）神仏習合の展開と羽黒山

日本史では「明治の廃仏毀釈」という言い方がよく使われるが、後述するように「神仏分離」を推進する中で結果として廃仏毀釈が行われたというのが正しい。そこで、はじめに前提となる神仏習合について確認しておこう。

習合とは、異なる宗教や思想が融合することで生み出される諸現象をいう。日本では、8世紀から神が自らの苦悩を訴えて仏法に救済を求める「神身離脱」を説くようになり、これを背景に神社境内における神宮寺の建立や、神に捧げるための神前読経、仏教を守る護法善神などが登場した。延暦年間（782~806）以降には仏道に入ったことを表わす菩薩号が神に奉られたほか、平安前期より仏像の影響を受けながら神像も制作されるようになる。また、平安中期には「権現」「垂迹」などの語が現れ、本来の仏の姿（本地）に対し、仮の姿をとって応現（垂迹）したのが神だとする「本地垂迹」の考え方が明確になっていった。八幡神の本地仏を阿弥陀とするように、個別の対応関係が確定していく中で、それらが絵画などで盛んに制作され浸透することになる。

日本における神仏習合の特徴的展開として指摘できるのが、中世から近世にかけて進行する修験道の組織化・体系化である。

日本には古来、自然に対する畏怖を背景として、山林を神霊の棲む清浄な異界とする世界観が確立した。一方、仏教では喧噪を離れた山林が修行に好適の場所として位置づけられていた。その結果、山岳の道場や霊場における修行を通じての超人間的な験力（修験）や、験力を獲得した僧侶に対する関心が僧俗双方で高まりを見せるようになり、平安後期における御嶽詣・熊野詣の盛行を経て、鎌倉時代以降には密教や天台本覚論の影響を強く受けた、本山派・当山派という修験道の二派が確立する。また、奈良県吉野の大峰山や北陸の白山など、地方にも多くの修験系霊山が存在し、その一つが羽黒山であった。

羽黒山は標高414m、山形県西北部に位置し、月山（1,984m）、湯殿山（1,500m）、羽黒山（414m）と合わせて出羽三山と称する。室町末期までは羽黒山、月山、葉山（1,462m）を三山と称し、湯殿山を総奥の院といった。能除聖者（蜂子皇子）を開祖とし、古来より修験の山として知られ、平安時代にはすでに多くの信仰を得ていたとみられる。古く、羽黒山には出羽神（伊氐波神）、月山には月山神（月読命）が祀られ、ともに式内社で、湯殿山は大山祇命を祭神としてきた。三山のうち標高の最も低い羽黒山が宗教的中心地であり、中世には一山を寂光寺と総称した。山上の大金堂（御本社、大堂とも）には出羽三山の本地仏が安置されており、近世まで「羽黒権現」と呼ばれてきた。分離以前は三山に別当・社僧・修験・社人などがおり、一山を統括するのは別当であった。羽黒山別当は月山別当を兼ねて天台宗の東叡山に属し、湯殿山別当は真言宗に属していた。羽黒山の場合、別当のもとに社僧18坊があり、また麓の手向村には360戸の妻帯修験がいて、東日本一帯に霞場（布教範囲）

をもつ彼らの活動が一山を支えていたという。

こうした、本地垂迹説や修験道に典型的な神仏習合のあり方は、長く日本人の信仰や思想の基底をなすものとして文化全般に影響を与えてきたのであるが、国家政策として神と仏の引き離しを図ったのが、明治の神仏分離であった。

（2）神仏分離令の布告

近世後期の廃仏論や水戸藩における寺院整理、長州藩の淫祠（いんし）破却などの流れはすでにあったが、明治政府は王政復古による祭政一致の立場から、古代以来の神仏習合を禁じて神道を国教とする方針を打ち出した。1868年（慶応4、9月に明治改元）3月からほぼ8カ月間にわたって神仏分離に関する法令が布告されたが、その中には次のような内容が含まれている。「諸国の神社に別当・社僧などと称して神勤している僧職身分の者は復飾（還俗）を命じること」（3月17日、神祇事務局達第165号）、「権現などの仏語をもって神号としている神社は由緒書を提出すること、そして仏像を神体としている神社はそれを改め、本地仏や鰐口（わにぐち）・梵鐘（ぼんしょう）・仏具などは取り除くこと」（3月28日、太政官布告196号）、「神祇への仏教的菩薩号の廃止」（4月24日、太政官達第260号）などである。

政府内では福羽美静（ふくばびせい）・亀井茲監（かめいこれみ）らが担い手となり、神仏分離政策を主導した。一連の政策はあくまで神社から仏教色を取り除くことを意図したが、これまで僧侶の風下におかれ不満を抱いていた神官などの人々によって、政府の意図を超えて一部地域では、寺院の廃止・合併、僧侶の弾圧、仏像や仏具の毀損行為などに発展していった。寺院破却が徹底された地域としては苗木藩・松本藩・富山藩・津和野藩・鹿児島藩などが知られる。

これら苛烈な廃仏が断行された地域の伝聞が独り歩きしたこともあり、明治の神仏分離は全国で一律に展開した仏教排斥運動ととらえる見方が強かったが、その徹底度には地域差が認められる。主に国学の普及の度合いによるもので、平田篤胤（ひらたあつたね）派の国学や水戸学による神仏習合への不純視が仏教の排斥につながったとされる。宮崎の事例を多く取り上げた佐伯恵達（佐伯1988）や、奈良の廃寺の仏像を追った小倉つき子（小倉2020）のような実証的な調査の積み重ねによって、地域ごとに異なる様相が明らかになってきている。

なお、思想史の立場から神仏分離政策について、民俗信仰の抑圧を氏神・氏仏の廃滅ととらえた安丸良夫の指摘は、今なお新鮮である（安丸 1979）。この政策によって、日本人の精神構造に大きな改変が加えられたことは疑いようもない。それでは果たして、近世までの神仏観はどのようなものだったのか、また羽黒山における仏像破却がどのようにして行われたのかを、次にみていこう。

3　羽黒山の仏像をよみとく

羽黒山は江戸時代まで神仏習合の典型である修験の山であったが、1870年（明治 3）羽黒山・月山は神社となり、翌年には「三山即一」として湯殿山も神社とされた。居場所を失った仏像は、その多くが破壊や散逸の憂き目に遭ったが、そんな廃仏毀釈をくぐり抜けて伝わった仏像の例として、出羽三山神社の「千佛堂」に祀られる仏像群（佐藤仏像コレクション）と、手向地区にある正善院（しょうぜんいん）黄金堂の諸尊像について紹介する。

図 1　出羽三山神社の「千佛堂」（出羽三山神社提供）

（1）佐藤仏像コレクションと仏像を守った市井の人

2017年（平成29）に、出羽三山神社（山形県鶴岡市羽黒町手向字手向7）の境内に千佛堂が新たに加わった。千佛堂は、本殿の横にある参集殿と霊祭殿の間に建設された木造平屋建て高床式の施設で、自由に参拝することができる。

ここには約250躯の仏像が安置されており、「佐藤仏像コレクション」と呼ばれている。神社に仏像があることを不思議に思う向きもあろうが、これらは山形県酒田市の佐藤泰太良が生涯をかけて蒐集したもので、その多くが羽黒山から流出したものと考えられている。

出羽三山神社で作成した「仏像仏具の種別と時代区分と数」のリストによると、同コレクションの制作年代の分布は、平安後期11躯、鎌倉時代20躯、室町時代57躯、桃山時代39躯、江戸時代107躯、時代不明15躯、渡来仏12躯となっている。種別としてとりわけ多いのが阿弥陀如来で56躯あり、月山の本地仏である可能性が高い。それに続くのが聖観音菩薩の20躯で、他には各種の如来・菩薩・明王・天部の像をはじめ、僧形像や神像も含まれ、ヴァリエーションに富んでいる。多くは羽黒山および月山に関わる仏像と考えられているが、中には一部奈良や京都で入手したものもあるといわれ、個々の像の出自を探ることは難しい。

なお、「木造阿弥陀如来立像」1躯と、「木造毘沙門天立像」2躯が山形県指定文化財になっているが、いずれも平安後期の作とされる。阿弥陀如来像は来迎印を結び、丸顔に彫眼の穏やかな面相、抑揚を抑えた肉づきの定朝様をみせる。2躯の毘沙門天像の内、ひとつは邪鬼の上に直立に近い姿勢で立っており、瞋目とするが誇張のない落ち着いた表情を浮かべる。もう一方の毘沙門天像は、頭巾風の皮兜を被り、鎧を身につけるが、装飾は控えめで、手堅い作りを示している。左足に重心をかけて、わずかに腰をひねる。当初の台座ではないようだが岩座に立ち、手には宝塔と戟を持つ。欠損や表面の痛みが目立つ箇所もあるが、いずれも本格的仏師の作とみられる。また、この他に6件が鶴岡市指定有形文化財である。

佐藤仏像コレクションの基礎をつくった佐藤泰太良について、出羽三山歴史博物館刊行の『佐藤佛像コレクション解説』は、その蒐集のきっかけを次のように記している。

佐藤泰太良は、酒田市（町名改称以前は荒町）の大工で知られた家の生まれで、たまたま手向での大工事中、廃仏毀釈の励行に羽黒一山が古今未曽有の大動揺を来たしているのに遭遇した。諸堂宇からおびただしい仏像や仏具が取り出され、あるいは焼き棄てられ、あるいは谷底に投棄され、あるいは捨値同様の価格で売り払われるのを目撃し、哀惜の念に駆られて、日々の賃金を投じて購入に努めたという。

1904年（明治37）には、宅地の一隅に土蔵造の収蔵庫を建設してこれらの仏像を安置し、千佛閣と名づけて保存管理することとし、毎年8月16日には収蔵庫を開いて一般の参観者のために便益を図ってきた。以来、佐藤家にて70年余り安置奉拝されてきたが、1974年（昭和49）10月、曽孫の佐藤完司により、一括して出羽三山神社に奉納されることとなった。

奉納後は、境内の出羽三山歴史博物館で一般公開されてきたが、同館は冬季が閉館となる。仏像は多くの人に手を合わせてもらってこそ、との考えから独立したお堂の建設が俟たれたが、そのまま約40年が経過した。そして、いよいよ迎えた2017年7月10日の千佛堂竣巧式の日、羽黒山において明治以降ではじめて、神式での祝詞奏上および玉串拝礼と、仏式での般若心経の読経と参加者全員による焼香とが、ともに執り行われた。

（2）正善院黄金堂と江戸時代の出羽三山参り

荒澤寺正善院（山形県鶴岡市羽黒町手向字手向232）の境内に建つ黄金堂（こがねどう）は小金堂とも書き、羽黒山上の寂光寺大金堂（現在の三神合祭殿）と対をなすと位置づけられてきた。「文禄五年（1596）五月」の銘をもつ擬宝珠拓本には「羽黒山長寿寺金堂宝形之事云云」と記されている。1193年（建久4）源頼朝が御家人の土肥実平（どいさねひら）に命じて建立したと伝わっており、現存する羽黒山内の建築で最も古く、国の重要文化財に指定されている。

黄金堂の本尊は等身大の三十三観音像で、正面須弥壇の中央に3躯の坐像が安置され、その左右には30体の立像が階段状に並ぶ。木造漆箔の群像が金色に輝くさまは壮観である。「永禄九年（1566）」の墨書銘があると指摘されており、これらの像を見た仏教考古学者の石田茂作は「造形様式からいえば、むしろ藤原期とおもわれる」との見解を示したという（重要文化財羽黒山正善院黄金堂修理委員会編 1966）。後世の修理もあり断定は難しいが、1964～1966年（昭和39～41）に実施された黄金堂解体修理の際には建材に鎌倉以前の古材が多く見つかっていることから、本尊像も同時期の作と考えられる。

ところで、この堂内には、かつて大金堂にあった「出羽三山大権現」をはじめ、羽黒山五重塔、仁王門、弁天堂などから移された、約80躯が客仏として安置されている。これらは、後述するように明治の神仏分離の際に運び込まれたものや、その後に故あって山内より移座されてきたもので、出羽三山における神仏習合の歴史を今に伝えている。

多数の客仏を安置する必要から、外陣の壁三面に沿って新たな須弥壇が設けられているが、2016年に半世紀ぶりの屋根の全面銅板葺き替えが行われた際、尊像の配置を江戸時代までの出羽三山参り（羽黒山―月山―湯殿山）に重ねるかたちで改め、「出羽三山立体曼荼羅」が構成された。正面の本尊「三十三観音」を参拝した後、堂内の回廊を時計回りに巡拝することで、三山参りを追体験できるようになっている。以下、主だったいくつかの像について、順路に沿って紹介する。

最初に取り上げるのは、堂の内縁の左右に立つ「木造仁王像」2躯（鶴岡

図2　正善院黄金堂に安置される「仁王像」（羽黒町観光協会提供）

市指定文化財）。元は山上へ向かう参道入口の仁王門（現在の随神門）に置かれていたもので、3m近い巨像である。江戸中期に造られており、玉眼を嵌入する寄木造で、厚みのある体躯に、やや形式化の認められるこぶのように盛り上がった筋肉表現をみせる。衣部には文様の痕跡が一部に残っている。また、玉眼（ぎょくがん）（目の部分をくり抜いて内側から水晶をあて、実際の目に近い感じを出す技法）が光を反射して強い眼力を放っている。仁王門は、1695年（元禄8）に由利郡矢島の領主・生駒讃岐守（いこまさぬきのかみ）が家運繁栄と極楽往生を祈って寄進したものである。仁王像は、寄進を受けた禅僧・湛道（たんどう）が、京都の大仏師に造らせ、京都から陸路で能登へ、そこから酒田まで船で運び、さらに川舟で川添へ、最後は陸路で手向まで運んだという（戸川1975）。

次にみるのは、五重塔（国宝、現在の千憑社（ちよりしゃ））の本尊として伝わった、厨子入りの「羽黒三所大権現」。麓の随神門から山上までは約2㎞の石段が続くが、その途中、杉木立の中にそびえる五重塔は羽黒山の代名詞ともなっている。かつて塔の初層に祀られていた羽黒山の本地仏を表わす三尊で、中央に聖観音菩薩坐像、右側（向かって左）には金亀に乗る妙見菩薩立像が置かれ、その反対の左側（向かって右）には本来軍荼利（ぐんだり）明王がいるはずなのだが廃仏毀釈の混乱に紛れ盗難に遭ったといい、現在は阿弥陀如来立像に代わっている。聖観音菩薩と妙見菩薩の2躯は江戸初期の作とみられる。五重塔は神仏分離の際に寺に与えられ他に転移することになったが、経費の問題などで対応に時間を費やし、最終的に出羽三山神社の所有となった。本来の安置仏と引き離されつつも、仏教建築である塔が壊されずに残ったことは幸いであった。

順路を先に進むと、「六臂宇賀弁財天坐像（ろっぴうがべんざいてん）」が目に飛び込んでくる。6本の腕にはそれぞれ剣・宝棒・宝珠・鍵などを持ち、頭上に載せた鳥居の奥で白蛇の体に老翁の頭部をもつ宇賀神がとぐろを巻いている。山上の弁天堂（現在の厳島神社）に祀られていたもので、江戸中期頃の作と考えられるが、像背の墨書銘に「慶応四辰年衣替」とあるように、1868年に彩色の補修を行っている。なお、同墨書には1871年（明治4）に本殿が再建され、遷宮法要が厳修されたことも記されている（いでは文化記念館2019）。本像は等身を超える大型の像だが、廃仏の最中、石段参道を背負われて羽黒山を下り、黄金堂に安置されたという。弁財天像の周囲には、ともに伝わった眷属の十六童子像が並んでいるが、そちらは破損がひどく自立が難しいものもある。

黄金堂背面の壁に沿って、中央に祀られるのが、かつて寂光寺大金堂にあった出羽三山の本地仏「出羽三山大権現」を表わす３躯の坐像である。向かって左から順に、聖観音菩薩坐像（羽黒山）、大日如来坐像（湯殿山）、阿弥陀如来坐像（月山）の順に並ぶ。阿弥陀如来の頭部のみ平安後期の作で、他は江戸時代に造られている。大金堂は現在、三山の三神を合祭する出羽三山神社の社殿として、変わらず羽黒山の信仰の中心にある。幾度かの火災による焼失を経て、現在は1818年（文政元）の再建であるが、2mの厚みをもつ茅葺屋根に本殿と拝殿が一体となった豪壮な建築で、2000年に国重要文化財に指定されている。なお黄金堂では、本尊三十三観音の真後ろに位置することから、本尊を拝する際に、これら三山本地仏にも同時に手を合わせることができるようになっている。

また、三山本地仏の「出羽三山大権現」と同様に、寂光寺大金堂から移されたのが「徳尼像」（鶴岡市指定文化財）である。伝承では、徳尼は藤原秀衡の娘（あるいは妹）で、平泉の没落後36人の侍臣とともに落ち延びてきたが、頼朝の命による黄金堂建設のため鎌倉武士らが数多くやってきたため、立谷沢の下扉（しもとびら）に隠れ、そこから羽黒山の奥にある野口の観音堂に日参したと説く。本像は、羽黒山に異変がおこる前触れに、躍り上がったり、汗を流したりしてそれを予告すると信じられていたという（戸川1975）。

（3）羽黒山における神仏分離

出羽三山と一口にいっても、江戸時代までは立場や利害の異なる人々が時に協力し、時に対立しながら、多様性をもって発展してきた。それ故に明治期の混乱は極めて大きかったといえる。出羽三山の神仏分離については、歴史学・宗教学の見地からの文献がさまざまに出されており、中でも民俗学者・戸川安章の研究成果がそれらの基盤となっている（戸川1969など）。ここでは、これらの記録から仏像に関わる出来事を取り上げ、羽黒山における神仏分離の状況を追っていきたい。

先に述べたように、明治政府は1868年に神仏分離令を布告したが、当時戊辰戦争の最中であったため、最後まで新政府軍に抵抗していた庄内藩には即時対応する余裕がなく、酒田民政局が羽黒山に一連の政令に基づく速やかな実行を命じたのは、戦争終結から半年以上を経過した1869年5月のことであった。進退に迷った羽黒山の別当・官田(かんでん)は、8月に東叡山の指示を仰ぐべく上京を試みるも、民政局からの許可が下りなかったことが知られる。

やむなく官田は一山会議を開き、そこで今後の方針が定められた。すなわち、能林院・積善院・荒沢寺・金剛樹院の4坊を残し、清僧修験・看坊・徒弟は復飾神勤（還俗して神に仕えること）することや、開山堂・鐘楼・五重塔・南谷(みなみだに)・吹越(ふきごし)を仏地として残すこと、月山山頂は神社とするが胎内岩付近は仏地とすることなどが取り決められた。また同時に、本社（大金堂）の本尊他の仏像・経典・仏具、本坊にある記録・文書は全て荒沢寺に移すこと、復飾神勤する者の住坊とそれに付属する仏像・仏具・経典・諸道具は一切をその者の所有とすることが決まった（羽黒町1994）。

実際に1870年末には、一部の寺院に仏像・仏具などを集め、大部分の僧侶は復飾神勤することとなり、羽黒山は出羽神社と改められた。ただし、この時点で山麓の妻帯修験はいまだ復飾しておらず、この神道式への改変は、地方官などに対して表面を取り繕うという性格が強かったといわれている。表面的なかたちばかりの対応であり、神地と仏地とを区分して双方両立できないかを模索するものであった。

しかし、1870年12月神祇官より出された「権現の名をもって呼ばれていたものはすべて神とする」という通達により、神山への道が決定的なものとなる。なお、1823年（文政6）に別当・覚諄(かくじゅん)が東叡山を通して朝廷に働きかけ、能徐太子に対する「照見大菩薩」の諡号とともに、「出羽神社羽黒三所権現」に正一位の位階を賜っていたことが神仏習合とみなされ、明治の神仏分離が徹底的に断行される要因になったと戸川は指摘している（戸川1973a）。

こうした状況の中で、1871年9月に酒田県より「随身門から月山山頂までの堂社や路傍から仏像や石塔類は撤去するように」との通達があり、追い打ちをかけるように、翌年9月15日太政官より修験宗廃止令が布告された。この時期、上知令による経済難や官田の急死も重なり、山上・山麓ともに窮していたが、ここにいよいよ、出羽神社の初代宮司・西川須賀雄(にしかわすがお)が登場する。

平田篤胤の説く復古神道推進の急進派であった西川は、1873年の着任から1876年に転任するまでの期間に、現在の出羽三山神社の祭典を整えたといわれ、羽黒山において廃仏毀釈ともいえる神仏分離を実行した人物として知られている。月山・羽黒山から手向に至る寺院堂塔113棟のうち、この時に破却されたものは85宇に達したといわれ、建物よりも一層徹底的に追放されたのが末社の仏像・仏具であった。

西川は教部省から常世長胤らを招き、管内の末社に祀る仏像を取り出して、社殿もろとも破壊・焼却を加えていった。また、西川らに同調し、山道脇の石仏や石塔を率先して谷底に放り込んだ者もあれば、仏地として残された南谷の執行寺や、修験道の本寺として残された荒沢寺の院坊を焼く者もおり、青銅製の宝篋印塔を鋳つぶして学校の屋根を飾る細工物の地金に使わせた戸長もいたという。1965年（昭和40）に山上の天宥社（かつての地蔵堂）を移転しその跡地に霊祭舎を建てようとした際には、建物の下や周囲の地下から多くの石塔や石仏が出土した。

また、金剛樹院、荒沢の北之院、聖之院、経堂院などに移された仏像・仏具もあったが、荒沢三院のうち北之院、経堂院は後に火災に遭ったため仏像はことごとく焼失し、他の寺院に移されたものもほとんどが散逸した。このさまを見た山麓修験の中には、前途に望みを失って帰俗したものもあったが、一縷の望みを抱いて仏像を天井裏に隠したり、高寺の坊中（高照寺一山）へ運んだりしたものもあったという。ただし、1877年（明治10）にはここも神仏分離に踏み切り、権現堂を神社に改めて、その本尊と仁王尊を学頭寺に移した。そのため、羽黒山から移した仏像もまた四散することになった。

以上は、残された記録類や、戸川による聞き取りによって伝わる当時の様子であるが、先に紹介した千佛堂や黄金堂の仏像たちが、いかに困難な時代を潜り抜けてきたかを理解することができる。黄金堂を管理する正善院は、現在、羽黒山修験本宗・大本山荒澤寺の本坊であり、羽黒修験の本山寺院としての機能を引き継いでいる。時にあり方を変えながらも想いを繋ぐ姿に、神仏分離に翻弄された修験の人々と、これらの仏像が重なる。

4　視点をひろげる―仏像を護り伝える人たち―

佐藤仏像コレクションの250躯余は、2008年（平成20）に東北古典彫刻修復研究所（山形県上山市）によって、基礎調査が実施された。台帳作成を目的とするこの調査の折、修復家の牧野隆夫は、作業に先だって正善院黄金堂に立ち寄ったという。そこで案内人から「この土地で仏像について話ができるようになったのは、つい最近のことです。」という話を聞いた（牧野2016）。神仏分離の政策について法令や通達から辿ることは容易だが、仏教の立場であれ、神道の立場であれ、廃仏毀釈の当事者にとってそれは自身のアイデンティティに関わる問題であり、そこに生まれた対立が大きな遺恨を残したであろうことは想像に難くない。関係者の言葉に改めて、明治の廃仏毀釈の傷痕の深さを思い知らされる。

ところで、山形県東田川郡庄内町南野にある皇大神社には、珍しい「板彫仁王像」が伝わっている。阿形と吽形の一対で、像高約185㎝にもかかわらず厚みは10㎝余しかない。江戸後期の1841年（天保12）に庄内松山領八色木の細工師後藤正吉によって制作されたとの墨書銘が残る。近年神門を修復するに当たり、門の内から部材が新たに発見され、注目を集めた。羽黒修験との関わりが指摘されており、おそらくは明治の神仏分離のあおりを受けて、長らく人目に触れない状況に置かれていたと考えられている（渡邉2014）。有事の際に、土に埋めるなどして一時的に隠す、あるいは場所を移すことで仏像を破却から守ったという話は枚挙に暇がないが、この仁王像もまさにそうした一例であろう。

牧野は先の著書の中で、仏像の修理を続ける中で仏像に関して不明な知識を得ようと書物を読んでも、書かれていることと実際に目にする像との間には常に乖離を感じてきたといい、その原因を明治政府による神仏分離にあると分析する。すなわち「仏像＝仏教の像という既成概念から離れ、取り扱いが大きく変わる以前の実像を探らない限り、仏像のことは本当にはわからない」という指摘は、歴史を読み解くうえで示唆に富む。千佛堂や黄金堂の仏たちは人間の都合によって居場所を失った。残念ながら、神仏分離の混乱から150年余りを経て、これらの仏像に対する解釈には神社と寺院の間に見解の相違もあるという。しかし、これらの尊像が伝わっていること自体が言外の歴史であり、神仏分離以前の日本人の精神構造を紐解く一助になろう。

さらに、佐藤仏像コレクションについては、具体的な蒐集の時期や状況など、不明な点は多いが、市井の人の力で、これほどの規模の尊像が散逸を免れた例は全国的にみても珍しい。近代における篤信の個人による「文化財保護」の一例としても興味深い。

◉参考文献

いでは文化記念館　2019『収蔵資料展 古文書からみる羽黒山の神仏分離』
岩鼻通明　2017『出羽三山―山岳信仰の歴史を歩く』岩波書店
小倉つき子　2020『廃寺のみ仏たちは、今―国宝仏から秘仏まで―奈良県東部編』京阪奈情報教育出版株式会社
後藤赳司　1999『出羽三山の神仏分離』岩田書院
佐伯恵達　1988（2003年改訂）『廃仏毀釈百年―虐げられた仏たち―』鉱脈社
重要文化財羽黒山正善院黄金堂修理委員会編　1966『重要文化財 羽黒山正善院黄金堂修理工事報告書』
出羽三山歴史博物館　1975『出羽三山歴史博物館所蔵　佐藤佛像コレクション解説』
戸川安章　1969「三　出羽三山の神仏分離」『出羽三山の修験道と神仏分離』山形県文化財調査報告書16、山形県教育委員会
戸川安章　1973a『出羽三山修験道の研究』佼成出版社
戸川安章　1973b『出羽三山―歴史と文化―』都文堂書店
戸川安章　1975『羽黒山秘話』東北出版企画
内藤正敏（写真）・戸川安章／真鍋俊照（解説）　1980『出羽三山』新人物往来社
羽黒町　1994『羽黒町史』下巻
羽黒山荒澤寺正善院HP「黄金堂の仏像」（https://hagurosan-shozenin.or.jp/introduction/koganedo_butsuzo/）（2023年1月15日閲覧）
畑中章宏　2021『廃仏毀釈―寺院・仏像破壊の真実』筑摩書房
牧野隆夫　2016「第七章　調査から見えた神仏分離―修復家にとっての仏像」『仏像再興―仏像修復をめぐる日々』山と渓谷社
安丸良夫　1979『神々の明治維新―神仏分離と廃仏毀釈―』岩波書店
渡邉慎吾　2014「南野皇大神社蔵 板彫仁王像考」『羽陽文化』158、山形県文化財保護協会

未文化財 歴史資料

演説指南書は人々に何を教えたのか

山下春菜

演説指南書から明治時代の政治文化をよみとく！

1 演説指南書とは

演説指南書とは、「演説の組み立て、構成法、音声論から図解付き身振り、弁士の心得、ときに健康法、記憶術にいたるまでを網羅する弁論術の総合マニュアル」を指す（秋田 2004）。つまり、演説をどのように行うか、様々な角度から紹介・教導するハウツー本である。

現在に至るまで、数多くのハウツー本が出版されてきた。例えば、冠婚葬祭のマナー本や入試の面接対策に関する本、また就職の履歴書の書き方について指南する本、あるいはメイク本やレシピ本、キャンプや釣りの入門書もまた、上記の演説指南書と同じようなハウツー本の一種である。私たちは、専門家が書いたとされる書籍やインターネット上の記事を読み、学び、未知なる体験に備えようとする。明治時代の人々もまた、未知なる「演説」というものを知り、使いこなそうと演説指南本を頼ったのであろう。

近代に入って、演説指南書は大量に出版・販売され、多くの人々が購入した。そのため、現在も多くの演説指南書が地域の博物館の館蔵品として保存・活用され、また時に古本屋などでも買い求めることができる。つまり、演説指南書はきわめてありふれた出版物であり、現在に至るまで全国各地に残っている資料なのである。

本項で取り上げる演説指南書は、明治という時代の中で、長く求められ続けてきた資料である。現在、「出版物」や「印刷物」は有形文化財の資料項目には含まれておらず、単独で登録有形文化財に指定されることはないが、ここでは歴史を物語る文化財として取り上げてみたい。

2　演説指南書の歴史的背景

「演説」という言葉は近世以前から使われていたが、海外で「スピーチ」と呼ばれたものを「演説」として広めたのは福沢諭吉である。福沢の著作の中でも有名な『学問のすゝめ』の中に、「演説の法を勧むるの説」という一節がある。この中で、福沢は「演説とは英語にてスピイチと言い、大勢の人を会して説を述べ、席上にてわが思うところを人に伝うるの法なり」と説明している。『学問のすゝめ』が刊行されたのは1872～1876年(明治5～9)であり、明治のかなり初期であるが、福沢は「この法の大切なるはもとより論を俟たず。譬えば今、世間にて議院などの説あれども、たとい院を開くも第一に説を述ぶるの法あらざれば、議院もその用をなさざるべし」とある。議会開設がされたとしても、演説ができなければ意味がない、と福沢がわざわざ言及しているのは、明治六年政変によって下野した江藤新平・副島種臣・板垣退助・後藤象二郎らが提出した「民撰議院設立建白書」を経て、議会制の導入を政府も市井の人々も意識しはじめていたからである。

福沢は、『学問のすゝめ』で言及するのみならず、演説を広めるために二つの演説会を立ち上げ、また積極的に参加している。一つ目は三田演説会で、慶應義塾社中のみで演練していたが、1875年（明治8）5月1日に本格的な演説会場として三田演説館が開館したため、不特定多数に向けての演説会となった。また、二つ目に挙げる明六社演説会は、当初は会員のみで行われていたが、1875年2月16日から公開演説会を有料で行うようになった。ちなみに、演説会が普及しはじめた初期は、聴衆に対して有料である場合が多かった（稲田2000）。

ただし、福沢が「演説」する主体を政治家や政治にまつわる人々に限定していたわけではない。『学問のすゝめ』では、「府の議院、学者の集会、商人の会社、市民の寄合いより、冠婚葬祭、開業・開店等の細事」とかなり幅広く演説を行う場や主体について定義している。政治家でも、学者でも、商人でも、市民でも、人前で自分の意見を述べることを演説とし、その上で、学ぶ人々が演説によって自身の智見を広めるのが重要である、としているのである。

演説の急速な普及は、福沢の啓蒙の結果であった一方、自由民権運動とそれに伴う新聞に対する弾圧によるところも大きい。自由民権運動では、各地で発刊された新聞によって過激な政府批判が行われていたが、1875年に公布された新聞紙条例・讒謗律(ざんぼうりつ)によって事実上発言が抑え込まれてしまった。そのため、新聞にとって代わって普及されはじめていた「演説」という新しい方法と民権運動が結びつき、拡大していったといっても過言ではない。その過程で、「民権家」と呼ばれる人々は演説をする、というイメージが定着するようになった。現在の私たちも、選挙のたびに演説を行う政治家を目にする。政治－演説が分かちがたくつながったのは、民権運動における「民権家」からである。

さて、自由民権運動によって演説が各地で行われるようになった時、おそらくその方法について多くの人々が学びたいと思ったはずである。上述したように、福沢による西洋から輸入された演説は、現在のように一般的に行われてはいなかった。そのため、ハウツー本として演説指南書が登場する。早い段階だと、矢野文雄「演説略法緒言」が1876年（明治9）7月29日『郵便報知新聞』の付録として掲載された。これは演説における文体を主とした概説であった。矢野は、慶應義塾出身で社中の中でも演説に強い関心を持っていた人物の一人であり、「演説略法緒言」を執筆した当時は報知社の客員であった。矢野はやがて本格的な演説指南書である『演説文章組立法』を著すことになる。「演説略法緒言」が当時の大新聞のひとつであった『郵便報知新聞』に掲載されたのは、演説への注目度が高まっていたからだといえる。

また、演説の名手と謳われ、大正期の桂太郎首相に対して行った弾劾演説の一節、「玉座を以て胸壁と為し、詔勅を以て弾丸に代へて政敵を倒さんとするものではないか」で知られる「憲政の神様」こと尾崎行雄も演説指南書を1877年（明治10）11月に出版している。尾崎は『公会演説法』・『続公会演説法』とシリーズで訳述し、とくに『公会演説法』では音声や身振りなど、演説をトータルで論じたものである（稲田2000）。このように、演説を行う側から演説指南書が示されることもあった。

以上のように、「演説」は福沢によって紹介され、民権運動と結びついたことによって、明治時代の日本において普及・定着した。この際、大きく役立ったのが演説指南書である。

3　演説指南書をよみとく

（1）どのような学習が求められるか

2018年（平成30）に制定された『高等学校学習指導要領』における「日本史探究　D近現代の地域・日本と世界」では、「歴史資料と近代の展望」という項目がある。その中では、「歴史資料の特性を踏まえ、資料から読み取れる情報から、近代の特色について多角的に考察し、仮説を表現すること」が求められる。今回取り上げる演説指南書は印刷物であることから、単純に文字を読み、書いてある内容を把握すること自体は難しくはない。しかし、時代背景を踏まえて読まなければ、近代の特色について多角的に考察することはできない。

以下では、演説指南書の1冊である、澤田誠武『雄弁秘術（ゆうべんひじゅつ）　演説美辞法（えんぜつびじほう）附大家演説集』8版（嵩山堂（すうざんどう）出版、1887年。神奈川県立歴史博物館所蔵。以下『演説美辞法』）を事例として取り上げ、明治時代の政治文化について考察させる学習およびその広告を用いて政治性について考察させる学習について述べる。

（2）『演説美辞法』から政治文化を考える

前述の通り、全国の博物館に演説指南書は所蔵されており、また文化財に指定されていないからこそ、常設展示室などでも比較的見ることが多い資料である。そのため、教材としても取り上げやすいであろう。ここでは、『演説美辞法』を事例として取り上げる（図1）。

『演説美辞法』は1887年（明治20）に刊行された。演説指南書が明治10年代から出版され、自由民権運動とともに隆盛を誇った点から考えると、少し遅い刊行である。この時期は、1881年（明治14）に「国会開設の詔」が出され、1890年（明治23）に国会開設がすでに約束されていた時期であり、人々は議会・あるいは選挙について強く意識し、演説について注目が高まっていた時期である。

嵩山堂は、青木嵩山堂のことを指す。青木嵩山堂は1880年（明治13）に本格的に大阪で始動した出版社である。青木嵩山堂の出版期を5期に分ける（青木・青木2017）と、草創期（1885〜1889年〈明治18〜22〉）に初版が出版され、昇龍期（1890〜1897年〈明治23〜30〉）間に『演説美辞法』の版を重ねられている。

ちなみに、草創期の青木嵩山堂は銅板を利用した世界と日本の旅行書や語学書といった実用書を中心として出版・販売している（青木・青木 2017）。

著者の沢田誠武について、詳しいプロフィールなどは良くわからない。他に、『国民之宝』という百科事典のような書籍を刊行している。少なくとも、知識人であったらしい沢田は、『演説美辞法』において、「演説ハ人ノ感情ニ訴フル所ノモノ」であり、「演説学ハ道理ヲ思考シテ口舌ニ演ブルノ学術ナリトイハンヨリハ寧ロ思想ヲ他人ノ前ニ美妙ニ陳述スル術トイフベキノミ故ニ吾輩常ニ曰クコレヲ学ト称セズシテ術ト称スベキ」と言う。つまり演説を起承転結をはっきりさせ、自身の主張をわかりやすく正確に伝える手段として捉えているのではなく、人の感情に訴えるためのものと定義しているのだ。その上、学術的な「演説学」ではなく実践的な「演説術」であるところにこだわりを見せる。さらに、沢田は「演説術」における規則として、①聴衆の思想を考察すること、②聴衆の思想に対する自分の思想を述べること、③その際、感情に従って訴える論旨や態度を決めること、という３点を挙げている。演説における聴衆の「情」、つまり感情を惹起し、喜ばせて同感を引き出すことが、演説の要点であるという。演説の内容より、「語り」の感情の重要性について終始している点が特徴的である。

また、『演説美辞法』は、以下 10 章から成る。

一章　大意
二章　音声ノ事
三章　態度ノ事
四章　手ノ作法
五章　足ノ踏方
六章　容儀ノ事
七章　登壇上ノ心得
八章　演説法
九章　演説ハ自然ト鍛錬トヲ要ス
十章　演説ヲ研究スルハ名家ノ演説筆記ヲ暗唱スルニアリ

図１　『雄弁秘術　演説美辞法』表紙
（神奈川県立歴史博物館所蔵）

一章の内容については、上記ですでに述べた。ここで注目したいのが、二章から七章にかけて、音声・態度・手の作法・足の踏み方・容儀・登壇上の心得と演説の中でも身体的な動きについて、事細かく説明されている点である。

たとえば、二章で挙げられている音声について「音声ノ高低緩急ハ演説術ニ於テ甚ダ重要ノ位置ヲ占ムルモノナリ」とし、音声の高低緩急を喜・怒・哀・楽・愛・悪の6種類に分類し、さらにその下に小項目を立てている（図2）。本文では、「第一種　喜」の「第一　欣喜」なら「純然タル音ヲ以テ強ク語勢ヲ放チ調子長クシテ且ツ少シ低カルベシ」、「第二種　怒」の「第一　激怒」なら「極メテ発声ヲ強ク且ツ高クシ語勢モ又劇シキヲ要ス調子ハ屡々（しばしば）高低変化スベシ」（（　）内筆者註、以下同じ）、といったように6種類の分類の下の小項目に語気や声の高低などを詳細かつ端的に示している。また、この章の中でさらに、演説のメインで大きな声を出せるようにそれ以外は小声で話すこと、音声に高低緩急がないと聴衆が退屈してしまうこと、早口でも遅すぎても演説は上手く伝わらないといった、実に細かい具体的な注意点が挙げられている。

また、本書の大きな特色のひとつに、態度・手の作法・足の踏み方について、詳細な図解が用いられている点がある。三章に挙げられる「態度」とは、すなわち演説中の身体の動きを指す（図3）。12点のポーズが図で示されており、さらに一章で説明された感情をもとに、どのポーズがどの感情に伴うのか、またどのように動作するのかなどが説明される。例として「喜」の動作について挙げよう。「喜」は身体の位置を整え、両腕を活発に動かすこと、また両手の掌を上にして胸の上に置く姿勢が基本である、と説明される。説明文に則って基本の姿勢を図から探すと、「第一図」が基本姿勢であろう。演説しながら両腕を

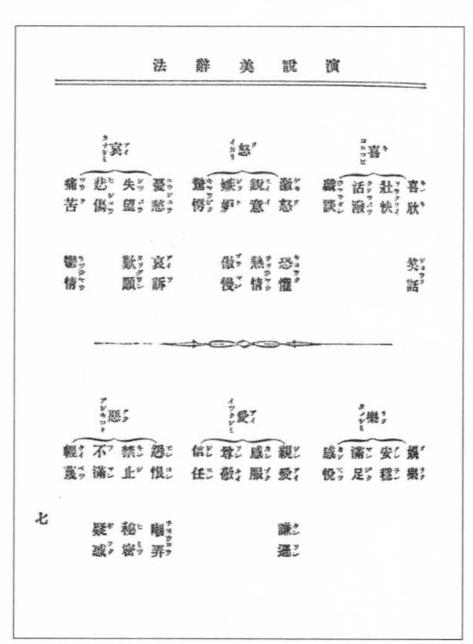
演説美辞法

喜：欣喜　壮快　活溌　戯談　笑話

怒：激怒　鋭意　嫉妒　驚愕　恐懼　熱情　傲慢

哀：憂愁　失望　悲傷　痛苦　哀訴　歎願　鬱情

楽：娯楽　安穏　満足　感悦

愛：親愛　感服　尊敬　信任　謙遜

悪：怨恨　禁止　不満　軽蔑　嘲弄　秘密　疑惑

七

図2　『演説美辞法』二章（7頁）
（神奈川県立歴史博物館所蔵）

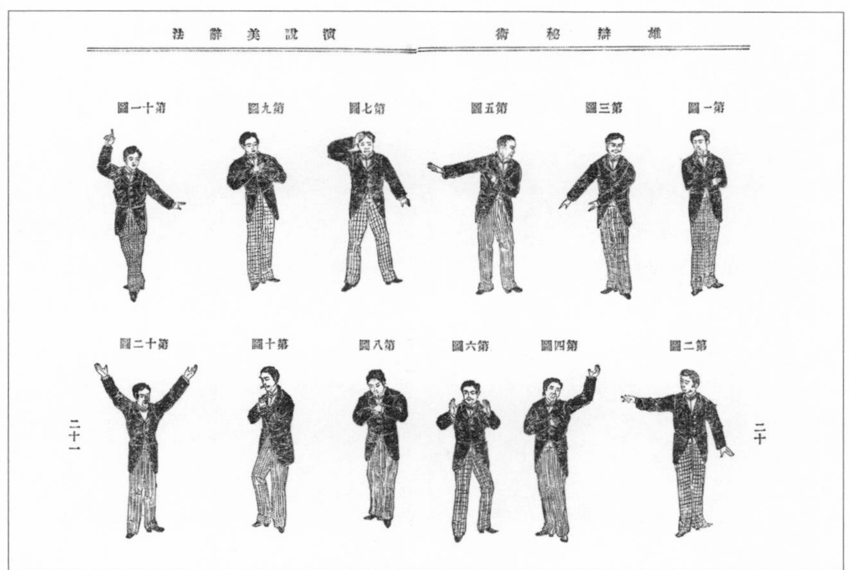

図3 『演説美辞法』三章（20-21頁）
（神奈川県立歴史博物館所蔵）

活発に動かすと、「第二図」のように聴衆に向けて手を差し伸べてみたり、「第四図」のように自身に注目させるがごとく手を高く上げてみたりと柔軟な動きが表現されている。もっとも、本文で「態度ノ事タルヤ一般ノ成規アルニアラズ只弁士ノ自然ニ知得スベキモノナレバコレヲ教授スル事極メテ難シ」と書かれているように、弁士が演説しながらその盛り上がりに則って自然と身体を動かす様は図解が難しかったであろうし、本資料のように図解されてもなお理解が及ばない部分もある。しかし、図と同じ格好をしながら、前述6種類のどの感情に当てはまるか

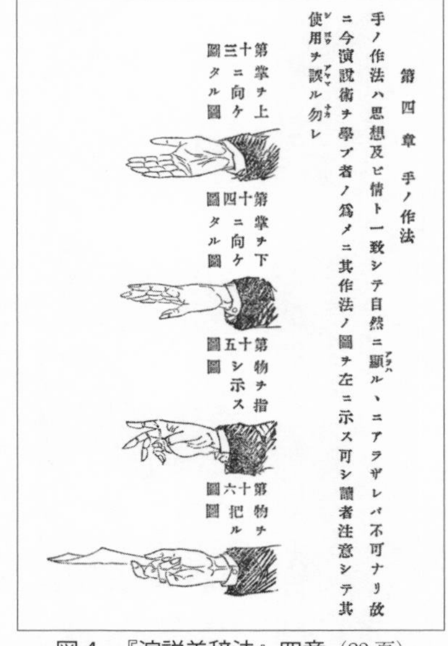

第四章　手ノ作法

手ノ作法ハ思想及ヒ情ト一致シテ自然ニ顯ハルヽニアラザレバ不可ナリ故ニ今演説術ヲ學ブ者ノ爲メニ其作法ノ圖ヲ左ニ示ス可シ讀者注意シテ其使用ヲ誤ル勿レ

第十三圖　掌ヲ上ニ向ケタル圖

第十四圖　掌ヲ下ニ向ケタル圖

第十五圖　物ヲ指シ示ス圖

第十六圖　物ヲ把ル圖

図4 『演説美辞法』四章（22頁）
（神奈川県立歴史博物館所蔵）

考えていくのはなかなか面白いものがある。

さらに『演説美辞法』では、思想と感情が表れるという四章「手ノ作法」(図4)、発声の良し悪しが姿勢で決まるため重要だという五章「足ノ踏方」(図5)が、態度とは別章を設けて図と共に解説されている。その他、六章「容儀ノ事」でもまた、頭の動かし方などで傲慢に、あるいは卑屈に見られる点を注意しなければならないと説く。七章「登壇上ノ心得」の中でも、演説中の態度を泰然と、また演説が拙く見えないような振る舞いについて、机を過剰に叩かない、演説の間に水を飲みすぎないといった具体例が挙げられていく。そして、演説の技巧について説く八章「演説法」の中ですら、「平々淡々説キ去ラバ人ヲシテ感動セシムル能ハザルノミナラズ却テ其倦怠ヲ招クに至ラン」と聴衆の感情に訴える重要性について言及している。八章では、演説には喚

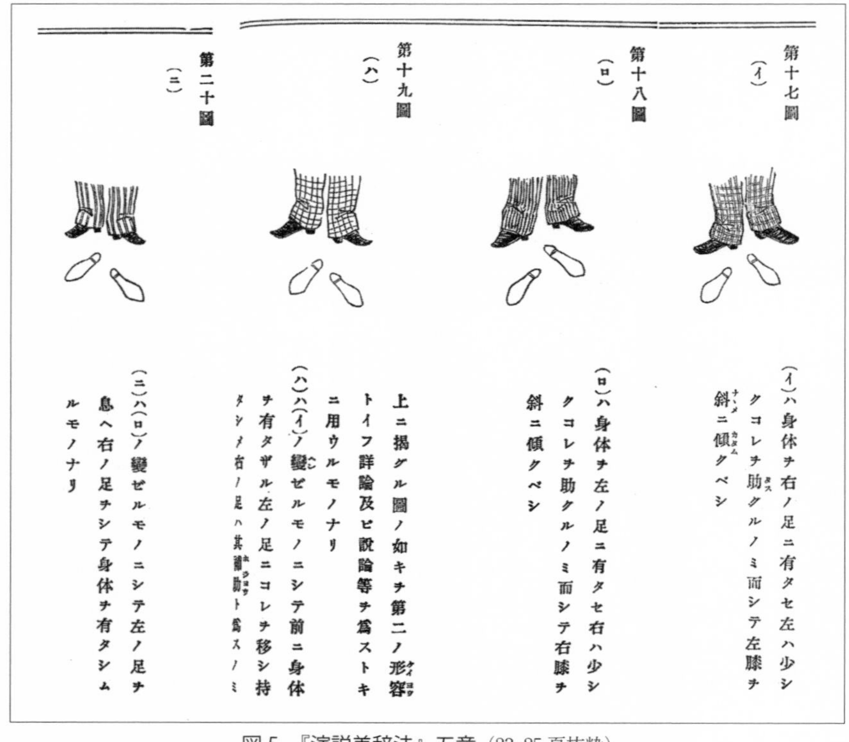
第十七圖（イ）

第十八圖（ロ）

第十九圖（ハ）

第二十圖（ニ）

（イ）ハ身体ヲ右ノ足ニ有タセ左ハ少シクコレヲ助クルノミ而シテ左膝ヲ斜ニ傾クベシ

（ロ）ハ身体ヲ左ノ足ニ有タセ右ハ少シクコレヲ助クルノミ而シテ右膝ヲ斜ニ傾クベシ

上ニ掲グル圖ノ如キヲ第二ノ形容トイフ詳論及ビ説論等ヲ爲ストキニ用ウルモノナリ

（ハ）ハ（イ）ノ變ゼルモノニシテ前ニ身体ヲ有タザル左ノ足ニコレヲ移シ持タシメ右ノ足ハ其補助ト爲スノミ

（ニ）ハ（ロ）ノ變ゼルモノニシテ左ノ足ヲ息ヘ右ノ足ヲシテ身体ヲ有タシムルモノナリ

図5　『演説美辞法』五章（23-25頁抜粋）
（神奈川県立歴史博物館所蔵）

起・感嘆・自問自答・比喩・叙列・引証・反覆があると説明されるが、ほとんどがいかに聴衆の感情を揺り動かすかに関する技法であって、自身の主張を理路整然とわかりやすく話す、という演説内容に関してではないのである。

九章は「演説ハ自然ト鍛錬トヲ要ス」と題し、アメリカ人のヘンリー・ウィルリアムという人物の『エルクエンス』(『能弁書』)を訳しているとし、演説はわざとらしく作られた動作ではない「自然」な態度で行うこと、また「口舌」つまり話し方だけを「練磨」するのではなく、「思想口舌態度」の3点がそろわなければならない、とする。そのため、巻末に13人もの「名家」と謳われる人々の演説集が附され、十章のタイトルのまま、「演説ヲ研究スルハ名家ノ演説筆記ヲ暗唱スルニアリ」と有名かつ優れた演説を暗唱して練習することが推奨されるのである。

以上で見てきたように、『演説美辞法』では、音声や身振り手振りによって聴衆の感情をいかに動かすかというテクニックに多くのページが割かれている。このような傾向が日本の演説指南書に多かった点において、19世紀の英米のエロキューション学派の影響が指摘されている。エロキューション学派は演説の所作を科学的に解明し、演説の技法を高めようとした一派である。また、併せて明治中期の演説指南書が演説技術を即席で習得できると謳ったハウツー本ブームと連動していた点(秋田 2004)も本資料に当てはまる。ここで気になるのは、本資料では演説の内容、すなわち聴衆に自身の意見をいかに正確に伝えるかにはほとんど重点が置かれず、聴衆の感情へ訴えるための手段が重要であると繰り返し述べられている点である。

実際に演説を行う明治期の人は、以上のような身振りを示したのであろうか。尾崎行雄は、桂太郎弾劾演説の様子を以下のように振り返っている。「(前略)私はますます強く桂公を攻撃し、ついに手を挙げて、大声疾呼しながら指頭をもって公を突くがごとき姿勢を示した」(尾崎 1952)。前述の通り、この弾劾演説はきわめて熾烈な、桂に向けての批判であった。図2の感情に照らし合わせれば「怒」の中の「激怒」・「鋭意」が当てはまる。「怒」の態度の示し方は「此ノ情ヲ説クニハ前身ヲ収縮シテ顔色ヲ怒ラシ双手ヲ高ク挙ゲ以テ其情ヲ示スベシ」、つまり図3中の「第十二図」の両手を挙げたポーズが該当するが、尾崎の弾劾演説の場合、矛先は桂に向かっており、それがわかりやすく「指頭をもって公を突くがごとき姿勢」に現れていて、図3に改めて照らし合わせると「第二図」に近い。このように実際の演説者の動きと『演説美辞法』に提示された身振りとでは齟齬があるが、これこそ「態度ノ事タルヤ一般ノ成規アルニアラズ只弁士ノ自然ニ知得スベキモノ」なのである。

明治初期、福沢諭吉が演説を広めようとした際、議会は想定されていた一方で、慶應義塾を中心に行われていた演説は、「学術演説会」であり、このように聴衆の感情に対するテクニックを重要視していたとは言い難い。時代が下り、自由民権運動から議会開設が目前に迫るにつれ、演説内容よりいかに聴衆の感情に訴え、熱狂させ、自身の意見を肯定させるかという点を重視するように変化し、発声や動作といった形式に注目が集まっていったことは、「演説」における社会的な位置・人々の理解の変化が見て取れて興味深い。

4　視点をひろげる―『演説美辞法』にみる政治性と時代性―

今まで政治文化としての演説を『演説美辞法』から見てきたが、本来の演説とは多分に政治性を含むものである。しかし、『演説美辞法』という演説指南書からは、その政治性をなかなか読み取りにくい。

『演説美辞法』の奥付を確認すると、1887年12月17日に第1版が出され、1894年（明治27）6月28日に訂正増補版第8版まで出版されている。現在、国会図書館デジタルコレクションでは1版・改正6版（1890年5月2日出版）・訂正増補版第8版が閲覧可能となっている。ここで今一度、図1で提示した神奈川県立歴史博物館所蔵の『演説美辞法』の表紙を確認すると、これは現在確認できる上では最新版の訂正増補版8版である。約7年間、8版もの出版を重ねた『演説美辞法』の出版部数は定かではないが、ベストセラーといって過言ではないであろう。

さて、『演説美辞法』の版の違いで確認したいのは、内容においてどのような改正・訂正増補がなされたかではない。巻末に収録されている「附大家演説集」についてである。この演説集に掲載されているのは、演説の大家とされていた人物だが、版によって掲載された演説が異なる。民権運動を牽引した板垣退助がどの版でも確認される一方、演説普及に努めた福沢は1版にしか掲載されない。また、とくに議会開設後の改訂増補8版には衆議院議員・国会記者・文部大臣・元内務省衛生局長といった、国会や政治に関係する人々の演説が13本中6本取り上げられている。これらからは、出版当時をときめくトレンドの人物を選定して掲載していたと考えられる。一方、演説の内容自体は政治・経済・社会情勢や学術と、どの版もバラエティに富んでいる。政治的な意図よりも様々の分野の演説を提示することを主眼に選定しているように見える。

しかし『演説美辞法』の新聞広告を見ると、その演説の内容を全面に押し出して売り出そうという動きは、訂正増補8版発行の際に初めて表れて来る。1894年7月22日付の『朝日新聞』の広告には、『演説美辞法』の内容について述べた後、「犬養毅君の朝鮮の話ハよく其の状を穿ち身朝鮮に在て彼の国弊を見聞をするが如し」と、犬養毅の演説のみ大きく取り上げられている。訂正増補8版に掲載された論文は以下の通りである（表1）。

犬養の演説タイトルは「朝鮮の話」である。なぜこの時期にこの演説が広告でわざわざ言及されるかというと、日清戦争が目前だったからである。日清戦争は1894年7月25日の海戦から実質はじまり、8月1日に日本が宣戦布告している。この広告が出された時、日清の緊張関係は最高潮に高まった状態だった。

また、青木嵩山堂は、日清戦争の起こる3年ほど前から、清国・朝鮮・満

表1 『演説美辞法』訂正増補8版に掲載された附録演説集目次

肩書	氏名	演説タイトル
伯爵	板垣退助	大会の席上
衆議院議員	星亨	元勲諸公の責任
衆議院議員	河野広中	敢て内閣大臣に告ぐ
国会記者	末広重恭	内政外交
文部大臣	井上毅	教育の方針
子爵	谷干城	孔聖は大政治家たり
元内務省衛生局長	後藤新平	疾病の保険法
文学博士	末松謙澄	言語の性質
衆議院議員	犬養毅	朝鮮の話
文学博士	加藤弘之	天則と人則
陸軍歩兵中佐	福島安正	バンガン半島旅行記
実業論者	前田正名	五品大会の趣意
経済家	田口卯吉	免税論

（『演説美辞法』附録演説集目次より作成）

州などの地域に関心を高めており、東洋の地図・旅行記を多く刊行し、日清戦争開戦後は、戦争記録や国民を鼓舞する書籍が出版した（青木 2017）。このような出版社の方向性もあいまって、『演説美辞法』の内容の中から朝鮮に関係ある記述を強調するような広告を出したと考えられる。

『演説美辞法』はあくまで演説の技法に重点を置き、演説内容についてほぼ触れない演説指南書であったと繰り返し述べて来た。附された演説集も、表として挙げた第8集ですら、演説内容は教育や経済といったテーマも含まれ、政治に偏っているわけではない。しかし、国を挙げての戦争という非常事態が重なると、突如その中から関連する演説が押し出された広告が打たれるのである。

現在も世間にはハウツー本があふれ、明治時代の指南書も未だに数多く残されている。『演説美辞法』のように国会図書館デジタルコレクション等のデータベースで内容の確認が手軽に行えるものもある。このありふれた出版物は、一見すると大量生産された、取るに足らない資料のようにも見える。しかし、演説指南書は明治時代の日本人が演説をどのように捉えたか、またどのように習得したかということを知ろうとする時、大量に流通し、演説を行おうと志した人々の指針となり、実用性があったからこそ現代まで誰かの手元に残されてきた有用な資料である。演説指南書のような大量生産された資料は、今後さらに増えていくであろう。このような資料をどのように残していくかがその時代性を記録することにつながる、現在から未来の課題である。

◉参考文献

青木育志・青木俊造　2017『明治期の総合出版社　青木嵩山堂』一般財団法人アジア・ユーラシア総合研究所

秋田摩紀　2004「視線の攻防、視線の快楽―近代日本の演説指南書にみる知識人の「身振り」」『近代教育フォーラム』13、教育思想史学会

稲田雅洋　2000『自由民権の文化史―新しい政治文化の誕生―』筑摩書房

尾崎行雄　2016（初版 1952）『民権闘争七十年―咢堂回顧録―』講談社

芳賀　綏　1983『言論一〇〇年 日本人はこう話した』三省堂

福沢諭吉　1978『学問のすゝめ』岩波書店

有形文化財 彫刻

銅像は何を語るのか

下山　忍

「建てられた銅像」と「倒された銅像」から人びとの思いをよみとく！

1　銅像とは

銅像とは青銅（銅と錫の合金）で鋳造したいわゆるブロンズ像のことで、特に屋外に設置される記念碑的な顕彰の像である。古代エジプトや古代ギリシアにおいても多くの青銅像がつくられたというが、後代にその多くが鋳つぶされて、偶然発見された「ポセイドン」（アテネ国立考古学博物館）、「デルフォイの御者」（デルフィ考古学博物館）以外現存するものは少ない。ローマ時代に現世的な肖像彫刻の制作が盛んになり、「マルクス・アウレリウス帝騎馬像」（イタリア・カンピドリオ広場）のような本格的な騎馬像がつくられた。偶像を排した中世を経てルネサンス期に銅像も復活し「ガッタメラータ将軍騎馬像」（イタリア・サンタントーニオ・ダ・パードヴァ聖堂前）などがつくられ、以後広まったという（『日本大百科全書』）。

優れた金銅仏が多く残る日本であるが、個人の銅像は発展しなかった。日本で大型の銅像制作を容易にしたのは、1876年（明治9）に来日したイタリア人ビンチェンツオ・ラグーザが西洋風彫塑技法を伝えたことによる。工部美術学校でラグーザに師事した大熊氏広が制作した「大村益次郎像」（靖国神社）などが銅像の嚆矢とされている。以後、高村光雲の「西郷隆盛像」（上野公園）など明治・大正期から著名な政治家や軍人の銅像が多く造立された。これらには、歴史的事実を踏まえ英雄の功績を顕彰して後世に伝える目的があった（川尻1985）。東京を中心に全国各地で銅像はつくられ、最盛期には1,000体以上があったという。1928年（昭和3）に発行された『偉人の俤（おもかげ）』という銅像写真集には、650体の写真が掲載されている（毛利2012）。

しかし、日中戦争から太平洋戦争にかけて、銅像は物資不足を補うために金属回収の対象となって撤去されることになった。さらに、敗戦後は軍国主義・超国家主義排除の観点からGHQの命令によって撤去されたものも多い。

日本に現存する総数も不明であるが、金子治夫は15年以上にわたって600体ほどを写真撮影しており、そのうちの236点を写真集に掲載している（金子2012）。また、西日本を中心に銅像の悉皆調査を試みた前田重夫は全国に1,000体余りが現存するのではないかと推定している（前田2000）。ちなみに金子によれば、現存数の多かった銅像は「松尾芭蕉像」、「明治天皇像」、「太田道灌像」、「西郷隆盛像」、「神武天皇像」、「楠木正成像」であるという。

以上のように、日本における銅像は西洋近代をモデルとしてつくりはじめられ、芸術作品として造形された偉大な人物の姿を仰ぎ見ることによって、その偉業を伝承し、後世の人びとを啓発するという意図をもっていた。その像主は政治家、軍人、皇族・華族、実業家、さらには神話上の人物まで多岐にわたっており、当然ながら対外戦争とも密接に関係している。

しかし、造立時に半永久的な存在を期待された銅像であったが、実際は必ずしもそうはならなかった。前述した戦争の激化に伴う金属回収の対象やその後の戦後改革による撤去の影響は大きいが、そればかりでなく、時が経つにつれて忘れ去られるものも多かった。本稿では、こうした銅像の変転から人びとの思いを読み取っていきたいと思う。

2　銅像の歴史的背景

（1）銅像をつくった人びと

ヨーロッパにおける銅像についての情報を日本で初めて言及したのは、1869年（明治2）に刊行された村田文夫『西洋聞見集』であることが石井研堂によって紹介されている（石井1926）。村田はイギリスにおける「ネルソン提督像」を例に挙げて「仁君功臣は石碑或は偶像を路傍に建築し、其徳政を銘記し其勲功を旌表し後人をして之を追想し遺却なからしむ」とその目的についても触れている（平瀬2011）。

そうした銅像の概念に基づいて、実際に日本で銅像がつくられるようになったのは1890年代以降のことである。これは制作者の育成という問題と強く関連しており、1876年に開校した工部美術学校で、前述のラグーザに師事した大熊氏広が制作した「大村益次郎像」（1893年・靖国神社・図1）が初

図1　大村益次郎像
（東京都千代田区・靖国神社・筆者撮影）

図2　小松宮彰仁親王像
（東京都台東区・上野公園・筆者撮影）

図3　西郷隆盛像
（東京都台東区・上野公園・筆者撮影）

図4　楠木正成像
（東京都千代田区・皇居外苑・筆者撮影）

期の作例である。以後、大熊のもとには次々と銅像制作依頼が寄せられたという（木下 2014）。「有栖川宮熾仁親王（ありすがわのみやたるひとしんのう）像」（1903 年・有栖川記念公園）、「小松宮彰仁親王（こまつのみやあきひとしんのう）像」（1912 年・上野公園・図 2）もその作例である。大熊の同級生では菊地鋳太郎「亀井茲監（かめいこれみ）像」（1890 年・津和野嘉楽園）、藤田文蔵「井伊直弼像」（1909 年・掃部山公園・ただし再建像）がある。

しかし、工部美術学校は、国家財政の窮乏や伝統的美術育成への方針転換などの理由によって1883年（明治16）年に閉校する。東京美術学校が1887年（明治 20）に開校するが、洋風彫塑が採用される 1898 年（明治 31）までは彫刻科は木彫のみであった。初期の代表的な作例と言える高村光雲の「西郷隆盛像」（1898 年・上野公園・図 3）、同じく「楠木正成像」（1900 年・皇居前広場・図 4）がいずれも木型を原型として鋳造されていることはこうした事情を物語っている。東京美術学校で彫塑を採用してからは、新海竹太郎・米原雲海・渡辺長男・本山白雲・朝倉文夫・荻原守衛・高村光太郎・佐藤朝山・北村西望らが活躍していくことになった（川尻 1985）。

（2）銅像となった人びと

①明治維新とともに　19 世紀終わり頃は立憲国家の成立期にあたり、日清・日露戦争の勝利によって国全体が殷賑を極めていた。都市部を中心に街づくりも欧米を模倣し、都市改造がなされはじめていた。こうした時期に、特に東京では「銅像建立ブーム」と言われるような状況になった（松原 2000）。

図 5　品川弥二郎像
（東京都千代田区九段坂・筆者撮影）

銅像は前述の「大村益次郎像」や「品川弥二郎像」（1907 年・九段坂・図 5）のように明治維新の功臣が多く造立されたが、「楠木正成像」のように歴史を遡って天皇に忠誠を尽くした人物も顕彰された。建設はこれより少し遅れるが、「和（わ）

気清麻呂像」（1904年・大手濠緑地内）もそうした性格をもっている。

これとは別に、明治政府に敵対した像主の銅像もつくられるようになった。例えば西郷隆盛は維新の功臣ながらも、西南戦争を起こして敗れ一切の位階勲などを剥奪されていたが、1889年（明治22）の大日本帝国憲法発布による大赦が行われると直ちに銅像制作の気運が高まった。東京美術学校に委嘱され、高村光雲が原型を担当した「西郷隆盛像」が1898年に完成したのである。また井伊直弼も安政の大獄で多くの勤王の志士を弾圧したことから、明治政府高官たちにとっては敵対者の立場にあったと考えられるが、旧彦根藩士たちの尽力によって1909年（明治42）に「井伊直弼像」はつくられている。

井伊直弼は特別な事情を有するが、他の旧大名の銅像も制作されている。津和野藩主の「亀井茲監像」（1890年・津和野神社）はやや早い時期に属するが、長州藩主の「毛利敬親像」（1899年・亀山公園）などもつくられた。こうした旧大名は、幕藩体制の支配階層というよりも1884年（明治17）の華族令によって「皇室の藩屏」として立憲国家に位置付けられたことが関連していると思われる。

さらに殖産興業政策の中で政府から特権を与えられ、独占的な利益を上げた新勢力と言える政商・財閥の銅像もつくられている。「岩﨑弥太郎像」は1893年（明治26）に大熊氏広によってつくられた。大熊はこれに続き、久弥・弥之助・美和子と岩﨑家の人びとの銅像をつくっていることが知られる。そのほか、企業や学校の経営者等の銅像も相次いでつくられるようになったという（木下2014）。

②対外戦争の中で　日清・日露戦争という対外戦争は、銅像造立に大きな影響を与えた。ナショナリズムの高揚の中で元寇紀年碑を設立しようという運動が始まり、当初は北条時宗像が計画されたが、紆余曲折を経て結局「亀山上皇像」（1904年・福岡市東公園）となったという（平瀬2011）。

また、1905年（明治38）の日露戦争終了後に数多くの軍人像がつくられた。いずれも戦時中の供出などにより現在見ることはできないが、海軍省が「西郷従道像」・「川村純義像」・「仁礼景範像」の三将軍像を募集（1909年完成）したことがその契機とも言われる（川尻1985）。当然ながら海軍ばかりでなく「川上操六像」（1905年・供出）、「大山巌像」（1919年・現在は九段坂・図6）、

図6　大山巌像
（東京都千代田区九段坂・筆者撮影）

「山県有朋像」（1929年・現在は萩市中央公園）、「乃木希典像」（1937年・撤去）など陸軍の将軍像もつくられている。

こうした将軍像に加えて「広瀬中佐と杉野兵曹長像」（1910年・万世橋・撤去）、「木口小平像」（1932年・浜田市護国神社・戦後再建）、「肉弾三勇士像」（1934年・撤去）のような銅像もつくられた。木口小平は日清戦争で戦死したラッパ手で、死しても口からラッパを離さなかったという逸話が教科書に掲載されていた兵士である。広瀬（武夫）中佐と杉野（孫七）兵曹長は日露戦争の旅順港閉塞作戦で戦死し、唱歌などによって広く知られていた。肉弾三勇士は、1932年（昭和7）の第1次上海事変において自爆して突撃路を開いた3人の兵士のことで、広瀬中佐と同様に軍神とされていた。また、兵士ではないが「一太郎やあい像」（1931年・多度津町桃陵公園・再建）もこれに準ずる。これは日露戦争に出征する息子の名前を呼び気丈に送り出す母の銅像で、やはり教科書に掲載されていた。これらはいずれも軍全体を指揮する立場の像主ではないが、国民教化によって広く知られており、戦意高揚のために制作されたものと言える。

（3）金属回収令と銅像

日中戦争が拡大激化すると物資の不足が深刻となり、1937年（昭和12）には銅の使用制限も始まった。これ以後、銅像の回収も問題にされはじめ、個人の意志に任されてはいるものの銅像の献納も始まっていったという。この方針が決定的となったのが、1943年（昭和18）に閣議決定された「銅像等ノ非常回収実施要項」である。逼迫する銅の需給状況を打開するために銅像の回収を行い、戦争完遂に向けて国民の士気を一層強固にするという趣旨であった（平瀬2011）。

このときの回収から除外された銅像は、①皇室関係及び神像、②信仰対象の仏像、③国宝・重要美術品、④国民崇敬の対象とされ、実際のところ、①は神武天皇像など37件、②は日蓮像など177件、③は東京美術学校内の像51件、④は「大村益次郎像」・「西郷隆盛像」・「楠木正成像」・「和気清麻呂像」・「大山巌像」・「乃木希典像」・「広瀬中佐と杉野兵曹長像」など14件であったという。当局の把握した銅像総数9,236体のうち、回収から除外されたのは3%に過ぎなかった。除外の基準は芸術的観点ではなく、宗教団体への配慮や戦時体制強化の文脈から定められていたことがわかる（平瀬2011）。

銅像の回収は「出陣」・「出征」・「応召」などと報道され、戦意高揚のプロパガンダとなった。特に軍人像（故人）などは、「銅像になってもなお、お国のために役に立つ」とされた。その一方で、慣れ親しんだ銅像に対する愛惜の念から、原型もしくは鋳型を残して、戦勝の暁には再現させようとする動きもあったという（墨2016）。後述する「伊達政宗騎馬像」に見られるように、こうした事例は多かったのではないだろうか。

（4）GHQによる撤去命令と銅像

1945年（昭和20）の敗戦後、GHQの指令・勧告に基づいて日本政府がこれを実行する間接統治方式のもと、日本における軍国主義・超国家主義の排除を目指した施策が次々に実行された。1946年（昭和21）11月には、内務次官・文部次官指示「公葬等について」及び「忠霊塔、忠魂碑等の措置について」という2つの通牒が出されている。これは「忠霊塔、忠魂碑その他戦没者のための記念碑、銅像等」を学校及び公共地から、撤去するという命令で、戦争碑とともに銅像もその対象とされた（本書「戦争碑は何を語るのか」参照）。

撤去の責任者はその建造物（所在地）の管理者・所有者等とされたため、例えば東京都は1947年（昭和22）に撤去審査委員会を立ち上げて撤去すべき戦争碑や銅像の審査を行った。その結果、銅像については「広瀬中佐と杉野兵曹長像」の撤去が決定した。審査と併行して撤去された銅像も多く、「肉弾三勇士像」や各国民学校にあった乃木希典像・東郷平八郎像・楠木正成像なども撤去されていたという。「大村益次郎像」・「西郷隆盛像」・「楠木正成像」は明治文化史上の価値から、「和気清麻呂像」は軍国主義・超国家主義の宣伝鼓吹に該当しないとされて残置されることになった（平瀬2011）。

軍服姿の「大山巖像」や「山県有朋像」について、前述の東京都の撤去審査委員会が芸術性を理由に存置を認めたが、その後GHQ側が強く撤去を求めたため、結局東京都美術館に移転ということになった。その大きさから館内に入らなかったため、台座から下ろされて裏庭に設置されていた。その後、「大山巖像」は1964年（昭和39）九段坂に移転、「山県有朋像」は井の頭自然文化園を経て、1992年（平成4）に萩市中央公園に移転している（木下2014）。以上のように、造立時に半永久的な存在を期待された銅像もその後様々な変転を辿ることも多く、それ自体が歴史の反映であると言える。

3　伊達政宗騎馬像をよみとく

(1)「伊達政宗公三百年祭」と初代像の造立

それでは次に、現在も宮城県仙台市において地域の人びとや観光客に愛されている「伊達政宗騎馬像」を事例として1つの銅像の変転について述べてみたい。予め断っておかなければならないのは、現在私たちが目にする「伊達政宗騎馬像」は初代像の石膏原型を用いて再建した二代目である。だから、形状・大きさは同一であるが、別の銅像ということになる。ここでは、まず初代像から話を始めたいと思う。

初代像は伊達政宗の没後300年を記念して開催された「伊達政宗公三百年祭」の一環として、1935年（昭和10）に仙台城（青葉城）本丸に設置された。その計画は宮城県青年団が中心となり、これに仙台郷土研究会という郷土史家たちの組織が加わって進められたという。青年団とは10代から30代半ばまでの青年たちで組織された自主的な修養・奉仕団体であるが、内務・文部両省の統制のもとに全国組織となり、次第に地域の有力者を指導者とする組織となっていた。事実、1935年の宮城県青年団の連合青年会長は宮城県知事であった。こうした組織が中心となり、宮城県と仙台市による三百年祭記念事業協賛会が発足し、当時の総理大臣であった齋藤實を総裁にして事業内容などが正式に決定されて行った（野城2020）。

この「伊達政宗公三百年祭」は、「伊達政宗騎馬像」序幕式を中心に前後7日間に政宗を祭神とする青葉神社・政宗廟所の瑞鳳殿の祭典行事が開催されるとともに、宮城県内各地で関連行事も行われた。仙台市では花電車が走り、各種博覧会や体育大会も開催され、東北帝国大学では徳富蘇峰を招いて記念講演会を行っている。また松島では灯籠流しや打ち上げ花火、石巻でも山車や武者行列・打ち上げ花火などを行った。こうした取組によって参拝・観光客は50万人を突破し、旅館はどこも満員だったという（水野2009）。

厳格な儀式だけではなくこうした娯楽性の強い行事が企画された背景には、当時の日本の観光政策もあるという。1931年（昭和6）に満州事変が勃発し1933年（昭和8）には国際連盟を脱退するという国際的に緊迫した時期ではあったが、日本政府は世界的な海外旅行の流行を受けて国際観光政策を進めていた。鉄道省国際観光局は観光地としての日本の姿を海外にアピールしており、具体的には各自治体に海外からの観光客が宿泊できる国際観光ホテルの建設を促し、それぞれをつなぐ回遊経路案も提案していた（砂本2008）。宮城県に関して言えば仙台と松島がそうした経路に組み込まれており、前述の「伊達政宗公三百年祭」の開催や「伊達政宗騎馬像」の造立との結びつきを窺うことができるのである（水野2009）。

（2）制作者小室透と表現された伊達政宗の姿

「伊達政宗騎馬像」の制作者は、小室透（1899〜1953）である。宮城県槻木村（現：柴田町）出身で、東京美術学校彫刻科を首席卒業した新進気鋭の彫刻家であった。同校で師事した朝倉文夫にも前述の「仁礼景範像」や「大隈重信像」（1937年・早稲田大学）など多くの銅像作品があり、その教えを受けていた。また「伊達政宗騎馬像」の制作にあたって、小室は東京丸の内周辺の騎馬像を見学しており、高村光雲「楠木正成像」よりも新海竹太郎「大山巌像」や北村西望「寺内正毅像」を参考にしたことが窺える。なお、小室は主に東京都杉並区永福町の自宅アトリエを拠点としていたが、父親が町長を務めていたことなどから郷土との関係も深く、宮城県から発注された仕事にもよく対応していたという。「伊達政宗騎馬像」も永福町のアトリエで石膏原型が制作され、日暮里の鋳造所でブロンズ化、溶接され、運送店のトラクターで仙台まで運んで設置したという（野城2020）。

さて、「伊達政宗騎馬像」は甲冑に身を包み、左手で手綱、背中の後ろに回した右手で扇を持っている。馬は右脚を上げてはいるが、ゆっくりと真っ直ぐに歩む姿につくられている。表情は厳かで斜め左下を向いている。「独眼竜」とされた政宗であるが、銅像は両目を開いている。これは他の肖像同様、すべて両目を入れるようにという政宗の遺言による基づくものであろう。この姿は政宗が居城を岩出山城から仙台城（青葉城）に移し、初入城した時のものとされている。甲冑姿ではあるが、武将としてというよりも仙台の新しい時代を築いた統治者としての姿をイメージしている。これは小室が本像を制作するにあたって、参考にしたという仙台郷土研究会の阿刀田令造や小倉博の意見に依っているという。阿刀田や小倉は歴史家であるとともに当時高等学校長などを務める仙台教育界の中心的な人物であって、武功よりも仙台開府以降の「平和事業」の顕彰にこそ教育的意義があると考えていたのである（野城 2020）。

それならば、なぜ平服や束帯姿ではなく甲冑姿につくられたのであろうか。これは宮城県内ではそれ以前から政宗の事績を教育に活用する取組が行われており、その一環として各学校には、瑞巌寺の「伊達政宗甲冑倚像」をモデルにした塑像が配布されていた。政宗の肖像彫刻には瑞鳳殿の束帯姿像もあったが、多くの宮城県民にとって伊達政宗と甲冑姿は結びついていたものと思われたからであろう（仙台市史編さん委員会 2009）。

また、石製台座には「政宗元服」、「政宗権中納言」、「朝鮮ノ役出陣」、「支倉常長南欧派遣」という小室のデザインになる4枚のレリーフで飾られているが、成人と極官を除いて朝鮮出兵と慶長遣欧使節をその事績を代表する出来事としているところは興味深い。

（3）金属供出と「出陣壮行式」

日中戦争の拡大激化、さらには太平洋戦争の開始による物資不足の中、仙台市においても金属回収が強化されるようになった。1943年（昭和18）8月には仙台市内にあった著名人の銅像や胸像52体が撤去され、その「壮行会」が市役所で行われた。この中には斎藤實元首相をはじめ貴族院議員・衆議院議員・市長・市議会議員という政治家たちの像や、元東北帝国大学総長本田光太郎、河北新報社社長や大内合資会社社長の像も含まれていたという。またこの頃、仙台市に拠点を置く第二師団との関係でつくられていた軍馬の銅像も撤去されている（仙台市史続編編纂委員会 1969b）。

そして1944年（昭和19）1月22日には、遂に「伊達政宗騎馬像」も供出されることになった。1935年(昭和10)に造立された銅像なので9年間しか経っていなかった。前述のように回収から除外される条件は、①皇室関係及び神像、②信仰対象の仏像、③国宝・重要美術品、④国民崇敬の対象であったから、このうち④には該当しなかったものと思われる。「県民」の崇敬対象であっても、それは「国民」すべてではないということであろうか。この日、仙台市と宮城県護国神社の共同主催で、県内の青年団代表参集のもとに盛大な「出陣壮行式」が挙行された。この折に仙台市出身の土井晩翠の「銅像出陣の詩」も披露されたというが(菊地1967)、人びとの愛惜の念を感じ取ることができる。

(4) セメント像の造立

こうして仙台城本丸の「伊達政宗騎馬像」は、金属回収のために撤去された。台座はそのまま残されていたので、銅像の不在は見る人に強く意識されたかもしれない。そうした中、撤去から10年の歳月が流れた1953年(昭和28)10月、その台座上に白色セメント造りの「伊達政宗像」が造立されることになった。これは甲冑姿ではなく裃姿の立像である。軍装ではないことから、「平和像」とも呼ばれている(図7)。

本像は柳原義達(1910～2004)の制作になり、小野田セメント株式会社から仙台市に寄贈されたものであった。同社は自社の白色セメントを用いた野外彫刻の普及に力を入れており、芸術支援活動を展開していた。具体的には①セメント作品の買上と寄贈、②セメント作品の制作、③児童の造形教育への関与などを行っていたが、そうした活動の一環としてのセメント像の造立であった(坂口2019)。

図7 伊達政宗像
(宮城県大崎市・城山公園・筆者撮影)

こうした造立の背景には、仙台市民の心のシンボルとして伊達政宗像が必要とされたことが窺われる。また、戦後の混乱期が過ぎて観光に注目が集まったという事情もあった。仙台市においても1952年（昭和27）には定期観光バスが営業を開始し、仙台城跡や大崎八幡宮などをめぐる仙台定期遊覧などが設定されていた（仙台市史編さん委員会2011）。観光ポイントである仙台城本丸に、やはり伊達政宗像はなくてはならないものだったのではないだろうか。

このセメント像は白色だったので遠望もきいたというが、仙台城本丸に設置されていたのは11年間に過ぎなかった。後述のように1964年（昭和39）には2代目の「伊達政宗騎馬像」が復元造立されるからである。結論から言えば、やはり初代の騎馬像の復元が望まれたと言える。行き場を失ったセメント像はその後、政宗が仙台城に入るまで居城としていたという由緒によって岩出山城跡（宮城県大崎市）に移され、その場に安住の地を得た。これを契機に地元では「政宗公まつり」を始め、現在も毎年9月に行われている。

（5）2代目像の再建と初代像の行方

「伊達政宗騎馬像」復元の背景には、戦前の勇姿を知る仙台市民からの要望が大きかったことによるという（野城2020）。心のシンボルとしての「平和像」がつくられたものの、やはりかつての「騎馬像」を求めたということであろう。初代像の石膏原型が制作者・小室透の地元である柴田町に分散保存されていたこともその声を強めることになった。小室は没後、彫刻作品や石膏原型など約200点を柴田町に寄贈していたのである。この石膏原型は、2023年（令和5）に柴田町しばたの郷土館思源閣が企画展を開催して一般公開した。筆者もこれを見学する機会を得たが、保存状態もよく貴重な資料と言える（図8）。

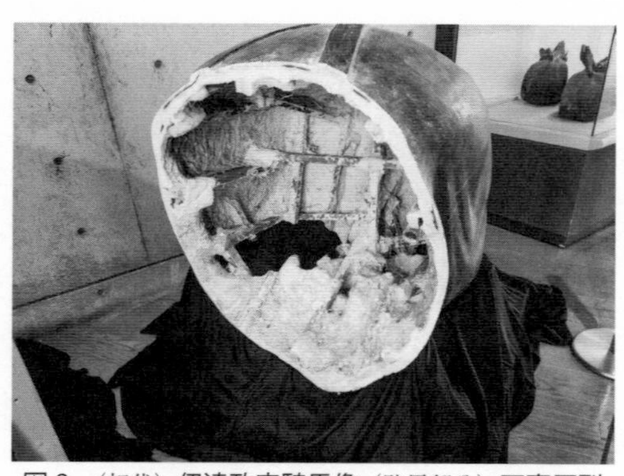

図8　（初代）伊達政宗騎馬像（騎馬部分）石膏原型
（宮城県柴田町・しばたの郷土館思源閣所蔵・筆者撮影）

この石膏原型を用いて

図9　(二代目) 伊達政宗騎馬像
(宮城県仙台市・青葉山公園・仙台観光情報サイト)

図10　伊達政宗胸像
(初代伊達政宗騎馬像・部分)
(宮城県仙台市青葉区・仙台市博物館内・2016年筆者撮影)

2代目の「伊達政宗騎馬像」が制作され、東京オリンピック開会式の前日にあたる1964年10月9日に復元序幕式が行われた(図9)。この時期は高度経済成長期にあたり、オリンピック後の観光客の増加を見込んだ仙台観光協会も資金集めに協力したという。

ところで初代像はどうなったか。実は人物(伊達政宗)の胸から上のいわゆる胸像部分が、溶解処分を逃れて残っていたのである。金属回収の中でも、流石に藩祖政宗公を鋳潰すことは憚られたのであろうか。これが塩釜市の金属回収所に放置されているのを郷土史家が見つけて買い取ったことによって再び世に出ることになった。政宗を祭神とする仙台市の青葉神社に奉納された後、仙台市博物館に寄贈され、裏庭に設置されていた(図10)。さらに「仙台の誇りを育み心に染み入る歴史と自然の景域づくり」をテーマとする「青葉山公園整備基本計画」の一環として2023年4月に青葉山公園の追廻(おいまわし)地区に移設された。すなわち初代像も「伊達政宗胸像」として、再び人びとの前に現れることになったのである。この事例は偶然かもしれないが、他の銅像にも共通する人びとの思いかもしれない。金属回収やGHQの撤去命令の対象となった銅像のその後の変転も1つの興味深い歴史である。

（6）地震と伊達政宗騎馬像

二代目の伊達政宗騎馬像は、2008年（平成20）には夜間ライトアップが始まるなど地域や観光客に愛されてきた。また、2011年（平成23）3月11日に東日本大震災が起こり仙台城跡においても石垣の崩落や脇櫓の損壊などの被害があった。同じ青葉山上にあった高さ15mの昭忠碑の上部に設置されていたブロンズ製の鵄（とび）も落下して破損したが、伊達政宗騎馬像は奇跡的にも無事であった。屹立するその勇姿に、多くの仙台市民は勇気づけられ復興への決意を新たにしたという話も聞いた。2017年（平成29）には「伊達政宗公生誕450年」のイベントも行われた。

しかしその後、2022年（令和4）3月に発生した福島県沖地震で被害を受けた。馬の足首部分に亀裂が入り右側に傾いてしまったのである。転倒の危険もあることから東京の工場で修復作業を行うことになり、二代目像は初めて仙台を後にした。修復を終えた2023（令和5）3月に青葉城本丸広場に戻り、3月31日にはおよそ8か月ぶりの帰還を祝して記念式典が開催された。約600人が集まり帰還を祝ったという。郡和子仙台市長は「政宗公にはこの先も末永く、成長を続ける仙台のまちと私たちを見守ってほしい」と述べた（『仙台市政だより』1819号）。1つの銅像には様々な変転があり、そして地域と密接に結びついているのである。

4　視点をひろげる―銅像と向き合う人々―

多くの人が目にする銅像を教材化する試みの1つに、『石碑と銅像で読む近代日本の戦争』（歴史教育者協議会2007）がある。同書は戦争の記憶を残す素材として石碑や銅像を取り上げており、銅像では「大村益次郎像」、「楠木正成像」、「肉弾三勇士像」、「一太郎やあい像」を扱って対外戦争を遂行するための戦意高揚･国威発揚という造像意図に触れている。また「原爆の子の像」、「世界の子どもの像」を扱って原爆の惨禍を再び繰り返さず平和を希求する高校生たちの活動を紹介している。いずれも銅像がなぜつくられたのかという制作意図を踏まえての教材化の試みと言える。

もう1つ紹介したいのは、筆者も関わった『問いからはじまる歴史総合』（下山監修2022）に掲載されている銅像の教材化である。同書は「歴史総合」

の授業づくりを意図して編纂されている補助教材であり、その大項目「B 近代化と私たち」の中項目「(4)近代化と現代的な諸課題」における授業事例として作成されたものである。この中項目は現代的な諸課題を歴史的に捉えるための枠組みとして、自由・制限、平等・格差、開発・保全、統合・分化、対立・協調という観点から主題学習を行うことを求めている（文部科学省 2018）。ここではそのうち「統合・分化」の観点から「銅像は何を見てきたのか」という主題学習を設定し、「歴史の中で、銅像は人々にどのような影響を与えたのだろうか」というメイン・クエスチョンを掲げている。

ここでは、「建てられる銅像」と「倒される銅像」という切り口から「統合」と「分化」を考えさせる。「建てられる銅像」の事例としては、ラオスで 2003 に造立された「ファーグム王像」などを扱っている。ファーグム王は 14 世紀にラオ族をまとめランサン王国を建国した王である。ラオスはラオ族が多数を占めるものの他民族国家である。2000 年代に入ってからこうした銅像がつくられた背景に、ラオ族以外の国民にラオスの歴史を意識させることで国民の「統合」を図ろうとしたラオス政府の意図を読み取らせている。これは、本稿でも扱った日本における銅像造立の背景とも共通するものである。

また「倒される仏像」として、「セオドア＝ローズヴェルト大統領像」や「リー将軍像」の撤去を扱っている。これらは、アメリカで始まった人種差別抗議運動の Black Lives Matter（BLM）の広がりの中で行われた。すなわち、「セオドア＝ローズヴェルト大統領像」は騎乗の大統領が左右に徒歩の先住民男性とアフリカ人男性を従えており、この表現が人種階層の象徴とされたためだった（図 11）。「リー将軍像」は南北戦争の英雄として崇敬を集める一方、アメリカの奴隷制や人種差別を顕彰するものだという批判もあったのである。これらの銅像の撤去には抗議もあり、時には衝突まで起きる

図 11　セオドア＝ローズヴェルト大統領像
（アメリカ・ニューヨーク・アメリカ自然史博物館・iStock.com/LUke1138）

事態となる。こうした銅像をめぐる対立から、人びとの「分化」を読み取らせているのである。

銅像撤去の動きはこれだけにとどまらず、他の南軍将校やジョージ＝ワシントン大統領、ユリシス =S= グラント大統領、さらにはコロンブスにも及んでいる。イギリスにおいてもウインストン＝チャーチルやマハトマ＝ガンジーの銅像も対象とされている。さらに遡れば、1991 年のソ連消滅時におけるレーニン像の倒壊、2003 年のイラク戦争後のサダム＝フセイン大統領像の倒壊という光景も記憶に新しい。銅像は永続的に存在する印象を与えることから、様々な議論や批判の対象になることが多く、人びとの感情や憎悪を拡大させている。私たちが過去を理解する際に、現在の常識を持ち込めば時代錯誤に陥る可能性が大きいと言わざるを得ないが、銅像の像主は歴史的な存在であっても、銅像をつくる行為やその場にあることはまさに現代的な存在である。そこにこの問題の難しさがあるのではないだろうか。

◉参考文献

石井研堂　1926『増訂 明治事物起源』（紀田順一郎 編『事物起源選集』2、クレス出版、2002 所収）
金子治夫　2012『日本の銅像』淡交社
川尻祐治　1985「銅像」久野　健 編『日本史小百科 彫刻』近藤出版社
菊地勝之助　1967『重訂　宮城県郷土史年表』寶文堂
木下直之　2014『銅像時代―もうひとつの日本彫刻史―』岩波書店
坂口英伸　2019「小野田セメント株式会社の芸術支援活動に関する考察：買上　寄贈、受託制作、児童造形教育の観点から」『文化資源学』17 巻
篠田弘造　2020「「伊達政宗騎馬像」はひとつではない？」『季刊資源と素材』5―3
下山　忍 監修　2022『問いからはじまる歴史総合』東京法令出版
砂本文彦　2008『近代日本の国際リゾート―1930 年代の国際観光ホテルを中心に―』青弓社
墨　威宏　2016『銅像歴史散歩』ちくま新書
仙台市史続編編纂委員会　1969a『仙台市史　続編第 1 巻（行政建設編）』
仙台市史続編編纂委員会　1969b『仙台市史　続編第 1 巻（経済文化編）』
仙台市史編さん委員会　2009『仙台市史　通史編 7　近代 2』
仙台市史編さん委員会　2011『仙台市史　通史編 8　現代 1』
野城今日子　2020「小室透《伊達政宗騎馬像》の制作とその社会的背景をめぐって」『美術研究』431
平瀬礼太　2011『銅像受難の近代』吉川弘文館
平瀬礼太　2013『彫刻と戦争の近代』吉川弘文館
前田重夫　2000『銅像に見る日本の歴史』創栄出版
松原典明　2000「近代の銅像」『季刊考古学』72
水野沙織　2009「伊達政宗公三百年祭について」『仙台市博物館調査研究報告』29
毛利伊知郎　2012「近代日本の銅像」金子治夫『日本の銅像』淡交社
文部科学省　2018『高等学校学習指導要領（平成 30 年告示）解説　地理歴史編』東洋館出版社
歴史教育者協議会　2007『石碑と銅像で読む近代日本の戦争』高文研

有形文化財 建造物

絵画館は近代日本の姿をどう表象したのか

會田康範

公共化された近代の記憶を相対化する！

1 絵画館とは

絵画館という名前を聞いて、いったいどこにある美術館のことなのか、と疑問に思われる方が少なくないかもしれない。映画館や美術館と同じように絵画館という名称を普通名詞として使えば、そうなるのも不思議ではないといえよう。しかし、東京やその周辺に住んでいる方には、絵画館といえば神宮外苑にある絵画館を思い起こす方が多いのではないだろうか。この呼び方は略称あるいは通称といった類いの呼び方で、明治神宮聖徳(せいとく)記念絵画館というのが正式名称である（図1）。

では、いったい絵画館とはどのような美術館なのか。この問いに対する答えとしては、絵画館は一般的にある美術館とはいささか趣向の異なる空間ということができようか。その理由は後述するとして、絵画館には本稿の表1に示したように日本画と洋画あわせて80枚の絵画作品が前もって決められた規格に則って壁面に展示されている。そのため、これらの絵画館に展示されている絵画作品は壁画と呼ばれ（本稿でも以下はこの名称を使用する）、その主題は、全80作を通じて明治天皇の「御降誕（ご誕生）」（高橋秋華：画）から「大葬（御葬儀）」（和田三造：画）までの間の天皇と皇后（昭

図1 明治神宮聖徳記念絵画館

憲皇太后）の生涯に関わるものとなっている。つまり、ひと言で絵画館の特徴をいえば、基本的に明治天皇と皇后の事績を壁画の形で恒久的に残し歴史叙述する施設、すなわち展示叙述というのが絵画館の特徴といえるだろう。その展示は、岩井忠熊が言うように「天皇の「聖徳」を語る構成であり、「大帝」のゆえんを示す」もので、「一見するとこれらの壁画には、現代の争点となってきたテーマがあり、中には国際問題をひきおこしかねない画題がある」ともされている（岩井 1997）。

一般的に博物館や美術館の展示には常設展や特別展などがあり、常設展といっても定期的に展示替えを実施するのが通常である。だが絵画館では、開設にあたって展示する壁画が事前に検討し選定され、その結果を踏まえた日本画と洋画を 40 点ずつ展示替えなく恒久的に展示するという点において、その特殊性を認めることができる。

ところで大抵の場合、単に明治神宮といえば、東京の JR 山手線原宿駅の横に隣接している神社を指すのが多くの方々の認識だと考えられる。明治天皇と昭憲皇太后を祭神として祀り、初詣の参拝者数では毎年のように全国第一位になることでも有名である。そのため、実際に参拝したことがなくとも、その賑わいぶりは映像などで見覚えあるという方も大勢いるだろう。

実は、この明治神宮は、正確にいえば広大な二つの杜、内苑と外苑という二つの空間から成り立っている。上述した内容は社殿のある内苑のことで、これに対して外苑は社殿の位置する内苑とは少し離れた場所にある。本稿で取り上げる絵画館は外苑に位置し、しかも外苑の中心的施設として建設されたものである。二つの杜は連絡道路で繋がれているが、内苑のある原宿駅から外苑に電車で行こうとすれば、代々木駅で総武線に乗り換えて千駄ヶ谷駅もしくは信濃町駅で下車、あるいは、地下鉄では東京メトロ千代田線の明治神宮前駅から表参道駅で乗り換え、銀座線の外苑前駅が最寄りの駅となっている。

二つの杜が離れて存在する理由は、明治神宮創建の目的に由来し、伊勢神宮の内宮と外宮と同じような立地とみることもできるだろう。しかし、広大な杜の中に長い参道を有し、祭神を祀る社殿がある内苑は、宗教施設としての神社そのものであるのに対し、絵画館のある外苑は、宗教的色彩

図2　黄葉の銀杏並木（2023年撮影）

は薄く、建設当初の目的にある通り、国民の健康と文化の増進を図ることを目的とするさまざまな関連施設から成り立っている。この点が伊勢神宮の内宮外宮との違いであり、明治神宮内苑に比べ、外苑に対しては明治神宮の一部であるという認識が私たちの中から抜け落ちてしまう一因となっているのかもしれない。

国道246号（青山通り）を青山から赤坂方面に進み、青山二丁目で左折すると、その沿道には銀杏の大木が4列で立ち並んでいる。目に飛び込んでくる外苑の銀杏並木は、春から夏は青々しく、秋になれば美しい見事な黄葉となる東京を代表する景観で、その正面に建っているのが絵画館である（図2）。その建築的な特徴について、絵画館のWebサイトには次のように記されている。

> 地階と主階の二階構造の絵画館の主階は、地上二階の展示フロアを指し、中央に大理石張りの大広間があり東西をこの広間で区分し、東側に日本画、西側に洋画を展示している。中央大広間天井ドームは、最高部で床上27.5m、鉄筋コンクリート内側に金網張りモルタルを施し、ブラスター塗り及び石膏レリーフを取付けドーム部分を淡青色に、その下のレリーフ部分を淡黄褐色に着色している。画室は、採光のためガラス天井を設け、欅材以外の部分は、ブラスター塗りとし、日本画室は淡黄褐色、西洋画室は、淡青色で中央ドームの色彩と同じ着色で主階へは、正面大階段を上り表広間から中央大広間に至り、その先に裏広間がある。地階は、地上一階のことで、事務所・研修室して使用しているフロアで、外装・外階段はすべて岡山県万成花崗岩を使用している（明治聖徳記念絵画館HP：http://www.meijijingugaien.jp/history/picture-gallery.html を筆者が一部改変）。

このように絵画館は、現在、歴史的建造物として国の重要文化財に指定されている。だが本稿では、近代日本建築史という視点よりはむしろ近代日本における政治史や社会史的な側面、さらには学校の歴史学習でどのような活用方法が考えられるか、という点について絵画館の壁画にフォーカスして論じていくことにしたい。

2　絵画館の歴史的背景

(1) 明治天皇の神格化

明治天皇は、1852年（嘉永5）に孝明天皇の第二皇子として誕生した。母は権大納言中山忠能（ただやす）の娘慶子（よしこ）で、幼名は祐宮（さちのみや）、のち親王宣下され睦仁（むつひと）を名とし、明治天皇の諱となった。1860年（万延1）に立太子、1867年（慶応3）に15歳で即位し、幕末から明治維新後における近代日本の大転換期に在位した。1889年（明治22）には欽定憲法としての大日本帝国憲法を発布し、以来、立憲君主として広範な大権を有し、国家元首として統治権を総攬した。大日本帝国憲法第三条には「天皇ハ神聖ニシテ侵スベカラズ」と規定されており、法的な神格化の起点はここにあるといえるだろう。

「明治大帝」（明治・ゼ・グレート）の称が用いられる明治天皇は、さらに内閣から独立した陸海軍の統帥権をも掌握し、日清戦争および日露戦争では軍部を主導した。一方、酒豪であった天皇は、日露開戦の1904年には糖尿病であることが判明した。この事実は厳秘とされ天皇本人にも知らされなかったため、天皇はその後も政務に携わったが、さらに慢性腎臓炎も併発し、病状の悪化がいっそう進んでいった。

こうした天皇の容体が公表されたのは1912年7月20日のことで、当日の朝には尿毒症であるとも診断されていた。公表直前まで天皇は公務についたものの、公表後わずかの10日の7月30日、数え年61歳で崩御した。直接的な死因は心臓麻痺によるもので、『官報』の号外には「天皇陛下、今三十日午前零時四十三分崩御アラセラル」と記されたが、実際にはその2時間ほど前に崩御したとされる。その理由は、旧皇室典範第10条にある「天皇崩ずるときは皇嗣即ち践祚し祖宗の神器を承く」の解釈にあった。つまり、「即ち」は現行皇室典範でも「直ちに」とあるのと同様の意味に解釈し、死亡時刻を午前零時四十三分とすることで崩御から践祚・改元という皇位継承の一連の流れを同日に進め「万世一系」を追求することが可能とされたのであった（山口 2005）。

天皇崩御後、すぐに大葬の実施と天皇御陵地の選定に関する議論が始まった。これにより大葬は 9 月 13 日に、その後、場所は外苑建設地となる青山練兵場内に設けられた葬場殿で実施すること、天皇陵は京都の伏見桃山御陵にすることが決定された（飛鳥井 1989）。京都伏見の地が御陵に選定された理由には、法的根拠があるものではなく、典侍が記録した日記にみられる記事が理由とされている。すなわち、皇后との夕食中に天皇自身が自らの生誕地である京都を希望したということであった。これに対して、東京遷都（奠都）以来、事実上、近代日本の首都となっていた東京では、天皇陵建設が実現できない代償として明治天皇を記念し顕彰する空間を建設する意向が明示された。それこそが、明治神宮の造営計画であった。

（2）政府主導の明治神宮内苑と民間出資による外苑の建設

近代日本を代表する実業家渋沢栄一を岳父にもつ東京市長阪谷芳郎は、7 月 30 日の臨時市会において市長として天皇崩御に対する弔意を示し、東京に天皇陵を建設することを強く主張していた。また同日には、日本橋区会議長柿沼谷蔵が渋沢栄一の事務所を訪問し 2 人の会談も行われた。その際、柿沼は渋沢に陵墓の件について政府首脳との交渉を依頼したものと考えられる。渋沢はその後、内閣総理大臣西園寺公望（さいおんじきんもち）、宮内大臣渡邊千秋とも面会したが、その際に東京での陵墓建設の話を持ち出しており、この面会はその陳情を目的とした面会であったとみられる。さらに 8 月 1 日には、阪谷、柿沼、渋沢の 3 名に加え、東京商業会議所会頭中野武営（たけなか）と同副会頭で衆議院議員の星野錫（しゃく）、日本郵船会社社長近藤廉平、三井財閥の早川千吉郎が話し合いの場を持っている。このことは、在京する日本の政財界が主導するスタイルで東京に天皇陵を建設しようという運動の開始を意味することに他ならないだろう。

しかし、先に触れたように天皇陵については天皇の遺志により京都伏見の建設することがすでに内定していたため、阪谷や渋沢らは、東京での天皇陵建設構想を断念せざるを得ない状況となったのであった。そこで、それに代わるものとして浮上したのが、明治天皇を記念する施設の建設計画だった。それが結果的には明治神宮の建設へと進んだのだが、天皇陵の代替案として明治天皇を崇敬する記念施設としての神宮建設には、当時の世論や学界の意見の中に賛否両論が存在していた。山口輝臣が紹介するように、歴史学者黒板勝美は、「御宮（神宮、筆者補記）を記念物とすることは可笑しい。万民が仰ぎ奉つて崇高敬虔な念に打たる可きもの」とする一方、黒板の同僚姉崎正治は、記念と崇敬は相互に作用するものとみて、記念と神社を線引きする黒板を批判したのであった。こうした論争は、そもそも神道はこの時代において宗教とは考えられていなかったことから、神社と国家の関係に関わる理解の相違によるものであったことを指摘しておきたい（山口 2005）。

同年８月９日、東京商業会議所には渋沢らの呼びかけで東京の政財界から百名を超える賛同者が集会し、神宮建設を推進する組織が発足した。その委員長には渋沢が就任し、阪谷らも特別委員となり、これにより東京での神宮建設推進運動が実質的に始動した。その初期の動きとして『明治天皇奉祀ニ関スル建議並請願』所収の「明治神宮建設ニ関スル覚書」には、史料１の内容が示されている。

これによれば、この初期段階において、すでに現状にみられる内苑と外苑という２つの空間から構成される、画期的なグランドデザインが成立していたことが確認できる。内苑は、明治天皇を祭神として祀る社殿を中心とした宗教的施設、そして外苑は宗教的色彩を排した頌徳紀念の宮殿や臣

史料１　明治神宮建設ニ関スル覚書

神宮ハ内苑外苑ノ地域ヲ定メ内苑ハ国費ヲ以テ外苑ハ献費ヲ以テ御造営ノ事ニ定メラレ度候、神宮内苑ハ代代木御料地外苑ハ青山旧練兵場ヲ以テ最モ適当ノ地ト相シ候、但シ内苑外苑間ノ道路ハ外苑ノ範囲ニ属スルモノトス

外苑内ヘハ頌徳紀念ノ宮殿及ヒ臣民ノ功績ヲ表彰スヘキ陳列館其他林泉等ノ設備ヲ施シ度候

以上ノ方針定ツテ後諸般ノ設計及ヒ経費ノ予算ヲ調製シ爰ニ奉賛会ヲ組織シ献費取纏メノ順序ヲ立テ度候（後略）

（明治神宮編 2006）

民の功績を表彰する陳列館などの諸施設によって構成されるというこの発想は、ともに宗教的空間である内宮と外宮の2つの空間から成り立つ伊勢神宮とは大きく異なるものといえるだろう。また、内外苑を連絡道路でつなぐという構想も、現在、内苑の北参道から青山方面に東西に延びる東京都道414号四谷角筈線とその上を走る首都高速道路という形になって当時の構想のまま残っている。さらに、建設に関して重要な点として、費用の出所に関して、社殿を中心とした内苑は国費、外苑は民間からの献金によるものとし、そのために奉賛会を組織するという点に注目しておきたい。

こうした在京の民間実業家らによる神宮創建に関する請願は、1913年10月28日に正式に閣議決定され、同年12月20日の勅令308号によりその調査機関が政府内に設置された。これが内務大臣原敬を会長とし渋沢や阪谷も委員となった「神社奉祀調査会」である。またこれには下部組織として学識経験者や専門家らによる「神社奉祀調査会特別委員会」も設けられ、委員長は阪谷が兼任した。こうしてかつて熊本藩主加藤氏、彦根藩主井伊氏の屋敷地から転じ代々木御料地となっていた土地に内苑が、青山旧練兵場跡に外苑が建設されることになった。なお、同年4月には皇后（昭憲皇太后）も崩御したため、神宮の祭神として明治天皇と昭憲皇太后の二神が内苑の社殿に祀られ、一方、外苑の中心施設として構想されたのが絵画館であった。

絵画館建設にあたり、調査会特別委員であった歴史家の三上参次は「明治天皇ノ御一代ニ於ケル最重大ナル事件ヲ画題トシテ之ヲ描カシメ館内ニ陳列」することを通じて「国民教化」に資すという構想を示している。この三上の提示したプランは、以後、絵画館展示の基本構想になっていった。

1915年、内務省に明治神宮造営局が設置され、造営事業がスタートした。造営にあたり、林学を専門とする本多静六は参与、本郷高徳は技師、上原敬二が技手として採用され、内苑の杜の建設に尽力している。また、先述の通り、国費で造営された内苑と異なり、外苑は民間によって同年12月15日に結成された明治神宮奉賛会（以下、奉賛会と略記する）が造営主体となって資金調達を担い、実際の設計と工事は奉賛会から造営局へ委託するという形がとられた。長谷川香は「明治神宮外苑前史における空間構造の変遷－軍事儀礼・日本大博覧会構想・明治天皇大喪儀」の中で、外苑の造営について、空間構造の変遷という視点から軍事儀礼との関係性、日本大博覧会構想との関係性、そして明治天皇大葬との関係性から外苑の歴史的意義について論じている（長谷川 2015）。

（3）絵画館の創建と壁画

さて、以上のように外苑の中心施設として絵画館が設立されることになったが、完成までは長期にわたった。民間からの献費で造営されるとなった外苑の中核施設である絵画館の創建には、幾多の紆余曲折があったからである。

絵画館の内部に展示される壁画の制作にあたった画家は、日本画の高橋秋華から洋画の和田三造まで総勢76名であったが、その中には当時の画壇で大きな影響力を有した横山大観・河合玉堂・下村観山らの名はみられない。その理由について、明治神宮蔵「壁画謹製記録」には、「揮毫者の人選が容易ならざるものがあつた。奉納者側にて既に揮毫者を選んで申込をなしたのもあつたので、揮毫者の権衡が相当に不平均であつた。斯くの如きは既に揮毫者側の不満を将来した。又日本画に在りて、山水花鳥を主とするものは人物を描くに長ぜず、又南画系のものは歴史画と縁遠きを以て、此等の画家は壁画に慊焉たるものあり、東京側京都側の一流の大家は挙げて壁画に賛成せず或は明治一代の工芸品を陳列すべしなどと唱道し、明治神宮奉賛会をして少からず此問題に困却せしめた」と記されている（明治神宮編 2003）。この事実自体が絵画館創設時の混迷した状況を物語っているといえるだろう。

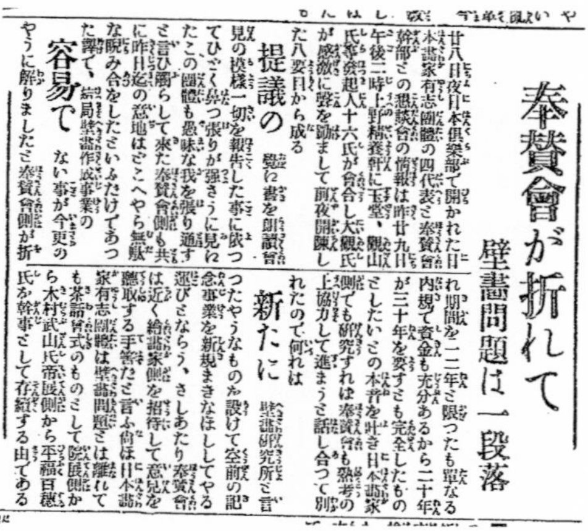

奉贊會が折れて
壁畫問題は一段落

廿八日夜日本倶楽部で開かれた日本畫家有志團體の四代表と奉贊會幹部との懇談會の情報は昨廿九日午後二時上野精養軒に玉堂、觀山氏等發起人十六氏が會合し大觀氏が感激に聲を勵まして前夜開陳した八要目から成る

提議の 覺え書を朗讀會見の模樣一切を報告した事に依つてひどく鼻つ張りが强さうに見えたこの團體も愚昧な我を張り通すと言ひ觸らして來た奉贊會側も共に昨日迄の意地はどこへやら無駄な睨み合をしたといふだけであつた譯で、結局壁畫作成事業の

容易で ない事が今更のやうに解りましたと奉贊會側が折れ期間を二三年と限つたも單なる內規で資金も充分あるから二十年が三十年を要すとも完全したものとしたいとの本音を吐き日本畫家側でも研究すれば奉贊會も熟考の上協力して進まうと話し合つて別れたので何れは

新たに 壁畫研究所と言つたやうなものが設けて空前の記念事業を新規まきなほししてやる運びとならう、さしあたり奉贊會は近く繪畫家側を招待して意見を聽取する手筈だと言ふ尚ほ日本畫家有志團體は壁畫問題とは離れても茶話會式のものとして院展側から木村武山氏帝展側から平福百穗氏が幹事として存續する由である

図3　1923年3月30日読売新聞記事
「奉賛会が折れて 壁画問題は一段落」

他方、全80点の考証図と呼ばれる下絵に着手したのは二世五姓田芳柳（ごせだほうりゅう）

で、制作に任命された画家にはその考証図が壁画を描く参考資料として配布された。二世五姓田芳柳は、下総国猿島郡沓掛村の出身で1878年（明治11）に五姓田義松の門弟となり、1880年6月に初代五姓田芳柳の末娘と結婚し婿養子となり翌年、五姓田家の家督を相続した。1887年に雅号を受け継ぎ、二世五姓田芳柳を称した。明治美術会創立に関わり1890年の第3回内国勧業博覧会に参加して褒賞され、以後、洋画家としての才能を発揮した。多くの歴史画や風俗画を描き、その手腕により1917年（大正6）に明治神宮奉賛会より嘱託され壁画の下絵を制作したのであった。

天皇と皇后（昭憲皇太后）の事績を絵画として顕彰し伝えるという構想は、フランスのヴェルサイユ宮殿の「戦争の間」やルーブル美術館の「ルーベンスの間」を念頭に置いたものであるとされている。1点ごとの寸法は、縦約3m×横約2.7mに規格化され、日本画と洋画40点ずつ合計80点の絵画は延べ250mの壁面に展示され、それは初期の構想にあった「絵巻物」に類する一大壁画として80点通じて日本近代史を叙述する展示叙述の体裁そのものといえるだろう。五姓田はその後、『明治天皇紀』の「附図」も手掛けている。以下では、壁画完成までの経緯を鄭ニョンの研究成果などに依拠して考察していこう（鄭2015）。

1916年1月、奉賛会の中心にあった阪谷は、当時、維新史料編纂会総裁の任にあった金子堅太郎を訪問、さらに東京美術学校校長正木直彦、また『明治天皇紀』編修にあたった臨時帝室編修局の藤波言忠や三上参次らに面会し壁画の画題に関する意見を聴取した。その結果を踏まえて1917年3月に公表されたのが史料2の「明治神宮奉賛会通信」第15号に収録された「紀年絵画館事業順序」で、壁画制作の原則がここに明示されている。

これにより画題の選定と作画は、複数の人物画の大家が携わり、画題と構図に関しては、公衆の意見も反映させる方針で進められることになっていたことがわかる。また、そのための委員会が開設され、顧問には金子堅太郎を選任し、臨時帝室編修局から藤波言忠・池辺義象、維新史料編纂会から三上参次・赤司鷹一郎・荻野由之・小牧昌業・中原邦平、さらに奉賛会の徳川頼倫、美術界から正木直彦が委員として参加することになった。こうした官・民・学が連携した体制が翼賛的な組織となって近代日本の大国化の土台を築いた「明治大帝」を顕彰し、それによって国史編纂と並走

史料2　紀年絵画館事業順序

一、画題ハ維新史料編纂会案、臨時帝室編修局案ノ二案ニ付提案者ノ援助ノ下ニ更ニ審査研究シ又新聞紙上ニ発表シ公評ヲ待チテ之ヲ決定セントス

二、画題決定ノ上ハ左ノ二方法ニ依リ構図ヲ撰定セントス

甲、人物画ノ大家数名ヲ指定シ画題数目宛ヲ分担作画セシメ之ヲ集メテ絵巻物ヲ作ルコト（後略）

乙、画題ヲ新聞紙上ニ発表シ広ク一般有志ヨリ構図ノ提出ヲ求メ之ヲ陳列シテ公衆ノ展覧ニ供シ公評ヲ待チテ採択スルコト

但伊藤公爵家ヨリ献納ノ申出アル恩賜館ヲ外苑内適当ノ場所ニ移築シ本文ノ陳列場ニ充ツ

三、構図決定ノ上ハ指定画伯又ハ入選画家ヲシテ額面ニ作画セシメントス

四、以上方針ノ施行細目ヲ審究スル為メ委員ヲ置ク又本事業ニ関シ特二顧問ヲ置クコトアルベシ

（明治神宮編 2006）

する形で天皇の記憶を可視化して共有する装置としての機能が期待されることになったものとみることができるであろう。

3　絵画館をよみとく

（1）描かれた天皇の姿と役割

合計80枚の壁画が完成し、公開されるまでには20年の年月を要した。1926年に絵画館自体は竣工し一部公開されたが、その時に展示された壁画は5点のみで他は未完成だったのである。すべての壁画が完成するまではさらに10年も要し、最終的な完成は1937年のことで、昭和天皇に天覧され一般公開にも至ったのであった。

これほどまでの大事業の間には、画題や展示数において何度かの揺れ動きがあった。最初に金子堅太郎によって提案された80点の画題案のあと、改編案では1918年に85題とされ、その後、1921年の最終案で80点に絞られている。この間、選定作業に関与した奉賛会常務理事はその経緯を回顧録に述べ、それによれば画題の分類基準として種類別と地方別が存在し

図４　絵画館展示の様子（明治神宮聖徳記念絵画館パンフレットより）

ていた。種類別は、宮廷・大政・外交・軍事・敬神・愛民・教育・慈善・徳行・文事・勧業・財政・交通の13項目であり、地方別では37題の東京を筆頭に、京都がそれに続き、その他、京都を除く近畿・本州中部・東京を除く関東・奥州・中国・九州・沖縄・北海道・樺太・台湾・日本海・黄海・朝鮮・満州・米国までの範囲に及んでいる。地方別分類の中には日本の国家領域を超えた範囲が描かれていることに対し、奉賛会の意向として「新領土まで分布し得たまた成功と云わざるべからず」とされている。鄭によれば、「こうした配慮によって、絵画館壁画は＜明治＞という言葉の時間的スパンのみならず、植民地・新領土を含むその空間的スパンまでも表象する」とされている（鄭2015）。このことは、近代日本が天皇を中心に国民国家として大国化を進めた足跡を、公共の記憶として可視化し国民統合の装置として機能したものと理解できるであろう。また、具体的に個別の壁画が完成するまでには、画題の選定、考証、制作といったプロセスを経るが、その事例として今泉宣子は「北海道屯田兵御覧」を紹介している（今泉2015）。

次に画題に取り上げられた各主題の描写の中で、天皇や皇后の姿がどのような意図で描かれているかを考察してみよう。全80作品中、天皇の容姿が判明可能な描写は三分の一を超え、その内、着衣が判明するものは、壁画番号22「大嘗祭」（1871年）まではすべて和装、壁画番号24「中国西国巡幸鹿児島着御」（1872年）以降は洋装の天皇が描かれている。また、6

表1 絵画作品一覧

番号	年(月日)	画題	画家	奉納者	完成年
1	1852年11月3日	御降誕	高橋秋華	侯爵 中山輔親(伯爵)	昭和5年(1930年)
2	1860年5月6日	御深曾木	北野恒富	男爵 鴻池善右衛門(男爵)	昭和9年(1934年)
3	1860年11月10日	立親王宣下	橋本永邦	三菱合資会社	昭和6年(1931年)
4	1867年2月13日	践祚	川崎小虎	侯爵 池田宣政(侯爵)	昭和5年(1930年)
5	1867年11月8日	大政奉還	邨田丹陵	公爵 徳川慶光(公爵)	昭和10年(1935年)
6	1868年1月3日	王政復古	島田墨仙	侯爵 松平康荘(侯爵)	昭和6年(1931年)
7	1868年1月29日	伏見鳥羽戦	松林桂月	公爵 毛利元昭(公爵)	昭和8年(1933年)
8	1868年2月8日	御元服	伊東紅雲	公爵 近衛文麿(公爵)	昭和3年(1928年)
9	1868年2月25日	二条城太政官代行幸	小堀鞆音	男爵 三井八郎右衛門(男爵)	昭和8年(1933年)
10	1868年3月8日	大総督熾仁親王京都進発	高取稚成	侯爵 蜂須賀正韶(侯爵)	昭和6年(1931年)
11	1868年3月23日	各国公使召見	広島晃甫	侯爵 伊達宗彰(侯爵)	昭和5年(1930年)
12	1868年4月6日	五箇條御誓文	乾南陽	侯爵 山内豊景(侯爵)	昭和3年(1928年)
13	1868年4月6日	江戸開城談判	結城素明	侯爵 西郷吉之助(侯爵)・伯爵 勝精(伯爵)	昭和10年(1935年)
14	1868年4月16日	大阪行幸諸藩軍艦御覧	岡田三郎助	侯爵 鍋島直映(侯爵)	昭和11年(1936年)
15	1868年10月12日	即位礼	猪飼嘯谷	京都市	昭和9年(1934年)
16	1868年11月11日	農民収穫御覧	森村宜稲	侯爵 徳川義親(侯爵)	昭和5年(1930年)
17	1868年11月26日	東京御着輦	小堀鞆音	東京市	昭和9年(1934年)
18	1869年2月9日	皇后冊立	菅楯彦	大阪市	昭和10年(1935年)
19	1868年4月23日	神宮親謁	松岡映丘	侯爵 池田仲博(侯爵)	昭和11年(1936年)
20	1871年8月29日	廃藩置県	小堀鞆音	伯爵 酒井忠正(伯爵)	昭和6年(1931年)
21	1871年12月23日	岩倉大使欧米派遣	山口蓬春	横浜市	昭和9年(1934年)
22	1871年12月28日	大嘗祭	前田青邨	伯爵 亀井茲常(伯爵)	昭和8年(1933年)
23	1872年7月19日	中国西国巡幸長崎御入港	山本森之助	長崎市	昭和3年(1928年)
24	1872年7月27日	中国西国巡幸鹿児島着御	山内多門	鹿児島市	昭和5年(1930年)
25	1872年10月14日	京浜鉄道開業式行幸	小村大雲	鉄道省	昭和3年(1928年)
26	1873年	琉球藩設置	山田真山	首里市	昭和10年(1935年)
27	1873年	習志野之原演習行幸	小山栄達	侯爵 西郷従徳(侯爵)	昭和4年(1929年)
28	1873年	富岡製糸場行啓	荒井寛方	大日本蚕糸会	昭和8年(1933年)
29	1874年	御練兵	町田曲江	十五銀行	昭和3年(1928年)
30	1874年	侍講進講	堂本印象	台湾銀行	昭和9年(1934年)
31	1875年	徳川邸行幸	木村武山	侯爵 徳川圀順(侯爵)	昭和5年(1930年)
32	1875年	皇后宮田植御覧	近藤樵仙	公爵 一条実孝(公爵)	昭和2年(1927年)
33	1875年	地方官会議臨御	磯田長秋	侯爵 木戸幸一(侯爵)	昭和3年(1928年)
34	1875年	女子師範学校行啓	矢沢弦月	桜蔭会	昭和9年(1934年)
35	1876年	奥羽巡幸馬匹御覧	根上富治	日本勧業銀行	昭和9年(1934年)
36	1877年	畝傍陵親謁	吉田秋光	男爵 住友吉左衛門(男爵)	昭和7年(1932年)
37	1877年	西南役熊本籠城	近藤樵仙	侯爵 細川護立(侯爵)	大正15年(1926年)
38	1877年	内国勧業博覧会行幸啓	結城素明	侯爵 大久保利和(侯爵)	昭和11年(1936年)

39	1878年	能楽御覧	木島桜谷	男爵 藤田平太郎(男爵)	昭和9年(1934年)
40	1878年	初雁の御歌	鏑木清方	明治神宮奉賛会	昭和7年(1932年)
41	1879年	グラント将軍と御対話	大久保作次郎	子爵 渋沢栄一(子爵)	昭和5年(1930年)
42	1881年	北海道巡幸屯田兵御覧	高村真夫	北海道庁	昭和3年(1928年)
43	1881年	山形秋田巡幸鉱山御覧	五味清吉	男爵 古河虎之助(男爵)	大正15年(1926年)
44	1881年	兌換制度御治定	松岡寿	日本銀行	昭和3年(1928年)
45	1882年	軍人勅諭下賜	寺崎武男	公爵 山縣伊三郎(公爵)	大正15年(1926年)
46	1882年	条約改正会議	上野広一	侯爵 井上勝之助(侯爵)	昭和6年(1931年)
47	1883年	岩倉邸行幸	北蓮蔵	商業会議所連合会	昭和2年(1927年)
48	1885年	華族女学校行啓	跡見泰	常磐会	昭和2年(1927年)
49	1887年	東京慈恵医院行啓	満谷国四郎	東京慈恵会	昭和2年(1927年)
50	1888年	枢密院憲法会議	五姓田芳柳(2代目)	公爵 伊藤博邦(公爵)	大正15年(1926年)
51	1889年	憲法発布式	和田英作	公爵 島津忠重(公爵)	昭和11年(1936年)
52	1889年	憲法発布観兵式行幸啓	片多徳郎	日本興業銀行	昭和3年(1928年)
53	1890年	歌御会始	山下新太郎	宮内省	昭和2年(1927年)
54	1890年	陸海軍大演習御統監	長原孝太郎	名古屋市	昭和6年(1931年)
55	1890年	教育勅語下賜	安宅安五郎	茗渓会	昭和2年(1927年)
56	1890年	帝国議会開院式臨御	小杉未醒	貴族院・衆議院	昭和3年(1928年)
57	1894年	大婚二十五年祝典	長谷川昇	華族会館	昭和2年(1927年)
58	1894年	日清役平壌戦	金山平三	神戸市	昭和8年(1933年)
59	1894年	日清役黄海海戦	太田喜二郎	大阪商船株式会社	昭和2年(1927年)
60	1894-95年	広島大本営軍務親裁	南薫造	侯爵 浅野長勲(侯爵)	昭和3年(1928年)
61	1895年	広島予備病院行啓	石井柏亭	日本医学会・日本医師会	昭和4年(1929年)
62	1895年	下関講和談判	永地秀太	下関市	昭和4年(1929年)
63	1895年	台湾鎮定	石川寅治	台湾総督府	昭和3年(1928年)
64	1895年	靖国神社行幸	清水良雄	第一銀行	昭和4年(1929年)
65	1897年	振天府	川村清雄	公爵 徳川家達(公爵)	昭和6年(1931年)
66	1902年	日英同盟	山本鼎	朝鮮銀行	昭和7年(1932年)
67	1902年	赤十字社総会行啓	湯浅一郎	日本赤十字社	昭和4年(1929年)
68	1904年	対露宣戦御前会議	吉田苞	公爵 松方巌(公爵)	昭和9年(1934年)
69	1905年	日露役旅順開城	荒井陸男	関東庁	昭和3年(1928年)
70	1905年	日露役奉天戦	鹿子木孟郎	南満州鉄道株式会社	大正15年(1926年)
71	1905年	日露役日本海海戦	中村不折	日本郵船株式会社	昭和3年(1928年)
72	1905年	ポーツマス講和談判	白滝幾之助	横浜正金銀行	昭和6年(1931年)
73	1905年	凱旋観艦式	東城鉦太郎	海軍省	昭和4年(1929年)
74	1906年	凱旋観兵式	小林万吾	陸軍省	昭和6年(1931年)
75	1906-07年	樺太国境画定	安田稔	日本石油株式会社	昭和7年(1932年)
76	1909年	観菊会	中沢弘光	侯爵 徳川頼貞(侯爵)	昭和6年(1931年)
77	1910年	日韓合邦	辻永	朝鮮各道	昭和2年(1927年)
78	1912年	東京帝国大学行幸	藤島武二	侯爵 前田利為(侯爵)	昭和11年(1936年)
79	1912年	不豫	田辺至	東京府	昭和2年(1927年)
80	1912年	大葬	和田三造	明治神宮奉賛会	昭和8年(1933年)

作品では皇后と共に描かれ、その着衣はすべて洋装で、合計38壁画に天皇の姿が可視化される描写となっている。加えて場面中に天皇を登場させているものの容姿は判明できず、葱華輦（そうかれん）（屋根の上に金色の葱の花の形の飾りをつけた御輿）や鳳輦（ほうれん）（屋根に鳳凰の飾りをつけた御輿）、馬車などに乗車、あるいは御簾などで隠された図となっている作品は、日本画では4作品、洋画では2作品を数える。これについて鄭は「日本画では伝統的に天皇の姿を直接描くことを避けてきたことと関係している」と推測している。直接目にすることができない天皇の容姿だからこそ、そこには神秘性を示す天皇像と理解することもできるだろう。これに対し、共に洋装姿で描かれている天皇・皇后には、現代に続く天皇・皇后の容姿に連動するものともいえよう。

壁画では、天皇の姿が登場しない画題が日本画で9題、洋画では15題ある。日本画9題中では「立親王宣下」・「大政奉還」・「岩倉大使欧米派遣」・「琉球藩設置」および戊辰戦争・西南戦争関連（「西南役熊本籠城」）の5点に天皇が直接描かれていない。これらの壁画に天皇の姿が描かれていないのは、内政的に不安定さが残る政権交代や明治初期の戦乱に天皇を登場させることを意図的に避けたとみることができないだろうか。

さらに「種類別」の分類をみると、軍事に該当する画題は日本画で6点あるが、その内4点に天皇は描かれておらず、描かれている画題は「習志野之原演習行幸」と「御練兵」の2点のみで、共に乗馬姿の天皇が描かれている。ここには戦場に天皇の姿を描写することを避けつつも、軍事を統帥する天皇という大日本帝国憲法体制以前の天皇のあり方を透視することができるのではないだろうか。また、その傾向は洋画でも同様にみられ、「軍事」を画題とする洋画は12点ある。その多くが日清・日露戦争の戦闘場面となっているが、その内、過半数の7点に天皇は描写されていない。

（2）皇后像に託された近代女性の国家的役割

明治天皇に対し、昭憲皇太后を描いた画題は、皇太后単独で描かれているものは9点、天皇・皇后として同一場面に描かれているものが5点あり、合計14点に皇后が描かれている。洋装姿の皇后単独で描かれている画題9題の内訳は、「教育」・「徳行」・「慈善」・「勧業」となっており、近代になり新たに形成され、皇后に託された近代女性の国家的役割が端的に表現されていることが指摘できるだろう。それは鄭も同様に指摘し、若桑みどりによれば、「皇后の洋装は、女性の衣服における脱亜入欧という目的のほかに、学生、看護婦などの、制服を身にまとう国家的な女性の創出、およびその制度化とかかわる」ものとされ、「皇后は、女子教育・看護（戦時の女性協力）の総帥とみなされていた」とも指摘されている。それらの構図からは、「皇后は、直視できない尊い存在として表象され」ており、そのため、「女子師範学校行啓」の皇后は後ろ姿、「華族女学校行啓」では、後ろ向きの皇后と同席する女生徒も頭を垂れており、「画面はこの儀式を外からかいま見た人間の視線によって構成されている」と解されている。

また、「富岡製糸場行啓」では、「和服にたすきがけのわかい女工が左右にいっせいに並んで、繭から生糸を採っているところへ、黄緑の小袿の皇太后と、白地に赤の鶴をとばせた衣装の若い皇后が入ってくる。背後には典侍の高倉寿子その他数人の女官が従っているが、それは湯気にぼかされている。皇后の顔だけがくっきりと白く」描かれ、「この場面は皇后を迎え入れた工場の視線から構成されている」とし、「皇太后、皇后は自ら養蚕を行っていることが知られていたから、この女性たちは上下貫通で蚕にかかわり」、「『日本之下層社会』で告発された女工の悲惨な不衛生や過重労働と栄養不足からくる高い率の結核死などはここからはうかがうべくもない」とする（若桑 2001）。

ところで、上述してきた「種類別」の分類は、あくまでも奉賛会が設定した分類である。そこで、種類別分類に関して筆者の眼からみた若干の私見を述べておきたい。というのも、特に皇后にあたえられた新たな役割は現代の皇室にも通じるところがあるのだが、実際に描かれている場面として「教育」に分類され、皇后が行啓した先は女子師範学校と華族女学校（現・学習院女子部）である。女子師範学校とは、現在のお茶の水女子大学の前身であるが、この場面は女子教育の重要性に着目していた昭憲皇太后が1875年11月29日の開校式に臨んだ場面と、同じく1885年11月13日に行われた華族女学校の開校式の場面である。「教育」という分類の中でこの二つの学校の開校式が画題に選定されていることが、当時の女子教育の重要性を視野に入れたものであるのと同時に、当時の就学率などから考えれば「教育」としたその視線の射程範囲に一般的な女性まで含まれていたのかどうかといった限界性を指摘する必要も見逃すわけにはいかないであろう。

さらに、80点の壁画中、「勧業」の場面として農民が描かれている画題が2点ある。一つは鳳輦に乗った天皇を描いた「農民収穫御覧」ともう一つは和服姿の皇后を描いた「皇后宮田植御覧」である。前者は1868年9月に天皇が京都から江戸（東京）に行幸の際、尾張国熱田で農民の収穫に立ち寄った場面を描いたもので、その道中に停車した鳳輦の前には跪いて稲穂を捧げる岩倉具視と、その右にひれ伏す尾張藩主徳川慶勝と徳成父子以下が描かれている。

明治天皇はこれ以後も日本各地を巡幸し、その際に各地で農作業に従事して農民の様子を見学し、地方の実情を視察している。たとえば、1876年年の巡幸の際、立ち寄った埼玉県東部地域では草加や越谷で200名ほどの農民による田植えの様子をみている。

また、後者は1875年に赤坂御苑内での田植えの場面で、3人の農民が苑内の水田で行っている田植えの様子を女官と従者を連れ、和装で傘をさし作業を見学する様子となっている。現在の皇室では、毎年、春には田植え、秋には稲刈りを行っている様子をテレビの映像など見る機会もあり、そこにつながるものといえる。だが、この光景は実際に作業する姿ではなく、あくまでも見物、種類別分類では「勧業」に入れられているが、撫育という側面もみられるだろう。

4　視点をひろげる―描かれていないこと、空間全体への目配り―

（1）描かれなかった主題への注目

明治天皇と皇后の事歴を考えた場合、本壁画に採用されなかった事歴についても検討する必要があるだろう。むしろ、何が描かれていない主題かを考えることにより、近代天皇制を相対化しその歴史的意義も紐解けるのではないだろうか。たとえば、立憲国家が成立する前段階として、自由民権運動は学校の歴史教育の場では欠くことのできない重要なテーマである。その一連の流れの中で、明治天皇と民権運動との関わりでは、1875年の漸次立憲政体樹立の詔や1881年の国会開設の勅諭などもある。安丸良夫は、「民権派が天皇の権威に依拠しようとしたことを建白書類から見ると、五箇条の誓文と75年の漸次立憲政体樹立の詔と、のちにはさらに81年の国会開設の詔もあげて、国会開設は天皇の意志であることを強調し、それを妨げているのは専制政府の首脳だとするものが多い。また、王政復古後には公議輿論が重んじられ、民権尊重の方向へ大きく前進したのに、74・5年ごろを境に明治政府の専制的性格が強まったとして、王政復古直後の延長線上に民権派の主張を位置づけるばあいもある。天皇の意志や権威と有司専制を区別して、後者に攻撃を集中すると、天皇崇拝はいっそう強化されることになる」と指摘している。加えて、「民権派の多くは、民権の発展によってこそ皇室の安泰をもたらすことができるという立場」であるという（安丸1992）。だが、この壁画による歴史叙述からはこうした側面を読み取ることは難しいだろう。この壁画を歴史叙述の一種である展示叙述とみた場合、日本史の授業実践としてこの展示が描く歴史像を読み解くプランは、近代国民国家日本を相対化する視点を養うことができ、壁画の教材化という側面の有意性を提案したい。

（2）外苑という空間的を多面的・多角的に把握する意義

以上、本稿では、外苑に建設された絵画館の壁画を中心に考察したが、外苑全体を通じて空間的な特徴を考えると、内苑と異なる施設が建設されているものの内苑の延長であるという考え方が示されている。「明治神宮略記目録」には、「外苑はその形式に於て、内容に於て、代々木内苑と頗る相異なる所ありと雖もこれ本を同じうせる一大神域にして、實に内苑の苑たるに外ならず。而して内苑の森嚴ありて外苑は愈々その存在の価値を増し、外苑の雄偉ありて内苑は益々その神威を発揚するもの」とされる。そして内外苑をつなぐ連絡道路は、「都市計画路線として設定せられ、並木を配し、乗馬道を通じ、模範的公園道路として竣工」するものであった。

絵画館という建造物を建築史からの視点でみることもあるが、都市計画史の中の外苑がどう位置づけられるかを考えることもできるであろう。「東京で最も美しい並木道は神宮外苑の銀杏並木である」という越沢明は、「都市を代表する並木道（アヴェニュー）には共通するひとつの都市デザインの公理がある」とし、それは、「アヴェニューの軸線上のヴィスタにシンボリックな記念建造物が置かれ、街路、並木、建物の渾然一体したレイアウトにより、一都市を代表する見事な空間」となっていることを指摘している（越沢 1991）。

本稿では、絵画館の壁画について、明治天皇と皇后の記憶を壁画の形態で可視化し、公共の記憶とする歴史叙述として把握した。そこに描かれた近代日本は、現代の私たちが携わる歴史教育の現場ではその内容を吟味し相対化する作業が課せられた課題とみることができるだろう。その他、絵画館を中心とした外苑という空間に視野を広げれば、都市計画史や造園史といった分野からもその機能や役割について考察することもできる。また、壁画の制作者と寄進者との関係については、まったく触れることができなかった。以上のことは今後の課題としたい。

◉参考文献

飛鳥井雅道　1989『明治大帝』ちくまライブラリー 20、筑摩書房
今泉宜子　2013『明治神宮—「伝統」を創った大プロジェクト—』新潮社
今泉宜子　2015「外苑聖徳記念絵画館にせめぎあう「史実」と「写実」—北海道行幸絵画の成立をめぐって—」藤田大誠・青井哲人・畔上直樹・今泉宜子編『明治神宮以前・以後—近代神社をめぐる環境形成の構造転換—』鹿島出版会
岩井忠熊　1997『明治大帝—「大帝」伝説—』三省堂
越沢　明　1991『東京都市計画物語』日本経済評論社
佐藤一伯　2009「明治神宮内外苑の造営と阪谷芳郎：近代東京の「神苑」におけるモノと心」國學院大學研究開発推進機構伝統文化リサーチセンター編『國學院大學伝統文化リサーチセンター研究紀要』第 1 巻
鄭ニョン　2015「明治聖徳記念絵画館壁画考」東京大学大学院総合文化研究科地域文化研究専攻編『年報地域文化研究』18
長谷川香　2015「明治神宮外苑前史における空間構造の変遷—軍事儀礼・日本大博覧会構想・明治天皇大喪儀—」藤田大誠・青井哲人・畔上直樹・今泉宜子編『明治神宮以前・以後—近代神社をめぐる環境形成の構造転換—』鹿島出版会
明治神宮編　2003・2006『明治神宮叢書』国書刊行会
安丸良夫　1992『近代天皇像の形成』岩波書店
山口輝臣　2005『明治神宮の出現』歴史文化ライブラリー 185、吉川弘文館
若桑みどり　2001『皇后の肖像—昭憲皇太后の表象と女性の国民化—』筑摩書房

有形文化財 建造物

橋は何をつなぐのか

會田康範

勝どき橋から近現代日本の大国化と変容をよみとく！

1 橋（橋梁）とは

川べりに立った時、川面をはさんだ向こう側を彼岸（ひがん）といい、自らが立っているこちら側を此岸（しがん）という。それにちなんだ行事として春と秋に行われている仏事のお彼岸は、この世（此岸）の者が極楽浄土であるあの世（彼岸）に渡った先祖を供養する季節の行事である。

日本で初めて行われたお彼岸（彼岸会）は、平安時代前期のこととされる。『古事類苑（こじるいえん）』の「歳時部」には「彼岸」が立項され、その序文によれば彼岸の始まりは806年（延暦25）のこととされ、「彼岸は毎年2月8月の二季、昼夜平分の時を以て、法会を営む例にして、其縁由は詳ならざれども、延暦25年3月17日の官符を以て、崇道（すどう）天皇（早良（さわら）親王に追号、筆者補記）の為、国分寺の僧をして、春秋二仲の月7日間、金剛般若波羅蜜多経を続ましめに濫觴（らんしょう）すとも云へり」と記されている。これにより、お彼岸は、官符という太政官から発せられた行政文書により国分寺で天皇を供養する国家的な行事として始まったものだと理解できよう。

ところで彼岸と此岸を分ける境界にあたるのが、仏教に由来し民間伝承や説話にいう三途の川である。では、こうした河川の彼岸と此岸はいったいどのように行き来するのだろうか。現実的にその渡河方法を考えると、自力で水の中を進んでいく以外となれば、かつては舟橋や渡船、あるいは川越人足などが重要な役割を担った。さらに当然のことだが、交通の要衝にはその利便性によって橋が架けられることもあるだろう。だが、戦国時代や江戸時代などには、軍事防衛上の理由から橋を架けることを禁じたり渡河を規制したりしたこともあった。

ちなみに舟橋とは、水面に多くの船を並べそれをもやいで連結し、その上に並べて置いた板の上を歩行できるようにしたもので、簡易的な橋である。舟橋は必要に応じて架橋し、不要となれば撤去することもできるので軍事防衛的には簡便で効率的であるという特質があり、現代ではほとんどみることができないことから歴史的な遺産ということもできるだろう。

また渡船は、いわゆる渡し船のことで、両岸のそれぞれに設けられた渡船場から船頭の導きによって岸から岸へと渡るものである。現代ではその数も少なくなっているが、かつて渡船場が設けられた場所は、史跡として保存されているところもある。演歌にも歌われている矢切の渡しは、東京都葛飾区と千葉県松戸市の間を流れる利根川に設けられた渡船場で、全国的に有名な渡船場の一つとして知られているものだろう。

さらに川越人足とは、人や物を運ぶことを生業とした人びとであった。文字通り人力によって河川を渡河するもので、架橋や渡船が規制されている河川に置かれていた。その例としては、江戸時代に静岡県を流れる大井川の例が著名で、「越すに越されぬ大井川」と謳われ、人馬により輿や肩車での川越が、またよく知られるところである。

こうした渡河方法に対し、河川や運河、鉄道、道路などの上をまたいで通す建造物の橋（橋梁）は、交通、流通の手段として両岸をつなぐものとしてより重要な存在である。だがそれだけでなく、他の手段と同様にその歴史的背景や施工技術上の特徴により貴重な文化財としての側面も有している。本稿ではこうした面に光をあて、そこから何が読みとれるか、それを解きほどいていきたいと思う。具体的な事例としては、東京都の東部を南北に貫流する隅田川にかかる橋の一つ、勝鬨橋（かちどき）（この表記で用いる「鬨」は当用漢字にないため、現在の正式名称は「勝どき橋」となっている。そこで、本稿でも以下は「勝どき橋」の表記を使うことにする）を事例として取り上げる。

なお、本稿で併用している橋と橋梁は、空間に架設される道路構造物として概ね同義であるが、土木工学上では通例として橋梁が用いられている。また、道路管理上では、山の斜面の中腹に棚のように架設されている桟道橋、道路や鉄道を跨ぐ跨道橋・跨線橋などもあるが、ここでは河川を渡るための橋を中心に述べ、橋と橋梁の語を厳密に区別せず、併用することもある。

2　勝どき橋の歴史的背景

（1）隅田川に架けられた橋

隅田川は、滝廉太郎が作曲した童謡『花』で歌われたことでも知られる東京を代表する河川である。途中で神田川や石神井(しゃくじい)川、日本橋川などが合流する流路は、江戸時代以降の河川の付け替え工事によって形成された。桜の花が満開となる春のうららかな情景は、今も昔も多くの人びとに親しまれている。また近代日本文学史上でも川端康成や芥川龍之介、永井荷風ら多くの作家、文学者が隅田川を題材とした作品を著し、能でも謡曲『隅田川』が演じられている。

現在の隅田川は、荒川放水路からの分岐点となる岩淵水門（東京都北区）を起点とし、足立区、荒川区、墨田区、台東区、江東区、中央区といった東京東部にある複数の区を南下し東京湾に流れ込む全長約24㎞の一級河川である。隅田川の両岸をつなぐため、現在、流域には全部で27の橋梁が架けられ、その一番北に位置するのが新神谷橋である。また、河口付近にある清洲(きよす)橋、永代(えいたい)橋、勝どき橋の3つは国の重要文化財（建造物）に指定されている。27の橋梁の中でもっとも早くに架けられたのは、1594年（文禄3）に創架された千住大橋（旧橋）で、ついで両国橋（1661年）や新大橋（1693年）、永代橋（1698年）、吾妻(あづま)橋（1774年）と続き、これらが江戸時代に創架されたものである。一方、もっとも新しい橋梁は築地大橋で、これは2014年（平成26）に創架されている。

さて、上述したように、河川に橋が架けられる理由の第一に交通や流通経済上の利便性が考えられることは当然のことである。だが、それだけでなく、それぞれの橋の創架には個別に具体的な理由や背景がある。本稿で取り上げる勝どき橋は、1940年（昭和15）に隅田川の下流域に架けられ、その歴史的背景は極めて興味深い。全長246.0m、幅員22.0mで、日本国内では唯一のシカゴ型双葉跳開橋(そうようちょうかいきょう)といわれ、中央部が二分され「ハ」の字に双方70度の角度まで開口するもので、かつては東洋一の可動式橋梁として知られた（図1）。中央部が開閉されるのは、戦前には一日5回（もっとも多い時は7回）、1947年以降は一日3回、1961年からは一日1回であった。橋脚部分には、可動するための運転室や機械室が設けられ、開くまでには、わずか1分ほど

図1　開口時の勝どき橋（写真：東京都建設局所蔵）

の所要時間であった。開口している間にその下を一筋の線を描きながら高いマストの貨物船などが通過し、晴海通り（都道304号、一部は国道）は約20分間、通行が停止した。都心の日比谷・銀座方面と湾岸エリアの豊洲・東雲方面をつなぐ都道の晴海通りにかけられた勝どき橋は、交通量も多くなった現在、1970年11月29日を最後として橋が開口されることはなくなった。だが、その面影は、夜間にライトアップされた際、中央左右の開口部に正時ごとに当時の開口速度と同じ速度で光があてられ、その光り輝く趣向によって演出されている。

（2）隅田川右岸地域の歴史的特質

ところでこの勝どき橋の両岸に広がる地域は、どのような地域的特質や歴史的背景をもつ地域なのであろうか。それは両岸ともに江戸・東京のウォーターフロントという性格を有している。江戸が城下町として開発された当初の都市計画は、江戸城、すなわち現在の皇居を中心に同心円を渦巻き状に「の」の字を描くようなマスタープランで建設されたと考えられており、江戸から東京へと変遷していく過程で中心から外縁部へと時の流れとともに広がりをみせていった。

江戸城の内濠や外濠の周囲にはそれに沿うように環状の幹線道路も建設され、現在では内堀通りを環状1号線とし、そこから外側に向かっていくにつれ6号線や7号線、8号線へと外周に環状線が弧を描いている。また、これに対して、江戸時代以来の五街道をはじめとする道路も江戸・東京の道路も都心から周辺の各地方・地域に放射状に延伸し、皇居の南に位置する日比谷から東へ延びる晴海通りは、銀座や築地を通り過ぎると勝どき橋の西側に達する。

こうした隅田川の右岸（西岸）地域にある江戸城の築城とその城下町開発の淵源は、中世にまでさかのぼる。江戸という地名は、日比谷入江に面した入り江の戸、すなわち入口という意味であるともいわれ、江戸重継がこの地に居館を築いたことに起源を有する。そして、現在の皇居に直接的につながる江戸城は、1457年（長禄元）に太田資長（おおたすけなが）（道灌（どうかん））によって建設された。その後、江戸城は関東管領の職にあった上杉氏が支配するものとなった。そして、戦国時代になると上杉朝興（うえすぎともおき）が小田原を本拠とした戦国大名北条氏綱に攻略され河越城に敗走し、以後、北条氏の支城として城代の遠山氏が支配した。

5代にわたり戦国大名として関東を支配した北条氏であったが、1590年（天正18）の豊臣秀吉による全国統一過程の最終盤、いわゆる小田原攻めにあって滅亡し、それに代わって関東に転封された大名が徳川家康であった。三河国をはじめとする東海・甲信地方を所領としていた徳川氏の関東転封が決定されると、家康はいくつかの候補地の中から江戸城を居城とすることとした。それ以来、江戸は260年以上もの長きにわたって徳川政権の本拠地となり、江戸幕府が置かれることになったのである。

徳川氏が江戸に入封すると、その後、城郭そのものの本格的な修築とともに城下町とその周辺の整備開発が優先的に進められた。これは、諸大名の協力による面も大きく、こうした土木開発をお手伝い普請という。加藤清正、福島正則、伊達政宗といった外様大名も含め多くの大名家は、大きな権力を握る徳川氏に対し、自らの忠誠心を示すため率先してお手伝い普請に尽くした。協力する基準は、千石夫（せんごくふ）の語で知られているように石高1,000石あたり1人の夫役を徴発するものであったが、実際にはその基準通りではなく、徳川氏との結びつきを深め、気に入られようとする大名の中にはその基準を超えて多くの人夫を供出する大名もみられた。このようにして江戸城とその周辺の城下町は急速に開発され、神田山を掘り崩して遠浅だった江戸湾の日比谷入江なども埋め立てられた。その埋立事業により江戸の城下町の面積は拡大し、町人地や寺社地が形成されたほか、諸大名は徳川氏から城下町の各所で土地を拝領し、そこに上屋敷や下屋敷といった藩邸も建設したのであった。

なお、現在、大手町からかつての江戸城大手門を入ると、皇居三の丸公園となっている。大手門から城内に進む経路は、かなり急勾配な汐見坂が続き、これを登り切れば、ほどなくかつての天守閣があった天守台に至る。汐見坂という名の通り、かつては江戸城の眼下に江戸湾の入り江が迫っており、それを眺望できる坂ということから名づけられた名称である。このように、隅田川右岸の河口に近い地域では、江戸湾とその入り江が近世初頭からの開発により陸地へと埋め立てられ、江戸城下の開発は城南から城西、城東へと広がりを見せていった。

（3）隅田川左岸地域の歴史的特質

隅田川右岸に対し、左岸地域はそれとは異なる歴史的特質をもつ地域ということができる。それは、前掲した隅田川に架橋された橋梁の一つである両国橋の名称からも推測できるだろう。両国橋は、1659年（万治2）（1661年〈寛文1〉という説もある）に架橋されたが、この名称の由来は、かつて江戸御府内で武蔵国に属していた隅田川右岸地域と下総国に属していた左岸地域をつなぐ橋であったことにより、このように命名されたのである。

現在の隅田川左岸地域は、行政区分でいうと東京都墨田区や江東区などに該当し、このエリアには「墨東」（あるいは濹東）という呼称もある。江戸時代の墨東地域には、本所や深川といった盛り場が大賑わいで人気を博した。また、深川地区には江戸時代前期の1629年（寛永6）に形成された特徴的な都市空間である猟師町（現：東京都江東区門前仲町・清澄・富岡ほか）がある。近世の行政区分上では、都市部と村落ではその支配のあり方に大きな違いがあった。江戸とその周辺に位置する近郊農村においては、江戸の城下町の支配は町奉行が所轄したのに対し、近郊の農村部は勘定奉行が所轄し、その配下の郡代・代官が現地を支配するところであった。こうした基本的な支配構造のもとで成立した深川猟師町は、1713年（正徳3）以降、町奉行と勘定奉行配下の関東郡代の両支配を受ける地域的特質を有した空間であったのである（高山2008、出口2023ほか）。それは換言すれば、本所や深川も含め、隅田川左岸の地域が江戸の町域拡大に連動して都市的空間に準じた地域となっていったとみることもできるのではないだろうか。

また、右岸地域と比べ、左岸の墨田・江東区内には東西と南北に流れる河川（運河）が発達し、江戸の城下町を経済的に下支えする物流の大動脈を担った地域的特質があることも見逃せない。その一例として特筆したいのは、徳川氏が江戸に入部して最初に手がけた運河である小名木川の存在である。小名木川は、当時、製塩が盛んであった行徳（千葉県市川市内）から生活に不可欠な塩を運ぶルートとして開削された。また、それとともに墨東地域には、地域を横断する東西方向に竪川など、縦断する南北方向には横川などが流れている。こうした中小河川が交差するこの地域は、近郊農村との結節点として物流の動脈となり、近代になると川沿いにはさまざまな工場も立ち並んだのであった。

（4）月島の誕生と近代日本

ここまで江戸時代を中心に前近代の隅田川両岸の地域を概観してきたが、その時点では月島も勝どき橋も誕生していなかった。ここからは、明治時代以降に埋立地として造成された月島の開発と勝どき橋の建設に話をすすめよう。なお、本稿でいう月島は、現在の東京都中央区内に該当する（図2）。中央区では区内を京橋地域・日本橋地域・月島地域に分け、さらに月島地域は佃地区と月島地区に分けられている。月島地区には、現在の住居表示上、月島のほか、勝どき、豊海、晴海の地名がある。本稿では、月島を現在の住居表示に限定したものとせず、その他の地区も含めて述べることを基本としている。その理由は、月島の開発は明治時代以降、一号地から、二号地、三号地として拡大していき、それにともない新たな地名が付されていったことによる。そこで、本稿では広義の月島を基本に述べていくことにする。

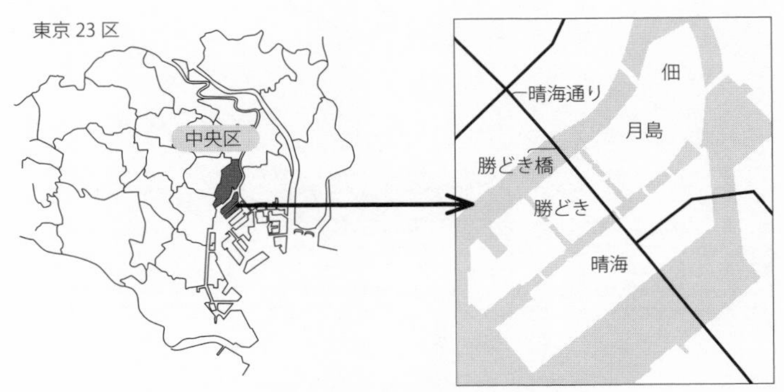

図2　勝どき橋と月島

さて、現在の隅田川河口付近とは異なり、江戸時代までの河口付近はやや内陸に入り込んだ状態にあり、江戸時代中期の時点では江戸湾の干潟を埋め立てて造成された石川島や佃島が隅田川の河口、すなわち江戸湾に面した地であった。その河口部は、中・上流域から運ばれてきた土砂が堆積することにより水運に支障が生じるので浚渫（しゅんせつ）することが必要で、その結果として浚渫した土砂は干潟の埋め立てに利用された（図3）。

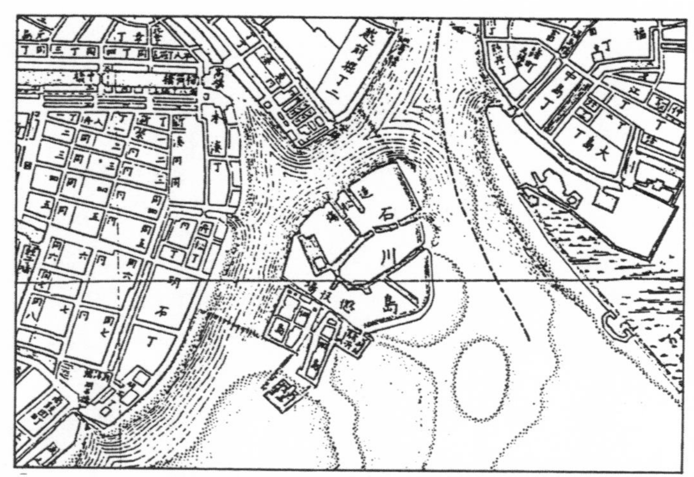

図3　江戸時代中期の石川島（内閣省地理局 1878『実測東京全図』〈人文社蔵版 1968「日本地図選集」『明治東京区分地図全』〉）

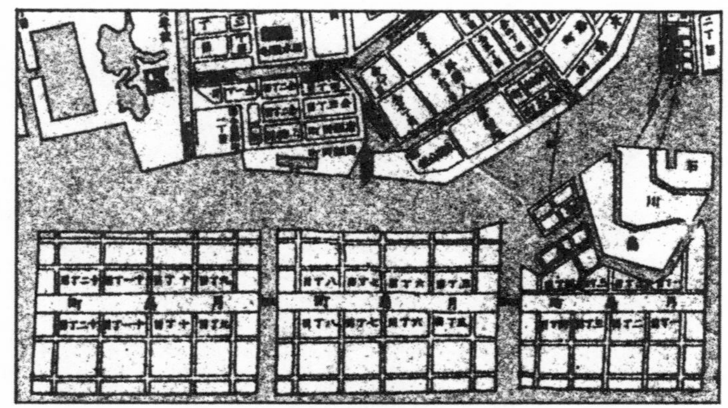

図4　明治時代に造成された月島
（先進堂 1904『東京市街新設鉄道敷設線地図』〈人文社蔵版 1971「日本地図選集」『明治大正昭和東京近代地図集成』〉）

こうして明治時代になり、それまであった石川島、佃島に隣接する埋立地として月島の造成が1887年（明治20）より始まり、月島1号地（現在の中央区月島1～4丁目）、続いて2号地・3号地（現在の勝どき1～4丁目）、4号地（晴海1～5丁目）へと埋立地が広がっていった（図4）。現代の東京湾のウォーターフロント開発は、この埋立事業の延長線上に位置づけられるのである。

さて、月島が造成された時期は、産業革命により日本の近代化が進展する時期と重なる。18世紀後半に江戸幕府が実施した寛政の改革の際、幕府は江戸の治安・都市政策の一環として無宿人を収容し職業を施業するために既に形成されていた石川島に人足寄場（にんそくよせば）を設置したが、その後、幕末の1853年（嘉永6）になると石川島には水戸藩の徳川斉昭により日本最初の洋式造船所が設立された。それ以来、石川島は日本における近代造船の発祥地として石川島造船所、石川島重工業、石川島播磨重工業が勃興し造船を中心に重工業で大きく繁栄した。これに続き隣接する月島が造成されると、同じように造船関係や機械、金属加工の中小工場ができ、さらに造船所で就労する労働者の住居なども立ち並ぶことになり、月島はあたかも石川島のバックヤードの役割を有する土地となったのである。

そして、この造成された月島と隅田川右岸地域をつなぐため、1905年（明治38）には勝どきの渡しと呼ばれる渡船場が設けられた（図5）。その付近はかつて江戸幕府の海軍経理学校があった所で、勝どきの渡しという名称も、この時に交戦していた日露戦争に由来する。すなわち、勝どきとは、戦場で

図5　勝どきの渡し跡の石碑と案内板（筆者撮影）

戦士、兵士が大声で発する「えいえいオー」といった掛け声のことで、ロシアが要塞としていた満洲遼東半島の旅順陥落を契機とするものであった。この渡船場の開設によって隅田川両岸の人びとの通交はより往来しやすくなり、地域住民や月島に所在する工場に勤務する労働者の交通機関として利用されたのである。以上のことから、勝どきの渡しは、近代日本の産業発展を象徴するその新興工業地帯月島という空間とをつなぐ役割を担う存在であったともいえるだろう。そして、その役割を全うし、勝どき橋にバトンタッチするのはその数十年後のことであった。1923年（大正12）の関東大震災後、地元で架橋運動が起こり、渡船に代わって建設されたのが1940年創架の勝どき橋であった。その背景には、大国化した近代日本がその国力を内外に誇示することを目的としたイベント開催の宿願があった。それが、すなわち皇紀2600年を記念する1940年の万国博覧会開催計画である。

（5）高野岩三郎と「月島調査」

ここで、産業革命が進展した大正時代の隅田川左岸に位置する月島に関して実施された「月島調査」について、紹介しておきたい。明治時代になり近代的な工場制工業が隆盛し、東京にはそれらの工場で働く賃金労働者が大幅に増加した。当時の労働者の労働環境や生活については、1899年に横山源一郎が執筆した『日本之下層社会』や1903年に農商務省によって実施された調査報告書である『職工事情』などによってその実状が紹介されている。深刻な惨状のもと、日清戦争前後の産業革命期になると、労働者の待遇やおかれた環境の改善を求めストライキなどの労働運動を展開する労働者も出現した。その指導的立場の一人としてアメリカの労働運動を学び労働組合期成会を結成した高野房太郎がいるが、その影響を受けた房太郎の弟高野岩三郎は、大正時代に内務省衛生局が実施した「月島調査」を主導している。

高野岩三郎は、1871年に長崎で生まれ、1895年に東京帝国大学法科大学政治学科を卒業、大学院で工業経済学、統計学を専攻し、その後、ドイツへの留学経験をもつ。帰国後は、東京帝国大学法科大学の教授となり統計学などを講じ、東大辞職後には大原社会問題研究所の調査研究活動に尽力し、長きにわたってその所長も務めた。近代日本の社会問題や労働問題を科学的に究明した先駆者といえる高野が、労働者生活の実態を総合的に調査する必要性を提唱し実現させたのが内務省衛生局による「東京市京橋区月島における実地調査」で、これは「月島調査」とも略称され、佃島、新佃島、月島1〜3号地を含めたものであった。この調査自体は、『月島調査』として復刻され、それによりその内容を確認することができ、さらに復刻版には関谷耕一が解説を加え、その歴史的意義や課題なども考察されている。（関谷 1970）以下では、それに従って「月島調査」についてみていこう。

「月島調査」を開始するにあたって、そもそも、なぜ月島が調査地として選定されたのか、高野はその理由として大都市の熟練職工家族が多数住居する地域ということを挙げている。すなわち、大都市東京に暮らす職工家族の生活を近代日本社会の一典型とし、それを月島にみていたのであった。先に記したようにいわゆる「貧民窟」の探訪記として『日本之下層社会』などがあるが、それはルポルタージュであって、資本主義的生産が定着してきた段階での労働者生活実態を分析する実態調査ではなかった。これに対して「月島調査」は、統計処理をともなう実態調査であることが特筆される。大正時代の大都市労働者居住地域における総合的調査として生産や死産、婚姻、離婚といった既存の人口動態統計資料の収集とともに、労働者や児童の身体調査、栄養調査、衛生調査、家族関係や娯楽生活、家計に関する調査など極めて多岐かつ広範に及んだのであった。これ以前にはこれほどまでの精緻な労働者生活に関する実態調査は存在せず、その意味でも「月島調査」はこれ以降の地域社会調査、家計調査、生活調査の先駆的な事業としてその意義は大きい。

そこで、「月島調査」の結果として紹介されている成果の中から、本稿と関連深いと思われる内容を以下に抽出しておきたい。月島が造成された当初

表1　月島所在の工場数

1913年（大正2）	109
1914年（大正3）	114
1915年（大正4）	129
1916年（大正5）	144
1917年（大正6）	148

表2　月島所在工場勤務の労働者数

	男	女	計
1911年（明治44）	2,398	210	2,608
1912年（大正1）	3,099	222	3,321
1913年（大正2）	2,787	284	3,071
1914年（大正3）	2,833	244	3,077
1915年（大正4）	2,764	193	2,957
1916年（大正5）	4,474	922	5,396

表1・2はともに『月島調査』より作成した。

においては、東面の海岸付近に別荘を建てる人があったに過ぎなかったが、工業地として発展の端が開かれるようになったのは日露戦争期であった。そして第一次世界大戦期には機械工業の中心地となり、工場数も飛躍的に増大している。具体的な調査結果として、表1にまとめたように1913年に月島に所在した109の工場数は、1916年には144、1917年には148と増え、その背景には第一次世界大戦による軍需拡大といった影響があり、月島の工場はその供給に大きな役割が期待されたものとみることができるであろう。そして、表2からもわかるようにそれと比例して月島所在の工場に通勤する労働者数も大幅に増加していったのであった。

3　勝どき橋をよみとく

(1) 日本の大国化と博覧会政策

19世紀後半、1867年（慶應3）に江戸幕府最後の将軍となった15代将軍徳川慶喜の大政奉還により幕府に代わって新政府が成立した。その後、旧幕府と新政府との戊辰戦争を経て、1871年（明治4）に断行された廃藩置県により中央集権化が実現した。これにより、その後の新政府は、江戸幕府が欧米諸国と結んだ日本にとって不利な不平等条約の改正という外交課題解決のため、右大臣岩倉具視を全権としたことから岩倉使節団と呼ばれる外交使節をアメリカ・ヨーロッパに派遣した。しかし、その目的は、最初に訪米した段階で挫折した。欧米との外交交渉の経験に乏しい当時の日本にとって、交渉に臨むにあたり全権委任状にも不備があり、その経験不足による不手際が露呈したのであった。そのため、岩倉使節団はアメリカからヨーロッパに渡ってからも十数カ国を訪問し、これからの日本が進むべき道のモデルを探究することに重きが置かれた。

一方、日本国内では留守政府と呼ばれる使節団に参加しなかった西郷隆盛や板垣退助らに内政が委ねられていた。その留守政府と帰国した使節団の首脳らとの間に、対朝鮮政策などで対立が生じ、その結果、西郷らは政府を下野することとなった。これは明治六年の政変といわれるが、その後、政府の主導権を掌握したのは、岩倉使節団の副使であった大久保利通であった。大久保は、西郷らとの主張と異なり、欧米列強を視察し、当時の日本にとって内治優先論を展開し、それを推進する機関として内務省を開設し、自らその初代長官となった。この内務省が中心となり掲げられた目標が殖産興業による日本の近代化で、そのために博覧会政策が採り入れられた。それが、1877年から合計5回開催された内国勧業博覧会（内国博）であった。

内国博は、第1回から第3回までは東京上野公園を会場として開催され、その後、第4回は京都岡崎、第5回は大阪天王寺で開催された。当初の博覧会は、国内の近代産業育成を目的とする経済的色彩の強い性格を有していた。しかし、結果的に最後の内国勧業博覧会となった1903年の第5回は、日清戦争に勝利し、台湾という植民地を獲得した帝国日本が開催した内国勧業博覧会であった。そのため、この博覧会は従前の博覧会とは趣が異なり、帝国日本の「国光国華」を発揮する場と位置付けられ、従来の内国向けの殖産興業を目的とする性格から大幅に転換されたものであった。その歴史的意義や問題性はここで述べる本旨とは離れるので詳述しないが、当時、会場となった天王寺にあった貧民街の移転問題や台湾館や学術人類館の人道的な問題などが含まれていたことだけは記しておきたい。（松田2003）つまり、20世紀に入り、大国化を実現した近代日本では、この時点で内国博の時代は終焉を迎え、以後の博覧会政策は、万国博覧会の開催を志向することになっていったのであった。

日露戦争、第一次世界大戦を経て、日本は欧米列強と互角となる国際的立場となった。これと並行して万博への志向は拍車がかかったが、その初発は1890年の亜細亜大博覧会の計画にさかのぼる。農商務省西郷従道が構想し、その建議書を政府に提出したが、財政的な理由により実現していない。その後、日英同盟下で再度進展し、西園寺公望首相のもとで1912年に日本大博覧会の計画が進んだが、これも結局は財政的な問題から実現には至らず、現実味を帯びていくのは1930年代に入ってからであった。それは東京市が推進し、その中心には阪谷芳郎の存在があった。阪谷は、日本大博覧会計画が立ち上がった際、大蔵大臣を務めていた。東京市は、大博覧会開催にあたり300万円の負担金が課せられていたが、阪谷は市がその荷重な負担軽減を求めると冷淡に対応し、財政に余裕がないところでの万博開催に消極的で、それならば延期することを提案していた。日本大博覧会会場の候補地の一つには、品川沖埋め立て地や上野周辺、青山などとともに月島が挙がっていた。

そして、最終的には会場は青山に決定していたのであったが、財政上の理由から大博覧会は中止となったのである。

阪谷はその後、東京市長となり、一転して再度の万博開催に向け、積極的に尽力することになる。それが皇紀2600年を記念する万博である。1926年には博覧会倶楽部が結成され、その後、1930年に結成された博覧会協議会では東京・横浜を会場として関東大震災からの復興を記念するイベントという位置づけがなされた。当初、1935年の開催が目指され、政府もこれに賛成し計画が進められたが、満州事変の勃発などにより日程が延期され、皇紀2600年祝典のタイミングに合わせ1940年の東京オリンピックの開催と同年開催が政府主導のもとに進められたのであった。

この万博は、東西文化の融合、世界産業の発達、国際平和の増進をテーマとして順調に準備されていった。経済効果は2億円を上回るとみられ、経済界はもちろんのこと、観光業界、地方自治体なども巻き込み大いに期待が高まった。そして第一会場とされた月島では、建国記念館のほか、工芸館、機械館、電気館、農業館、化学工業館、鉱山館、外国館、海外発展館などの28館が設けられることになった。(吉見1992・2005、古川1998) それは月島が造成されてから半世紀ほど過ぎた段階で、新興埋立地である月島が街として成熟期を迎えた時期でもあった。そして、その実現目前で折しも日中戦争が激化する中、万博の実現はまたもや幻となり、断念することを余儀なくされたのであったが、その時に完成したのが隅田川右岸と万博会場のある月島を架橋しその動線となった勝どき橋なのである。

(2) 戦時経済と戦後経済を見とどける勝どき橋と月島

勝どき橋が架橋される以前まで、月島に立ち並ぶ工場に通勤する労働者の通交では1903年に深川とつなぐために架けられた相生橋のほかは佃島渡船などのわずかな渡船に頼らざるを得ない状況であった。しかし、先述したように月島の重工業に対する期待が大きくなるにつれ、通勤する労働者を運ぶ渡船以外に新たな架橋が必要になったのであった。その時期の日本経済は、世界恐慌に見舞われ、社会不安も増大していくとともに、戦時経済に突入し、月島の重工業も次第に軍需産業に転換していった。

そして、太平洋戦争が勃発すると、軍需生産はさらに拍車がかかり、月島の工場にも多くの学徒動員が実施されたのであった。『中央区史』によれば、「勤労学徒や京橋・築地方面の商人などで構成された徴用工が月島に毎朝列をなして通う姿をみるようになった」と記されており、勝どき橋を大勢が往来した様子が想定できる。なお、軍需工場化した月島の工場であったものの空襲の被害は少なかったようで、それは、戦後の月島再建にアドバンテージとなったことはいうまでもないだろう。

戦後の高度経済成長やバブル景気を経て、その姿を大きく変えていった月島だが、その一部には戦前からの路地裏が残されている。それは近代日本の原風景としてノスタルジックな思いにかられる空間であり、その路地には現今では月島の名物として有名となった「もんじゃ」屋が立ち並んでいる。いっぽう、現代のウォーターフロント開発では高層のタワーマンションが林立するようになり、路地裏の「もんじゃ」屋とそれとのコントラストは、意外な組合せともいえるが、それをつなぐのも隅田川に架けられた橋なのである。

4 視点をひろげる―地域や社会、産業の変容をみる―

橋梁の第一の使命は、架橋された河川の両岸を結ぶということであるのはいうまでもない。勝どき橋も例外ではなく、架橋された時には、都心部と万博会場月島との通交の便宜を図る目的があった。1940年開催を目指した万博そのものは中止されたが、橋梁としての使命はその後も続いた。むしろ、20世紀後半の戦後日本、そして東京臨海部の拡張と歩調を合わせ、都心部から勝どき橋を渡りさらに以東へ広がった埋立地豊洲や東雲などを結ぶ晴海通りの交通を支え、その重要さを増したといってもいいだろう。

しかし、それにともなって、本来、その特殊な機能であった勝どき橋の跳開は不要なものとなっていった。そこに戦後史の中での隅田川における河川舟運の衰退と自動車の発達とによる物流機構の変化を合わせてよみとくという視点も提案できるだろう。

また、造船の街からつくだ煮ともんじゃの街として近現代に変容した地域の性格をみることも興味深いだろう。月島には、現在となっては稀少ともいえる路地が残っており、それは江戸情緒という誤解も生んではいるが、そこにはノスタルジックな江戸・東京の原風景を重ね合わせている意識が垣間見える。

本稿では、勝どき橋を例として、それによって繋がれた隅田川の両岸について、特に左岸の月島にスポットをあてて述べてきた。その歴史的背景を踏まえ、さらに視点をひろげるためには、社会学や歴史地理学の手法から学ぶことも可能と思われる。比較的長いスパンをとり、月島という地域の変容をマクロとともにミクロの視点からみれば、武田（2009）も指摘するようにその変容を「もんじゃ」という今の月島を象徴する代名詞の一つともいえる食文化からアプローチすることも意義深いと思われる。

「もんじゃ」は月島ができた当初から月島名物であったのではなく、東京下町では庶民や子供たちが身近に駄菓子屋の店先などで楽しむ簡素な食べ物であった。それが月島の造成により、そしてその地に多くの工場ができ、労働者が働くようになって以来、庶民の食文化として地域に根づいていったものである。しかし、バブル経済やその後の1980年代以降の東京の変容は、月島の姿そのものを変えるとともにその地に残り続けた「もんじゃ」も「食文化遺産」としての側面を兼ね備え、今日では多くの観光客にも親しまれるようになっている。

本稿はこうした側面について詳述するものではないが、「橋がつなぐもの」として歴史的、文化的、そして社会や経済との関係から多面的な視点があることを勝どき橋という国指定重要文化財を例にとって考察を加えてみた。ひとつの文化財を通じて幅広い歴史教育を実践していくことを今後の自らの課題とし、本稿を終えることにしたい。

◉参考文献

伊藤真実子　2008『明治日本と万国博覧会』吉川弘文館
国　雄行　2005『博覧会の時代』岩田書店
国　雄行　2019『博覧会と明治の日本』吉川弘文館
関谷耕一 解説　1970『生活古典叢書第6巻　月島調査』光生館
高山慶子　2008『江戸深川猟師町の成立と展開』名著刊行会
武田尚子　2009『もんじゃの社会史―東京・月島の近・現代の変容―』青弓社
田中　彰　1999『小国主義―日本の近代を読みなおす―』岩波新書
出口宏幸　2023「深川猟師町の村落的特質―「村」の中の町名主とは―」『江東区文化財研究紀要』22
東京都中央区役所　1958『中央区史（上・中・下）』東京都中央区
古川隆久　1998『皇紀・万博・オリンピック―皇室ブランドと経済発展―』中公新書
松田京子　2003『帝国の視線―博覧会と異文化表象―』吉川弘文館
吉見俊哉　1992『博覧会の政治学―まなざしの近代―』中公新書
吉見俊哉　2005『万博幻想―戦後政治の呪縛―』ちくま新書
四方田犬彦　1992『月島物語』集英社

有形文化財 墳墓・碑

戦争碑は何を語るのか

下山　忍

戦時・戦後の国家政策と人びとの思いをよみとく！

1　戦争碑とは

「戦争碑」という言葉は耳慣れない向きもあろうが、招魂碑（しょうこんひ）・戦没者個人碑・戦役記念碑・忠魂碑・戦利兵器奉納碑・忠霊塔・慰霊碑（塔）など近代の戦争に関連して建立された石碑の総称である（籠谷 2004）。現在でも神社や寺院の境内、共同墓地、学校の敷地などで目にすることができる。これらの戦争碑は主に西南戦争から太平洋戦争までの各戦争に関連して建立され、その総数は正確にはわからないものの、全国に25,000基以上あると推定されている（国立歴史民俗博物館 2003）。文化財に指定されていない戦争碑が圧倒的に多いが、近現代史を考える上で重要な史料と言える。以下、それぞれの戦争碑について簡単に説明したい。

（1）招魂碑

戦争碑のうち、時期的に最も早く現れるのが招魂碑で、1877年（明治10）の西南戦争後に建立されている例が多い。「招魂」とは死者の霊を招いてまつることを意味し、明治維新前後、国家のために殉じた人の霊をまつった招魂社などがあった。これは政府軍戦没者のみの慰霊・顕彰を意図し、敵方の反政府軍戦没者は排除されるという特徴をもっていた。今井昭彦の調査によれば、群馬県内で最も古い招魂碑は1878年（明治11）の建立である。この招魂碑は前年の西南戦争の戦没者をまつるが、あわせて1864年（元治元）に高崎藩兵が水戸天狗党と戦った下仁田（しもにた）戦争や1868年（慶応4）の戊辰戦争における戦没者もまつっているという（今井 2018）。

ただし、招魂碑の建立はその後も続き、日清戦争や日露戦争、さらには戦後の建立例も見られる。坂井久能の調査によれば、神奈川県内の招魂碑総数29基のうち、最も古いものが1878年、最も新しいものが1980年（昭和55）である（国立歴史民俗博物館2003）。戦争碑の分類にあたっては、名称だけでなく、その石碑の性格を見て判断していく必要があると言える。

（2）戦没者個人碑

招魂碑と並んで早く現れるのが戦没者個人碑である。戦没者個人碑は、特定の戦没者を慰霊・顕彰する碑であり、1人につき1基建立されているところに特徴がある。西南戦争から日露戦争の時期にかけて建立されている。

「故陸軍二等卒勲〇等〇〇〇〇君之碑」などと刻まれることから墓碑と混同されやすいが、宗教的礼拝の対象物である墓碑は、基本的には戒名・俗名・没年月日・享年などを刻み、事績を刻む場合も非常に簡単である。これに対して戦没者個人碑は、戦没者の出生からの履歴、戦死の状況、さらに顕彰されるべき功績など長文の碑文が刻まれていることを特徴とする。建立者は、父親をはじめとする親族や近隣の住人であることが多い。筆者が調査した埼玉県川口市には招魂碑はなく、最も古い戦争碑が西南戦争における戦没者個人碑であった（図1）。

（3）戦役記念碑

戦役記念碑は、戦争における勝利を記念した「戦捷（せんしょう）記念碑」、従軍したこ

図1　川口市青木氷川神社の「野崎末蔵碑」
（西南戦争における戦没者個人碑・筆者撮影）

図2　北本市文化センター横の「日露戦役記念碑」（左）と「表忠碑」（右）
（筆者撮影）

とを記念した「従軍記念碑」、凱旋できたことを祈念した「凱旋記念碑」などに分類される。いずれも戦争に従軍し故郷に凱旋した兵士全員の氏名を刻み、基本的には戦没者を特別に扱うことはない（桧山 2001）。この点で招魂碑・忠魂碑・忠霊塔とは異なる性格をもっている戦争碑である（図 2）。

日清戦争や日露戦争等に関連して建立され、それぞれの戦争の終結した 1896 年（明治 29）、1906 年（明治 39）の建立が多い。このほか「凱旋橋記念碑」や「敷石記念碑」など従軍兵士の凱旋に際して作った構造物を記念する戦争碑もある（下山 2000）。

碑の名称としては「日清戦役」・「日露戦役」・「明治二十七八年戦役」・「明治三十七八年戦役」が多いが、日清戦争では「征清記（紀）念碑」というような呼称も見られる。「征露記（紀）念碑」等がほとんど見られないのは、1905 年（明治 38）に内務省警保局長からそれを禁止する指示（「碑表ニ征露ノ文字ヲ使用セントスルモノ取扱方ニ関スル件各郡長へ通牒」埼玉県行政文書　明 2397-30）が出されているためであるが、両国への対応の違いは対照的である（下山 1996）。

（4）戦利兵器奉納碑

戦利品は鹵獲（ろかく）品とも呼ばれ、戦争で敵から押収・抑留し交戦国に所有権取得の効果が認められる物品である。日本では、日清戦争や日露戦争等で獲得した戦利品を払い下げたりしており、砲弾などは各地の神社等に奉納されたが、その際に建立されたのが戦利兵器奉納碑である。戦利品の砲弾は日清戦争で 8,700 個以上、日露戦争で 23,000 個以上が下付されたというが、今日にすることがそれほど多くないのは、太平洋戦争中の金属供出や GHQ の指令に係る戦後の撤去によるものが多いためと思われる。埼玉県川口市では、砲弾等のモニュメントはなく、戦利品を奉納した趣旨を刻んだ割石自然石の石碑のみが残っている事例がある（図 3）。

図 3　川口市西新井宿氷川神社の「戦利品奉納之碑」（筆者撮影）

（5）忠魂碑

日露戦争前後になると忠魂碑が増えるが、これは後述するように内務省による建碑規制が影響している。「忠魂」とは忠義を尽くして戦死した人の霊魂を意味し、忠魂碑には戦没者全員の氏名を刻んでいる。そのため招魂碑や戦没者個人碑に比べてかなり大きいものとなり、記念碑型の石碑を基台に垂直にのせて建てる形式が多い。日露戦争後から建立され、昭和期に入って大きく広がりを見せたが、1915年（大正4）・1928年（昭和3）に建立が多いのは「御大典」（天皇即位礼）の年にあたることが影響している。

碑の名称としては、忠魂碑のほか「表忠碑」（図2）・「彰忠碑」・「旌忠碑（せいちゅう）」などもある。これらの分布には地域的な傾向があり、例えば、「彰忠碑」は群馬県に多く（今井2018）、埼玉県に多く見られる「表忠碑」は茨城県では見られない（海老根1984・1985a）し、大阪府に見られる「旌忠碑」（森田2020）は埼玉県では見られない。

建立に際しては、1910年（明治43）に成立した帝国在郷軍人会の分会が関与することも多く、そのため碑名の揮毫者には帝国在郷軍人会の会長や副会長を務めた福島安正・寺内正毅・川村景明・一戸兵衛・鈴木荘六・井上幾太郎らの名が見られる。それ以外では乃木希典・山県有朋・大山巌など軍司令官や師団長などの現役軍人によるものも多い。後述するように、次第に参拝・礼拝の対象となり、学校教育の中でも活用された（籠谷1987）。

（6）忠霊塔

忠霊塔は忠魂碑と異なり、戦没者の遺骨などを納める構造をもつことを特徴とする。そのため、納骨に対応して前に線香を置く香炉や献花を供える花立も置かれる形式となっている（図4）。1939年（昭和14）に陸軍を推進母体として発足した、大日本忠霊顕彰会の建設運動によって建立が始まった。これは、外地では日本軍主要作戦の戦跡地に、内地では1市町村に1基の建立を企図し、その費用は国民からの寄付金でまかなうとした。「一日戦死」のスローガンのもと、全国民が1日戦死したつもりで、その1日の収入分に相当する金額を寄付することを呼びかけた（籠谷1974）。1937年（昭和12）に日中戦争が始まると、第1次近衛文麿内閣は国民精神総動員運動を提唱したが、そうした政策の一環として推進されたものであると言える。

その計画によれば、外地主要会戦地には敷地面積約5万㎡・建設費約50万円、内地大都市には敷地面積5万㎡・建設費約100万円、中小都市には敷地面積約6,000㎡・建設費約5万円、町には敷地面積約3,000㎡・建設費約2万円、村には敷地面積約1,000㎡・建設費約5,000円という規模で忠霊塔を建設するとしている（籠谷1974）。

図4　所沢市三ヶ島小学校の「忠霊塔」（筆者撮影）

忠霊塔は1942年（昭和17）には全国に85基あり、近々完成が87基、建設企画中が367市町村、建設希望が1,397市町村だったという（長2013）。年次を追って建設数を見ると、例えば群馬県内では1939年2基、1940年1基、1941年3基、1942年5基、1943年28基、1944年12基であり、1943年から多くなっていることがわかる（今井2018）。これは、忠霊塔がコンクリートを用いる構造物であったため完成には数年を要したことによるものと思われる。

現存する忠霊塔は極めて少なく、例えば埼玉県では所沢市三ヶ島小学校校庭に残る忠霊塔1基のみである（海老根1985b）。現存例が少ない理由は、構造物であるため、終戦後の撤去命令で解体されたためではないかと推測している。ただし、筆者の見たところ、戦後に復元し次に述べる慰霊塔に転用されたものも少なくないと思われる。このことについては、個別の聞き取り調査が必要であろう。

（7）慰霊碑（塔）

戦争碑のうち、戦後に建立された慰霊碑は少なくない。孝本貢によれば、長野県内の戦争碑の45.4％が戦後の建立であり（孝本2009）、筆者が調査した埼玉県北本市においても戦争碑総数8基のうち5基が戦後の建立であっ

図５　川口市青木町公園の「川口市英霊記念碑」
（筆者撮影）

図６　北本市天神社の「英霊塔」（筆者撮影）

た（下山2000）。地域社会が主体となって、戦没者を戦争犠牲者と捉えてその慰霊を行うとともに平和への願いを趣旨として建立された（図5）。

ここでは慰霊碑（塔）と総称しているが、個別の名称としては、そのほか「英霊碑（塔）」・「殉国碑」・「殉難碑」・「戦没者之碑」・「物故者之碑」・「鎮魂（碑）」・「平和（祈念）碑」など様々である。中には「忠魂」や「忠霊」という語を使用する碑もなくはないが、全体的には「英霊碑（塔）」が多いように思える。英霊とは死者の霊を高める美称である。『万葉集』にも見られる古い語であり、戦没者の霊魂について用いる事例も明治時代から見られるが（今井2018）、戦争碑としては圧倒的に戦後の使用が多い。

これら慰霊碑の建立は、1951年（昭和26）のサンフランシスコ平和条約締結を契機としていると思われる。後述するように、1946年（昭和21）にGHQの指令により撤去・破壊された忠魂碑には、1951年以降に再建された事例も見られるが、慰霊碑の建立もそうした動きと軌を一にしている。かつての忠霊塔を改造して建設したと思われる慰霊塔も見られる（図6）。

2　戦争碑の歴史的背景

次に戦争碑の歴史的背景について、(1) 日清戦争後の建碑規制、(2) 忠魂碑と学校教育、(3) 戦争碑の撤去、(4) 戦争碑の再建の4つの切り口から考えてみることとする。

(1) 日露戦争後の建碑規制

前述のように、戦没者個人碑は日露戦争後に姿を消していくことになるが、それは1904年（明治37）に各県知事宛てに出された内務省神社局長・宗教局長通牒（埼玉県行政文書　明2397-5）による。それ以前から、官有地での建碑には一定の基準があり、「国家に功労のある者、頌揚（しょうよう）すべき事績のある者」にのみ認められていた。建立の手続きとしては、発起人は市町村長や郡長を経て県知事に申請し、最終的には内務大臣が許可することになっていた。それまで西南戦争以来の戦没者が上記に該当すると判断されて、官有地への建碑を許可されていたのであるが、この1904年内務省通牒はその方針を変更するものであった。すなわち、「（戦没者個人碑の）建設を競うことは、一種の弊害を醸成する」として、その許可には「一定の時機を待たしむる」ように指示している。行政文書特有の微妙な言い回しであるが、日露戦争における戦没者の激増という状況の中で、被害状況の可視化につながる危惧からの建碑規制と推察できる（籠谷1984）。

さらに、1906年（明治39）には2回目の建碑規制とも言える内務省神社局長・宗教局長通牒（埼玉県行政文書　明2353-6）が県知事宛てに出された。これは建碑の許可を内務大臣から県知事に委譲するというものであったが、その付帯事項として「神社境内に墓碑と紛らわしい石碑は建立しないこと」、「同一の記念碑は一市町村に一基とすること」の2点が指示された。

これにより戦没者個人碑は姿を消し、忠魂碑が建立されていくことになった。これには各地の在郷軍人会が寄与しており、1910年（明治43）にこれらが統合された帝国在郷軍人会の設立も大きく関連していると思われる。いわば戦争碑の建立主体が身近な人から国家に移行していくことであり、国家による戦没者慰霊の統一とも言える（籠谷1984、粟津2001）。

（2）忠魂碑と学校教育

学校教育において、児童生徒に忠魂碑を参拝させることが始まっていくのが1930年代であった。籠谷次郎はいくつかの事例を挙げているが（籠谷1984）、その中で最も早いものが埼玉県師範学校附属小学校である。同校の指導方針が記されている1932年（昭和7）の「経営」によれば「志操の啓発」の「訓練」として、神武天皇祭・秋季皇霊祭・神嘗祭・新嘗祭・大正天皇祭・元始祭・春季皇霊祭という祭日に加えて、靖国神社祭・大神宮祭・祈年祭には遙拝（ようはい）・訓話・忠魂碑参拝などを行うとしている。さらに忠魂碑参拝の目的として「招魂祭の際、上級学年は特に参拝を行い、忠勇の士を弔い、感謝の念を旺（さか）んにせしむると共に国家的情操を培ふてゆく」と記されており、忠魂碑前における招魂祭が行われていたこともわかる。1935年（昭和10）に始まる国体明徴運動との関連を知ることができるのが、1938年（昭和13）の埼玉県慈恩寺小学校の指導方針が記されている「経営」である。これによれば「国体観念の明徴と皇道精神の昂揚教育」の１つとして、神宮宮城遙拝・御影（御真影）礼拝と並べて忠魂碑礼拝・戦死者墓参を挙げている。

以上のような忠魂碑参拝の学校行事への位置付けとともに注目すべきものは、郷土読本への掲載である。籠谷次郎は、1938年に発行された奈良県山辺郡西部教育会『郷土読本』を紹介しているが、その記述は招魂祭の様子とその後の教師による訓話からなっている。教師用の解説書には「毎年行はれる招魂祭の所以を明にし護国の神として祀らるる勇士に感謝の誠を捧げ盡忠報国の念を養ふ」とある（籠谷1974）。筆者が調査した埼玉県石戸尋常高等小学校『郷土読本』はこれより早い1933年（昭和8）の発行であったが、同様に招魂祭について書かれていた。石戸村（現：北本市）「表忠碑」は西南戦争から第一次世界大戦の戦没者をまつっているが、郷土読本の内容は日露戦争を中心に記述している（下山1996）。以上の事例から、忠魂碑がそれをまつる招魂祭と一体となって学校行事に組み込まれ、郷土読本によりその意義を理解させるという構造が見て取れる。

1930年代は、全国各地で郷土教育が盛んに行われた時期であった。各学校では地域調査を行って郷土資料を収集し、郷土室等を設置するとともに、郷土読本の編集を行ったという。郷土教育とは、社会を理解する基礎として郷土を位置付け、すべての学科を郷土と結合して教材化するという実地体験的で問題解決的な学習を指向していた。その一方で、郷土教育は郷土に対する愛情を涵養し、それを愛国心にまで高めようとする面ももっており（伊藤2012）、そうした面が重視される契機となったのが1935年に始まる国体明徴運動であり、1937年（昭和12）に始まる国民精神総動員運動であったと考えられる。

（3）戦争碑の撤去

戦後になると、1946年（昭和21）11月の内務次官・文部次官指示（「公葬について」埼玉県行政文書　C10473-27）によって、軍国主義及び極端な国家主義的思想の防止という観点から、学校及び公共地における戦争碑の撤去が行われた。いわゆるGHQの指令によるものである。それによれば、忠魂碑や忠霊塔の建設は今後一切認めず、現在建設中のものは直ちに中止することとし、学校敷地や公有地に現存するものについては撤去することが示されている（下山1996）。公有地の場合は「明白に軍国主義的、極端な国家主義思想の宣伝鼓吹を目的とするもの」という限定がついているが、学校敷地に関してはそれがなく一切の忠魂碑や忠霊塔の撤去が命じられているのは、前述した1930年代以降における学校教育での役割を踏まえての措置であろう。

実際にどのくらいの撤去が行われたのかという点について、GHQ資料を調査した小谷野洋子によれば、茨城県では学校敷地から撤去した碑54基、学校以外の場所から撤去した碑51基、学校敷地から移動した碑10基、学校以外の場所から移動した碑22基、模様替えした碑32基の合計169基が対象となった。ここでいう「撤去」とは、実際には破壊を意味し、割ってから埋めたという（古谷野2004）。筆者が調査した埼玉県においても、このときに切断され埋められたという事例は数例あった。さいたま市調（つき）神社境内の忠魂碑のように、切

図7　宮代町須賀小学校の「表忠碑」（筆者撮影）

断の跡を確認できるものもある。また、宮代町須賀小学校の表忠碑は、下半分が埋められ上半分が露出するという状態で今も残っている（図7）。

（4）戦争碑の再建

撤去されていた戦争碑が再建され、また慰霊碑（塔）が建設されるのは、1951年（昭和26）のサンフランシスコ平和条約の締結が契機となった。同年9月10日付けで、文部事務次官と引揚援護庁次長が連名で「戦没者の葬祭などについて」の通達を都道府県知事に出している。これによって1946年（昭和21）の通牒「公葬について」が改められ、戦没者の葬祭と地方公共団体による簡素な墓・納骨施設の建設が可能となったのである。これによって、「撤去」されていた戦争碑が再建されることになった。埋められていた戦争碑は掘り起こされて、その場に建立された。現在、1946年に禁止されているはずの学校敷地にも戦争碑を見るのは、こうした経緯によるものであろう。久喜市菖蒲神社の表忠碑のように切断面を貼り合わせたような痕跡を見ることもあるし（下山1996）、取手市長善寺にあった明治戦捷紀年碑のようにボルトで固定しているものもある（古谷野2004）。これらの再建戦争碑は「再建由来」を刻んでいるものも多く、その碑文もこの時期の状況の一側面を把握することができる貴重な史料であると言える。

3　戦争碑をよみとく

（1）高校生による調査研究活動

次に教育の側から戦争碑にどのようなアプローチをしてきたのかということについて述べてみたい。戦争碑に関する先駆的研究を進めた籠谷次郎も高校教員であったが、同様に地域資料に注目した高校教員の指導による部活動や有志生徒による調査活動が見られる。管見の限りであるが、新宮讓治は獨協埼玉高校郷土研究会の生徒たちと埼玉県や東京都の戦争碑を調査し、その碑文の拓本を取って学校祭で展示した。新宮の実践は、戦争碑の碑文を生徒とともに読み取っていくところにあった（新宮2000）。筆者自身も当時勤務していた埼玉県立北本高校郷土研究部の生徒たちとともに、北本市内の戦没者墓石と戦争碑の悉皆調査を行い、その後の聞き取り調査も実施して、市内の戦没者の戦没地・戦没年・関連情報などを整理して文化祭で発表した（下山1995・2000）。坂井久能は神奈川県立神奈川総合高校において担当した自由選択科目「昭和史」の課外学習団体である昭和史研究会の生徒たちとともに神奈川県綾瀬市の戦争碑や戦没者墓石を悉皆調査し、それを資料化する中で、戦没者はどのように慰霊・供養されてきたのかということを捉える研究を行った（坂井監修2011、坂井2015）。

坂井の実践は、戦争碑や戦没者墓石のみにとどまるものではなく、遺族の家に残された日記・軍事郵便・葬儀・墓標建設など未発表の関係史料を借用して丁寧に読み込んでいくものであったが、それらを含めた戦争史料を活用した学習活動の意義として、①戦争にリアリティーをもたせることができる、②戦争を身近なものとして捉えることができる、③皆で考え議論することができるとしている（坂井2015）。この①・②に関して言えば、戦争碑は戦争体験者の高齢化や死没が避けられない中、戦争を考えさせることのできる身近な資料ということであり、③に関して言えば、グループで行う調査研究活動は、情報を収集・整理・分析し意見交換して進めて行くという点において、まさに探究活動であったと言うことができる。

（2）小学校における授業実践

戦争碑を扱った授業実践について見ていくと、小学校の実践であるが、高橋基文は地域にある忠魂碑の写真を見せて「これは何か」と問いかける。児童は石碑の存在は知っているものの、それが忠魂碑であることは知らなかったという。次に戦没者名簿から「日本はどこの国と戦争をしたのか」、「この町で最初に戦死したのはどの戦争か」、「最後に戦死したのはいつか」などと問いかけ、教科書で学ぶ戦争と自分の住む地域とをつなげさせていくのである（高橋2015）。同じく小学校の石上徳千代の実践は、やはり児童が知っている「戦没者慰霊之碑」を教材とし、戦没者氏名・戦没年月日・戦没地等が刻まれた碑文の翻刻（『牛久市史石造物編』）から、児童に戦没年月日と戦没地を地図や年表に整理させている。この作業の中で「何でフィリピンで死んだ人が多いの」、「ペリリュー島（パラオ諸島）の死者が同じ日になくなっているのはなぜ」などの新たな疑問が生まれ、さらにこれを取材や文献調査によって追究させている（石上2022）。

(3) 戦争碑と文字資料

これらの実践に共通するものは、児童に周知の戦争碑を導入で用いて興味関心を高め、その碑文を「戦没者名簿」や『牛久市史石造物編』という文字資料から読み取らせている点にある。碑文という戦争碑のもつ文字情報から戦争と地域との関わりに気付かせ、さらに新たな課題を見つけさせているのである。碑文の読み取りは前述の新宮讓治のように教師や生徒が行う場合もあるが（新宮 2000）、やはり日常的な授業の実施を考えた場合、自治体史等の活用はこうした実践を後押ししてくれるものである。

翻刻されていない文字史料を用いた授業には、埼玉県立浦和高校における三宅邦隆の実践がある。これは、日本史Ｂ「近代国家の成立　日露戦争と国際関係」の単元中「日露戦争と銃後の活動」で扱っている。戦争碑を前提として、生徒たちに３つの資料を読ませ、ジグソー法の手法を用いて情報共有をさせ、考えさせている。すなわち「従軍記念碑設立趣意書・許可願」から地域住民の従軍者への尊崇と賛美の気持ち、「ロシア正教会信者に対する暴行脅迫等を防止する通牒」からロシア人に対する不当な行為の禁止の背景にある国家意志としての戦争の強調、「旅順攻略戦に参加した兵士からの手紙」から戦争の悲惨さを読み取らせている。それらを通じて、当時の人々の戦争に向き合う姿勢とその多様性を考察させる実践である。三宅の実践は埼玉県立文書館の所蔵資料を活用したものであり、文書館と教育との連携を踏まえてのものであった（三宅 2017）。以上の授業実践例から、①自治体史等における戦争資料の調査・収集・記録、②博物館・文書館等と学校の連携が非常に大切であると考えられ、改めてその促進が望まれる。

戦争碑をはじめとする戦争資料の教育的意義は、多くの教育関係者に共通するものであると思われ、例えば実教出版の教科書『日本史Ｂ』では、「歴史の論述」の事例として「地域の戦争遺跡を調べる」という項目を掲載している。これは『しらべる戦争遺跡の事典』など（十菱・菊池 2002・2003）の成果を踏まえたものと思われるが、こうした書籍は多くの実践を後押しするものと思われる。今後も、歴史総合や日本史探究、あるいは中学校社会科での実践が望まれる。また、森田敏彦は、大阪府内の戦争碑を悉皆調査し、これを整理して一覧表にまとめるとともに、説明とともに碑を訪ねるコースを作成した（森田 2020）。これは学校教育だけでなく広く市民を視野に入れたものであり、今後戦争碑を文化財として認知させていくためには不可欠な取組であろう。

4　視点をひろげる—戦争碑の保存—

戦争碑は、1976 年（昭和 51）の大阪府箕面市の忠魂碑をめぐる政教分離に関する訴訟を契機とし、研究者の間でも関心をもたれるようになった。忠魂碑の宗教的性格の有無を論じるものが中心であり、本稿でも縷々引用した籠谷次郎の先駆的な研究もそれにあたる（籠谷 1974・1984）。1980 年代になると反政府軍戦没者の慰霊という問題関心から今井昭彦による調査研究（今井 2005・2013・2018）が始まり、自らが遺族でもあった海老根功による個人的な悉皆調査が見られた（海老根 1984・1985b・2001）。前述した高校生たちによる調査研究が行われたのもこの頃のことである。

1990 年代には日清戦争勃発百年との関係もあって、戦争や軍隊の考察に取り上げられるようになった。羽賀祥二（羽賀 1998）や桧山幸夫（桧山 2001）による日清戦争の戦争碑に関する研究、原田敬一（原田 2001・2013）による「軍用墓地」に着目した研究、本康宏史（2002・2003）による金沢などの「軍都」における「慰霊空間」に着目した研究等がそれである。2000 年代に入り、ナショナリズムとの観点から戦争碑を考えていく粟津賢太（粟津 2001）をはじめ様々な観点から捉えられるようになっている。ここでは研究史のすべてを網羅することはできないが、数多くの研究の蓄積がある。

全国的な戦争碑の把握については、2000 年から 2 年間かけて実施された国立歴史民俗博物館の「近現代における戦争に関する記念碑」調査（国立歴史民俗博物館 2003）の意義は大きい。これは自治体史等これまでに公刊された文献調査に現地調査を加えて、戦争碑の都道府県別総数を把握しようとするものであった。不完全であるとはいえ、その調査を補完していく調査研究も行われている（小田嶋 2003、坂井 2008、森田 2020 など）。

自治体史編纂に係る戦争碑の調査もないわけではないが（寺門 1994）、そう多くはなく前述のように個人的な調査に依っている面が大きい。また、本書との関連で言えば、戦争碑は文化財に指定されていない「未文化財」がほとんどである。そうした状況の中で、戦争碑が自治体によって取り壊されているという報道を目にした（2021年11月9日朝日新聞）。これは静岡県袋井市で戦争碑が撤去され、その後もさらに撤去する動きが進んだことから、郷土史家らが保存運動に立ちあがったという記事である。背景には維持管理の難しさがあるという。戦争碑は遺族会が維持管理しているが、会員の高齢化によりそれが難しくなり、倒壊の危険性を指摘する声などもあって、自治体が取り壊すということになっているとのことである。古谷野洋子が報告した茨城県取手市の事例などを見ると、こうした取り壊しの動きは最近に限ったことではないのかもしれない（古谷野2004）。

戦争碑は、なかなか実測ができないものの、3～4mの忠魂碑や7～8mの忠霊塔なども見られ、その大きさから様々な思いを感じ取ることができる石碑であり、建立場所・建立者・揮毫者・碑文・関連する行事など多くの情報を提供してくれる史料である。文献史料や聞き取り調査を補完すれば、さらに多面的・多角的な歴史像を描くことができる。戦争体験者から直接伺う機会がほとんどなくなりつつある現在、戦争について考えるための重要な接点の1つである。戦争碑をはじめとした身近な文化財について、これまでに蓄積されてきた研究成果を踏まえるとともに、博物館等と連携して教材化していくことは歴史教育の重要な役割ではないだろうか。その前提としての保存の重要性も強く指摘したい。

◉参考文献

粟津賢太　2001「近代ナショナリズムにおける表象の変容―埼玉県における戦没者碑建設過程をとおして―」『ソシオロジカ』26―1・2
粟津賢太　2017『記憶と追悼の宗教社会学―戦没者祭祀の成立と変容―』北海道大学出版会
石上徳千代　2022「地域教材で“夢中”をつくる―戦争碑調べから平和を考える地域学習を通して―」『歴史地理教育』935
伊藤純郎　2012「郷土教育運動」日本社会科教育学会編『社会科教育事典』ぎょうせい
今井昭彦　2005『近代日本と戦死者祭祀』東洋書林
今井昭彦　2013『反政府軍戦没者の慰霊』御茶の水書房
今井昭彦　2018『対外戦争戦没者の慰霊―敗戦までの展開―』御茶の水書房
海老根功　1984『忠魂碑（第一巻）』東宣出版
海老根功　1985a『忠魂碑（第二巻）』東宣出版
海老根功　1985b『戦争のいしぶみ』埼玉新聞社
海老根功　2001『群馬県の忠魂碑等』群馬県護国神社
小田嶋恭二　2003「北上市地域の戦没者と戦争記念碑について」『国立歴史民俗博物館研究報告』101

籠谷次郎　1974「市町村の忠魂碑·忠霊塔について―靖国問題によせて―」『歴史評論』292（のち同1994『近代日本における教育と国家の思想』阿吽社に収録）
籠谷次郎　1984「戦没者碑と「忠魂碑」―ある忠魂碑訴訟によせて―」『歴史評論』406（のち同1994『近代日本における教育と国家の思想』阿吽社に収録）
籠谷次郎　1987「戦争碑についての考察―海老根功氏『忠魂碑』·『戦争のいしぶみ』を素材に―」『歴史評論』444
籠谷次郎　2004「戦争碑―ミクロな目からみる近代日本―」鵜飼政志・蔵持重裕・杉本史子・宮瀧交二・若尾政希編『歴史をよむ』東京大学出版会
孝本　貢　2009「戦後地域社会における戦争死者慰霊祭祀―慰霊碑等の建立・祭祀についての事例研究―」『明治大学人文科学研究所紀要』64
国立歴史民俗博物館　2003『非文献資料の基礎的研究　近現代の戦争に関する記念碑』
古谷野洋子　2004「割って埋められたムラの戦争記念碑」『歴史民俗資料学研究』9
坂井久能　1997「神奈川県内における忠霊塔建設」神奈川県高等学校教科研究会社会科部会歴史分科会『研究集録　神奈川の戦争と民衆』
坂井久能　2008「三浦郡葉山町における戦没者の記録」『国立歴史民俗博物館研究報告』147
坂井久能監修・神奈川総合高等学校研究開発グループ　2011『戦没者の慰霊碑・墓石から見た戦争』
坂井久能　2015「高校教育における戦争資料の活用を考える」『アーカイブズ学』23
下山　忍　1995「戦没者墓石について」『地方史研究』258
下山　忍　1996「埼玉の戦争碑おぼえがき」『川口北高の教育』21
下山　忍　2000「戦争碑の変遷」『季刊考古学』72
十菱駿武・菊池　実編2002『しらべる戦争遺跡の事典』柏書房
十菱駿武・菊池　実編2003『続・しらべる戦争遺跡の事典』柏書房
新宮讓治　2000『戦争碑を読む』光陽出版社
高橋基文　2015「増毛町と戦争―忠魂碑を入口にして―」『歴史地理教育』840
長志珠絵　2013「戦争の「事後」を考える：東京市忠霊塔のゆくえ」『人文學報』104
寺門雄一　1994「近代石造遺物からみた地域・戦争・信仰」『地方史研究』250
原田敬一　2001『国民軍の神話―兵士になるということ―』吉川弘文館
原田敬一　2013『兵士はどこへ行った―軍用墓地と国民国家―』有志社
桧山幸夫　2001『近代日本の形成と日清戦争―戦争の社会史―』雄山閣出版
三宅邦隆　2017「日露戦争とそれに向き合う人々」埼玉県高等学校教育課程改善委員会地理歴史部会活動実践報告集『埼玉県立文書館資料を用いた授業モデル』
羽賀祥二　1998「日清戦争記念碑考―愛知県を例として―」『名古屋大学文学部研究論集・史学』44
本康宏史　2002『軍都の慰霊空間―国民統合と戦死者たち―』吉川弘文館
本康宏史　2003「慰霊のモニュメントと「銃後」社会―石川県における忠霊塔建設運動―」『国立歴史民俗博物館研究報告』102
森田敏彦　2020『兵士の碑―近代大阪の民衆と戦争―』清風堂書店

Column

工作機械を動態保存

日本工業大学工業技術博物館

島村圭一

展示の様子

町工場の展示（2点とも筆者撮影）

日本工業大学（埼玉県宮代町）は、1987年に学園創立80周年記念事業の一つとしてキャンパス内に工業技術博物館を開設し、日本の近代産業の発展に貢献した歴史的価値の高い工作機械を中心に、400点以上を展示している。工作機械とは、金属、木材、石材などに切断、研磨、穴あけ、圧延（あつえん）などの加工を加える機械で、おもなものに旋盤（せんばん）、ボール盤などがある。

日本の近代化を支えた工作機械は、その役割を終えると解体されて処分されるという運命をたどることが多いが、ここでは、それらを動態保存して展示するという稀有の取組をしている。

工作機械については、約270台を所蔵してそのうちの約7割を動態保存するとともに、機種別、製造年代順に展示して一般に公開している。また、工作機械を単体で展示するだけでなく、町工場を復元して、動態展示している。

また、1891年にイギリスで製造され、国鉄で長年にわたって活躍した蒸気機関車も動態保存し、キャンパス内の軌道で運行している。さらに、約100年間活躍した箱根登山鉄道の車両や国家プロジェクトで開発された大型ガスタービンなども展示している。近代化を支えた技術の進展を肌で感じ、学ぶことにできる貴重な場となっている。

収蔵資料のうち、178点が2008年に国の登録有形文化財（歴史資料）に登録された。また、62点が経済産業省の近代産業遺産に、232点が日本機械学会の機械遺産に指定されている。これらは、日本の近代工業の発展の軌跡をたどることのできる貴重な文化財であり、今後も収集を継続しながら、保存・活用されることが望まれる。

Column

世界遺産と日本遺産

會田康範

近代以降、文化財や文化遺産は、国内外の法律や制度で保護されてきた。現代では、1964年にユネスコが採択したヴェニス憲章の精神を実現する組織として翌年に国際記念物遺跡会議（ICOMOS）が設立され、1972年には世界遺産条約が成立し、文化財保護思想は世界的にも広がり、現在195カ国がこの条約に締結している。日本も1992年に締結したが、先進国の中ではかなり遅れての締結だった。条約の目的は、文化遺産及び自然遺産を人類全体の遺産として損傷、破壊等から守り、国際的協力体制を構築することにある。紛争等での損失を想起すれば、その保護は国際平和を希求する努力に通じるとされる。

一方、日本遺産はその名の通り、日本国内の文化財を登録、認定するものである。2015年に文化庁が制度化し、2019年12月には認知度向上のためその翌年から2月13日を「日本遺産の日」に定めた。これによって文化庁は、地域の活性化のため、歴史的経緯や地域の風土に根ざし世代を超えて継承される伝承、風習などを踏まえて創ったストーリーの下に有形・無形の文化財をパッケージ化して活用を図り、情報発信や人材育成・伝承、環境整備などを効果的に進めるものとしている。ストーリーづくりとパケージ化は重要なキー概念で、それは時空間を超えて構成資産を繋ぎ地域の魅力を発信することを意図する。ストーリーには、単一の市町村で完結する「地域型」と複数の市町村からなる「シリアル型（ネットワーク型）」があり、認定数は後者が多い。ストーリーを構築する際、安易に美化されたストーリーが拡散するという危惧もあり、「語られることのないストーリー」として捨象される史実に眼差しを向ける配慮も必要だろう。

世界遺産と日本遺産を単純に世界と国内レベルの違いとして格付け優劣つけることは、妥当ではない。また日本遺産は、既存の文化財の価値付けや保護のため新たな規制を図ることが目的ではなく、点在する文化遺産を「面」として活用・発信し、地域活性化を図ることが目的とされる。それは観光立国を目指す方略で、まずはその基盤である「観光立地域」、そしてその先には財政的自立を促そうという思惑も見え隠れする印象をもつ。韓準祐がいうように、認定・登録制度が地域間の優劣や競争を生み出す装置にもなりうる、という懸念も見逃せない（韓2021「地域観光に関連する認定・登録制度がもたらすもの」『立命館大学人文科学研究所紀要』125）。

おわりに

この文章を書いている2023年の夏は例年を超える酷暑で、全国各地で気温35度以上となる日も多い。東京では、年間猛暑日数が過去の記録を更新し、すでに20日をゆうに超えている。灼熱の太陽の光の下にたてば、目がくらむほどで、おそらく日中の外出を控えようとする方も多くいらっしゃったことだろう。だが、ひとたび木陰に入り、そこに涼しげな風が吹き込んできたならば、一瞬にして清涼感と心地よさに包まれる。

なぜ、ここでこのような話題を持ちだしたかといえば、このように過ごしている今年の夏、ひとつの杜を巡る議論が高まっているからである。その杜とは、本書の中でも取り上げている明治神宮外苑の杜のことである。

この杜について、行政は外苑再開発計画により創設時に全国の人びとからから寄付され植樹された木々の一部を伐採するというのだが、地域に暮らす人びとだけでなく、社会的に知名度の高い文化人や芸術家までを巻き込む幅広い反対運動が起こった。反対運動は、この再開発事業が発表された春から始まり、報道で知った限りであるが、それによれば、かつて1980年代にイエロー・マジック・オーケストラ（YMO）の一員として軽快なキーボードのテクノサウンドを駆使して一世を風靡し、2023年2月に亡くなった坂本龍一氏も声をあげている。2月24日付で彼が小池百合子東京都知事らに宛てた手紙はインターネットでも公開されているが、そこに記された彼の遺志を以下に引用しておきたい。

＊　＊　＊　＊　＊

…目の前の経済的利益のために先人が100年をかけて守り育ててきた貴重な神宮の樹々を犠牲にすべきではありません。これらの樹々はどんな人にも恩恵をもたらしますが、開発によって恩恵を得るのは一握りの富裕層にしか過ぎません。この樹々は一度失ったら二度と取り戻すことができない自然です。私が住むニューヨークでは、2007年、当時のブルームバーグ市長が市内に100万本の木を植えるというプロジェクトをスタートさせました。環境面や心の健康への配慮、社会正義、そして何より未来のためであるとの目標をかかげてのこと、慧眼です。…中略…

いま世界はSDGsを推進していますが、神宮外苑の開発はとても持続可能なものとは言えません。持続可能であらんとするなら、これらの樹々を私たちが未来の子供達へと手渡せるよう、現在進められている神宮外苑地区再開発計画を中断し、計画を見直すべきです。東京を「都市と自然の聖地」と位置づけ、そのゴールに向け政治主導をすることこそ、世界の称賛を得るのではないでしょうか。そして、神宮外苑を未来永劫守るためにも、むしろこの機会に神宮外苑を日本の名勝として指定していただくことを謹んでお願いしたく存じます。

あなたのリーダーシップに期待します。

令和5年2月24日

坂本龍一

＊　＊　＊　＊　＊

これから先、この杜はどうなっていくのだろうか。今、この例と同様に、日本の各地で文化財が置かれている環境が大きく変わり、さまざまな危機に直面しているケースが存在しているといっても過言ではない。

こうした危機感から本書の企画は数年前にスタートし、前著に続いてここに【政治・経済編】を世に問うことになった。今回も前著と同じように収録した文化財の中には、国や自治体によって文化財として指定・登録を受けていないものも含まれている。未指定・未登録ではあるが、私たちは人間の営みの結果として生まれてきたあらゆるものは文化財や文化遺産となる可能性をもっていると理解し、あえて積極的にそれらを取り上げ、それを保護し、また、歴史教育の場でも活用できる教材となるように記述を心がけた。その審議は読者の皆様のご判断に委ねるしかないが、前著とと合わせ本書も学校教育の現場で日々の実践に携わっている方々はもちろんのこと、博物館や美術館などで学芸員として多くの文化財に触れている方々、将来、教職や学芸員を志す学生の皆様、さらには幅広い市民の皆様のもとに届くことを願ってやまない。

最後になりますが、厳しい出版事情の中、私たちの企画を受け入れて下さり、出版を快諾して下さった株式会社雄山閣の皆様に厚く御礼申し上げます。そして、何よりも前著同様、ここまで紆余曲折あった長い道のりをともに歩いていただき、常にナビゲーターとして適切な方向に導くとともに、辛抱強く見守って下さった編集者の桑門智亜紀氏に衷心から感謝の意を申し上げます。

2023年9月21日

會田康範・下山 忍・島村圭一

◉執筆者一覧◉（執筆順）

柳澤恵理子（やなぎさわ・えりこ）
実践女子大学文学部助教

◉読者へのメッセージ
絵巻は、意外と身近にある文化財です。その多彩さを知ってもらえると嬉しいです。

鍛代敏雄（きたい・としお）
東北福祉大学教育学部教授

◉読者へのメッセージ
地域の歴史遺産を再発見して、幸せな文化生活を満喫して下さい。

石野友康（いしの・ともやす）
加賀藩研究ネットワーク代表

◉読者へのメッセージ
文化財としての近世城郭の姿を感じとっていただければ幸いです。

門脇佳代子（かどわき・かよこ）
東北福祉大学教育学部准教授

◉読者へのメッセージ
文化財であり信仰対象でもある仏像の特性を理解し、その保護に関心をもっていただけると幸いです。

山下春菜（やました・はるな）
神奈川県立歴史博物館非常勤学芸員

◉読者へのメッセージ
身近なものを「文化財」として見ると違った視点を得られるかもしれません。

◉編者紹介◉

會田康範（あいだ・やすのり）

学習院高等科教諭／獨協大学非常勤講師ほか
1963年埼玉県生まれ。國學院大學大学院文学研究科博士後期課程単位取得満期退学

【主な著作・論文】
『川が語る東京ー人と川の環境史ー』山川出版社、2001年（共編著）
『博物館学事典』全日本博物館学会編、雄山閣、2011年（共著）
『もういちど読む 山川日本史史料』山川出版社、2017年（共編著）
「利用者の立場からみた歴史系博物館等への指定管理者制度導入について」『歴史学研究』第851号、2009年
「博物館史における三宅米吉の位置ー「博学連携」史の一側面ー」『國學院雑誌』第118巻第11号、2017年
「歴史系博物館と歴史教育・総合的な探究の時間の親和性についてー「博学連携」と高校日本史教育の課題を中心としてー」青木豊先生古稀記念発起人会編『21世紀の博物館学・考古学』雄山閣、2021年

◉読者へのメッセージ
文化財は、身近なところにひっそりと佇んでいます。そこから歴史を自分事として語ることもできます。

下山　忍（しもやま・しのぶ）

東北福祉大学教育学部教授／東北大学文学部非常勤講師
1956年群馬県生まれ。学習院大学大学院人文科学研究科史学専攻修士課程修了

【主な著作・論文】
『学力を伸ばす日本史授業デザイン』明治図書出版、2011年（共編著）
『武蔵武士を歩く』勉誠出版、2015年（共著）
「学習指導要領の改訂〜『歴史総合』の趣旨〜」『歴史と地理』727号、2019年
「高等学校におけるカリキュラム・マネジメントの推進〜埼玉県立不動岡高等学校『Fプラン』の事例から〜」『教職研究』2020、東北福祉大学、2021年（共著）
「『アイヌ人物屏風』と『種痘施行図』〜2つのアイヌ絵の教材化をめぐって〜」『東北福祉大学芹沢銈介美術工芸館年報』12号、2021年
『文化財が語る日本の歴史』雄山閣、2022年（共編著）

◉読者へのメッセージ
文化財の教材化によって価値を広めることがその保全につながります。

島村圭一（しまむら・けいいち）

城西大学経済学部非常勤講師／宮代町文化財保護委員会委員長
1961年神奈川県生まれ。上越教育大学大学院学校教育研究科修士課程修了

【主な著作・論文】
『みて学ぶ埼玉の歴史』山川出版社、2002年（共著）
『50場面でわかる「中学歴史」面白エピソードワーク』明治図書出版、2011年（共編著）
『問いでつくる歴史総合・日本史探究・世界史探究』東京法令出版、2021年（共編著）
「上杉禅秀の乱後における室町幕府の対東国政策の特質について」『地方史研究』第249号、1994年
「近世の棟札にみられる中世の記憶ー武蔵国埼玉郡鷲宮社の修造をめぐってー」佐藤孝之編『古文書の語る地方史』吉川弘文館、2010年

◉読者へのメッセージ
身近な文化財に親しむことが、文化財の保護・継承の第一歩です。

2024年 5月 10日　初版発行　《検印省略》

文化財が語る　日本の歴史
政治・経済編

編者
會田康範・下山　忍・島村圭一

発行者
宮田哲男

発行所
株式会社 雄山閣
〒102-0071　東京都千代田区富士見2-6-9
Tel：03-3262-3231
Fax：03-3262-6938
URL：https://www.yuzankaku.co.jp
e-mail：contact@yuzankaku.co.jp
振　替：00130-5-1685

印刷・製本
株式会社ティーケー出版印刷

ISBN978-4-639-02925-0　C0021
N.D.C.210　224p　21cm